浅見宣義

裁判所改革のこころ

現代人文社

はじめに

「浅見は裁判官人生を捨てるのか」

私は、裁判官になって六年目（一九九三〔平成五〕年）から、現場の一裁判官として、本書に収めている論文を判例時報という法律専門誌に掲載し、ささやかながら、日本の司法が変わらなければならないことを繰り返し訴えてきました。そのときに、右のような声を先輩の裁判官が口にされているのを耳にしました。今はそんなことをいう裁判官はおそらくおられないと思います。当時は、論文の刺激がきつすぎたのかもしれません。

今や、一九九九（平成一一）年に設置された司法制度改革審議会によって方向性が定められた平成司法改革は、裁判員制度をはじめとして、諸種の分野での立法化の作業をほぼ終わり、運用の段階に入りつつあります。平成司法改革は、①内容が多岐にわたり、司法における根本的な改革も多数含まれていること、②司法の利用者や国民の視点を中心に沿えた改革であること、③内閣に司法制度改革推進本部が設置され、裁判官、検事、弁護士のほか、学者や民間人も参加して、改革の具体案が練られたなど官民挙げての改革となったことなどからして、歴史に残る大改革、おそらく、明治の近代的司法の草創期の改革、ＧＨＱ指導下での戦後改革に続く第三の大改革として後世に位置づけられるのは間違いがないと思われます。

私が繰り返し司法が変らなければならないことを訴えてきたスタンスは、ドイツで一九六〇年代から七〇年代にかけて、裁判官自らが改革を唱え実践した「内からの司法改革」をモデルとしています。現場の裁判官の方から司法改革の動きを起こそうというものです。今もその方法論が間違っていたとは思えませんが、現実の日本の動きは、私が予想したよりもはるかに強力で、かつ広範囲なものとなりました。私が期待していた「内からの」動きは、私が属する「日本裁判官ネットワーク」（一九九九（平成一一）年九月設立、http://www.j-j-n.com）のような形で結実しましたが、それよりもはるかに大きな社会的、国民的な動きが起きたのです。経済同友会をはじめとした経済界の動き、自民党をはじめとした政界の動き、そして国民的な動きです。このため、上記のように改革が広範囲で根本的なものも含まれる改革となりました。司法を支える日本社会が大きな変動期にあったことが、司法改革を押し上げる力になったように思います。私は、司法改革を目指してきた一裁判官として、こうした時代に生きられることを心からうれしく思っています。

本書は、一裁判官として、私が司法改革を訴えた初期（一九九三（平成五）年から一九九五（平成七）年まで）の論文を主としてまとめたものです。現場の裁判官からでも、こうした司法改革の動きがあったことを理解していただくには、格好の材料と思われます。また、これだけ大きな動きとなった平成司法改革ですが、私の主張からすると、実現したものも確かに多いのですが、残念ながら改革がまだ十分ではない分野もあることに気づかれるでしょう。根本的な改革は、平成司法改革で決して終わりであるべきではありません。これからも発展すべき司法改革であるべきだと思います。そうした意味で、どの分野の改革が十分ではないのかご理解いただくには、本書を出版する意義は決して小さくないと思っています。それに加えて、意義の大きな平成司法改革ではありますが、改革された制度を運用していくべき現場の裁判官や弁護士、検事には、今も改革にとまどいや反感が少なからず存在しているのが事実です。そうした現場の法曹の方々に、現場から司法改革を訴え続ける意義について少しでも共通理解が得られればと思っています。

二〇〇四年七月

浅見　宣義

『裁判所改革のこころ』◇——目次

◆裁判所CI作戦

序章　「下からの」司法改革

「脱皮してみたい……」本音でそう思ったものです。

私は、一九八八（昭和六三）年四月に裁判官となり、裁判に一生懸命取り組んできました。担当の民事、刑事、少年の各事件の審理や、判決書及び決定書の作成、民事の和解等について、時には頭を抱えながら全力投球していました。周囲にもそういう裁判官がほとんどであり、真面目で勤勉な日本人の典型のような感じがして、密かに誇りにしていました（現在でもそうです。）。そして、裁判官の独立があるために、決して若者を見下さない先輩裁判官の謙虚な姿に感心したものです。

しかし、一九九〇（平成二）年に知り合いの裁判官とドイツ旅行をして本当にびっくりしました。世界には、私たち日本の裁判官には考えつかないような発想や行動様式をもった、見方によってはとんでもないけれど、大変生き生きとして魅力的な裁判官がいると感心した次第です。これら裁判官の姿は、木佐成男北海道大学教授（当時）の名著『人間の尊厳と司法権』（日本評論社、一九九〇年）に紹介されていますが、その中でも実際にお会いしたルドルフ・ヴァサーマンという裁判官には特に感心しました。彼は裁判実務家、理論家としてもすばらしいようですが（最後の役職は、日本の高等裁判所長官にあたる上級裁判所長官）、それ以上に「ドイツの司法はどうあるべきか」という問いかけや提案を新聞に書き続けた裁判官なのです。新聞の見開き二頁が全部彼の署名記事で埋まっているものも見せてもらいました。「ドイツで最も憎まれた裁判官」という評価もあるようなのですが、彼をはじめとした現場の裁判官の活躍がドイツの裁判官全体の意識を、そして司法の体質を変えていったという評価もあるようです。調べてみると、フランスやイタリアにも司法について積極的に発言している裁判官がいました。非礼を省みずに言わせていただくと、日本の裁判官は、とても真面目で仕事熱心なのですが、世界標準でいくととても縮こまっているのではないかと思えて仕方がなかったのです。この経験はとてもショックでした。

帰国して、二年間いろいろ考えました。そのころは、有名な中坊公平弁護士が日本弁護士連合会を率いて司法改革を訴え始めたころです。ドイツでは、「内から」の司法改革という言葉があるようで、裁判官自身による司法改革を指しています。私は、日本でも「内からの」、しかも最高裁を発信源とする「上から」ではなく、現場の個々の裁判官を発信源とする「下からの」司法改革が必要と思いました。それが自分自身の脱皮だと思えて仕方がなかったのです。

そんなことを考えて、コート21（二一世紀の裁判所を考える会というほどの意味です。）という研究会を立ち上げ、知り合いと司法改革を議論しあう一方、「内からの」そして「下からの」司法改革を目指して書いたのが、本編第一章から第五章までの一連の論文です。一九九三年から九五年に、判例時報という法律雑誌に「静かな正義の克服を目指して—私の司法改革案」という表題で掲載させていただきました。今の時点で読み返すと、論証や構成に十分でないところがありますし、表現にも未熟なものが目に付きます。赤面してしまうところもあります（そういうところに気づくのも、よく批判される「キャリア」裁判官になってきたからかもしれません。）。それもあって、現代人文社の成澤さんから、「論文は、判例時報という法律専門誌に掲載されたもので、一般の人が中々読めないので是非単行本に」とのお誘いがあったときに、恥の上塗りをしなくてもいいのではないかと少々悩みました。ただ、論文は、大筋のところでは、決して「大道」を踏み外していない自負もあり、その内容は裁判官や裁判所のために是非とも必要であるのにまだまだ実現できていないことが多いという思いも強く、やはり一般の方にも読んでいただく必要があるかと思い、お誘いに応じることにしました。もっとも、単行本化するのに、内容的な手直しをすると、かなりの作業を必要としますし（特に、論文後の動きを補充するだけでも膨大なものになります。）、それが妥当なのかどうかという問題があります。また、私にとっても、未熟なりに司法改革を目指した原点みたいな気持ちもあり、そのまま残したいという気持ちも強いのです。それで、手直しは、できるだけ誤字脱字等の形式的なものにとどめました。法令の改正等もきりがありませんので盛り込まず、執筆時点でのものを残しました。これらの点については、ご了承下さい。

第五章までの論文を書いて以後、司法を巡る状況は大きく変わりました。自民党や経団連が司法改革に乗り出し、一九九九年には、政府に司法制度改革審議会ができました。この審議会の意見書が二〇〇一年六月に出されて、司法改革はいよいよ具体化・立法化の段階に入りました。二〇〇二年から二〇〇四年の間に、集中的に立法化がされていっています。それにより、法曹人口の増加、法科大学院の誕生、裁判員制度の実現などで、市民の皆さんと司法のかかわりも飛躍的に大きくなっていくことでしょう。この時代に、私たちのコート21も、「日本裁判官ネットワーク」という裁判官団体に衣替えして、市民に開かれた司法改革を目指して活動しています。もっとも、裁判官集団の中で、私たちだけが司法改革を目指しているなどという不遜なことをいうつもりはありません。審理の促進や専門訴訟の充実などの面で努力されている裁判官は数多いですし、最高裁当局も司法制度改革審議会意見書の具体化にはそれなりに努力されているようです。ただ、同審議会でも度々議論された「キャリア」裁判官の意識、それが何なのかもいまだに議論の対象ではありましょうが、少なくとも審議会意見書がいうように「多様な知識と経験」を土壌とするものに変わっていくことだけは最低限必要なところだと思います。そこで、今回の司法制度、特に裁判官制度改革によって、将来裁判官意識がどう変わるのかを予想したのが第六章であり、現代人文社の『月刊司法改革』二四号に掲載していただいたものを若干手直ししました。「内からの」そして「下からの」司法改革を目指した私としては、裁判官集団の意識が変わっていくことは、手法は別にして、最後のそして最大の目標ともいえるものですから、第五章までの論文と共に紹介させていただくのにふさわしいと考えました。なお、第六章の元原稿は、木佐先生の文章への応答という形になっていますので、先生の原稿も共に掲載させていただきました。先生の原稿は、将来に少し悲観的で、私の方は少々楽観的なのですが、第五章までの論文を書くきっかけともなった木佐先生の文章と共に本を締めくくれるのはとても幸運なことと喜んでいます。

この論文が、司法改革、特に裁判官・裁判所改革への市民の皆さんの理解を少しでも深めることに役立つことを願ってやみません。

この本の読み方について

本文は、もともとは、法律家向けに書かれたものですので、読みにくいかもしれません。それで、簡単な解説文を用意しました。ここでは、論文の平易な要約、論文の影響や現在の司法改革との関係などを記しており、アウトラインをつかむのに役立つと思います。それで、以下の解説文に目を通された上で、本文を読まれると理解がしやすいかと思います。

第一章　裁判所のイメージアップのために【裁判所CI作戦】

この題名を見て、「おお」と思っていただけたら幸いです。「うちの会社と同じことをやろうとして訴えているの」と思っていただけたビジネスマンの方もおられるのではないでしょうか。そうです。これは、「組織（企業）の自分らしさの主張」を意味するCI（Corporate Identity）を裁判所改革に導入しようというものです。要は、「裁判所も目立つために自己主張をしてみよう」ということなのです。なぜそんなことを考えたのかというと、現在にもつながりますが、法曹界の司法改革についての案は、重要性はあるのものとかく専門的で難しく、もっと足元の簡単な改革をする必要があるからです。本文では、「まず、もっと低次元にものを考えよう」と訴えています。

裁判所のイメージアップの方法論としては、二つのことを記しています。一つは、自分の足でいろいろな公共機関に出向き、自己主張のやりかたを「見てやろう」「聞いてやろう」と思い、病院、郵便局、市役所、NHK、税務署、警察署、国立大学等に通ったことです。「裁判官なのにこんなことよくやるなあ」と自問自答しつつ、訪問する度に新しい発見があって興味津々で、裁判官の仕事では得られない体験をしたと思います。特に、郵便局の変化には驚かされました。そのことは詳しく本文に載せています。もう一つは、亡竹下登氏が総理大臣だった頃、閣議決定された「さわやか行政サービス運動」の実際の姿を参考にすることです。とってつけたような官制の運動のように思われるかもしれませんが、公共機関のささやかなこころみ、例えば案内表示板の整備、庁内BGM放送、ローカウンターの設置、ビデオパソコンによる案内、接遇研修等その内容がささやかだけに現実感があり、しかも同じ公共機関だけに参考にしやすいと考えました。おそらく、公務員の方の中には、「ああ、そういえばうちの役所もやっていたな」と思い出される方がおられるでしょう。そうです、貴方が思い出された取組は公共機関のイメージアップに少なからず寄与したと思います。これはいけると思いました。

具体策としては、二つの方法論から学んだ「利用しやすい」「親しみやすい」という基本的視点を前提に、裁判所の建物、設備、法廷、PR、接遇等の改善策を提案しています。皆さんにおなじみの裁判官の黒服である「法服」は民事裁判では廃止しようというちょっぴり過激な内容も入っています。その他に、裁判所の表示をしっかりしようとか、建物内部に生け花を飾ったりバックグラウンドミュージックを流そうとか実に細々とした提案をしています。他の業界の人からみたら多分当たり前のことかもしれませんが、「権威」へのこだわりから抜けきれない裁判所としてはなかなか踏み出せない案です。それだけに実際に提案してみることが必要と思われました。

最後にこのCI作戦を進めるための作戦をたてています。CI作戦は、要は受け手のイメージを問題にする作戦であり、それを生かそうとする柔軟性を持っていることが必要で、判事補、若手職員、女性が適任と思われたのです。そして、判事補がリーダーになり、裁判官会議という公的な場でまず声を出そうと提案しています。

この論文の柱は「感性」であり、自分自身の感性を職場に埋没させず、逆に生かす提案をしたらどうなるのかを考えたものです。もちろん、法曹界の人、特に裁判官に受けるか否か不安でしたが、反響は極めて大きいものがありました。裁判官からは、「内容的にはなるほどという部分と、えっそこまでやるのと感じる部分がありますが、ふだん漠然としか考えていない裁判所のイメージを考え直すいい機会となりました。」「中堅以上にはセンスがないというのには参りました。」「行政に比べて、なんとなくじり貧の司法を何とかしたいという気持には共感を覚えます。」「裁判官の昼食会でも話題になりました。」「こういう生意気さをとても素敵なことと思います。」等々の手紙や葉書をいただきました。弁護士や検察官からも同様で、お礼の返事を出すのが大変だったのを記憶しています。「やわらか裁判所めざそう」（読売）、「法服やひな壇の廃止など現職裁判官が大胆提言」（共同通信）等新聞や通信社にも取り上げていただき、正直言って予想以上の反応でした。

でも書いた以上は責任が生じるため、少しずつですが私なりに行動に移しました。一つは自分の法廷を変えてみることで、もう一つは所属裁判所を変える方法でです。

前者では、私の法廷を担当してくれていた廷吏さんが論文にいたく感激してくれたのか、「是非法廷を親しみやすいものにしましょう」と言ってくれました。そして、開廷日にはいつも花一輪を持ってきて、法壇の上に飾ってくれるのです。私は、その廷吏さんが花を購入しているように思えたので、いつも花代を渡そうとしたのですが、「家で育てているので」と言って全部は受け取ってくれませんでした。でも、法廷のある日はどんな花が生けられるのかうきうきしたものです。廷吏さんは、花が定着すると、テーブルクロスや絵画を持ってきて法廷にさりげなく飾ってくれました。私も埴輪の模型（堺は言わずと知れた仁徳天皇陵などで有名な百舌古墳群のあるところです。）や観賞魚を持って行きました。続いて書記官も花や造花を持って来てくれました。最後は地元の弁護士が「庭で育てているものですが」といって花を差し入れてくれたのですが、当事者側なのでさすがに頂くわけにはいきません。そこで、弁護士さん曰く「私が勝手に法廷に置いておきますので、目障りなら撤去して下さい」という風になりました。こんなことで、小さな輪が広がり、法廷の雰囲気が大分変わってきて、ある弁護士は、「いやー、この法廷の雰囲気はいいねー。コーヒーは出ないの？」とのたまわっていました。

後者では、司法行政という裁判所運営の厚い壁にぶちあたりました。このあたりの苦労は、ネットワークの第一回シンポジウム（一九九九（平成一一）年一〇月三〇日）で報告し、雑誌にも掲載していますので是非ご覧下さい（法学セミナー二〇〇〇年四月号六六頁以下）。

第二章　二一世紀の裁判官を育てるために【判事補研修制度改善の提言】

「判事補」というのは、一人で判決ができない建前です。一人で判決ができ、一人前とされる「判事」の予備軍です。司法試験合格後一年半後（私のころは二年後でした）で一般には任命されます。現在では通常二三歳が最年少となるでしょう。裁判官になって一〇年間はこの身分なのですが、判事の不足のために、六年目からは「特例」判事補として、一人で判決をすることができるようになっています。

この判事補の実体やその育成方法については世間でほとんど知られていません。しかも、試験が難しすぎて、合格者の平均年齢が高くなりすぎたため、若返り等を目指した司法試験改革をきっかけとして、当時、法曹養成制度改革の議論が沸騰したにもかかわらず、判事補研修については専門家の間でも議論がほとんどされなかった状況でした。しかし、本来法曹養成の問題は、大学教育、司法試験、司法修習、継続教育（判事補研修をはじめとした裁判官になってからの研修を指します。）という四位一体の継続的な教育制度として議論されるべきものですし、裁判所の後継者養成、裁判所の組織の存立にかかわる問題です。そして、本質的には、国民の権利義務を判断する人材養成の問題でありますから、国民に信頼される裁判所づくりのために是非とも必要な議論と思われました。そこで、判事補研修制度の歴史と現状を俯瞰しながら、三つの視点で改革案を提案しています。

歴史としては、一九四七（昭和二二）年から現在までを三期に分けられると思います。第一期は、外部講師の多さや研修内容の半公開等を、第二期は、代行判事補、参与判事補、研修内容の非公開を、第三期は、一二大庁への配属と基礎研鑽、裁判官研修専属の教官の誕生等をそれぞれ特徴とします。この中で、第二期の始まる一九七二（昭和四七）年というのは、判事補研修にとってターニングポイントの年です。印象では、第二期から、判事補を半人前として、教育対象とする感覚が強くなり、研修内容の非公開とあいまって（なお、一九九八〔平成一〇〕年二月に司法研修所が『司法研修所五十年史』を発行し、裁判官研修についてもまとめています。）、内向（うちむき）研修が強まった感じがします。その基調は現在まで続いています。

判事補研修の現状としては、研修の多さ、指名制・義務性等を特色とする裁判官研修の一環であるほか、新任判事補に対する事細かな後見的アドバイスの徹底、共同研究・グループ別討論の多さ、任官後の経験年数に応じた研修内容、最高裁の司法政策・実務政策のストレートな反映、内部的講師の多さ（先輩裁判官と最高裁事務総局係官）等を特徴としています。最近では、こうした特徴に少し変化もあるようで喜ばしいのですが（講座についての選択制の実施、外部講師の増加、配属庁での窓口研修の実施等。特に、窓口研修は、裁判所に相談に来る当事者との応対を判事補にさせるもので、職員の苦労も理解でき、とても評価できる制度だと思います。)、私は、少し言葉は厳しいのですが、判事補研修の基調として、『頼り無い判事補諸君。先輩裁判官と最高裁事務総局が、現在判事補に要求される実務上の知識や姿勢、仕事のノウハウ、司法政策上の傾向等何でも教えてあげます。それを十分身につけて、決して暴走しないようにしていただきたい。しかし、かといってイエスマンでは困りますから、求められる範囲内ではできるだけ自主的な判事補であっていただきたい。』というところであろうか」、という風にまとめています。

そこで、判事補研修に欠けている視点とそれに対する対策として、三つ指摘しています。

第一は若者論、新人類論の視点で、世間一般の若者と同じく「頼り無く、覇気がない」とされる判事補に裁判所組織がもっと危機感を持つ必要があることです。基本的問題は、人間関係の希薄化、狭隘化、社会参加の少なさ等にあると思われますから、生育歴の中で経験しなかったような世界の人の中で揉まれること、そこに生きる人達の心情に直接触れることを対策としています。具体的には、裁判所に頻繁に持ち込まれる事件類型について、偏りがないように、両当事者的な立場の諸機関、諸団体等に派遣してはどうかと提案しています。例えば、労働事件では、日経連(当時)と労働組合、消費者事件では消費生活センター・消費者団体と大手サラ金・信販会社等です。

第二は、法曹一元論、第三は、積極的裁判官像の各視点です。少し専門的で難しい話かもしれませんが、要は、「裁判所型人間」「裁判所的人間」に陥りやすい判事補に、裁判所内部の人間だけで教育するのは問題ではないか、「沈黙は金」「訴訟遅延は当事者の責任」と思っている裁判官の姿勢を変える研修が必要ではないかということです。このため、対策として、検事、弁護士、公害等調整委員会等裁判外紛争解決手続の委員、企業の法務部職員、裁判ウオッチングの会の会員、陪審制度を考える会の会員等外部講師を増やすことや、裁判官に十分でないコミュニケーション能力の育成のために、心理学、教育学、人間行動学などの学問的な研究成果を取り入れること、簡易裁判所の判事の辞令の活用による当事者との直接コミュニケーションの大量実践などを提唱しています。

そのほか、判事補が裁判以外の分野である司法行政能力を身につける方法や、判事補研修の手続改革についても提案しています。

この判事補のあり方、将来像をどう考えるかは、司法制度改革審議会でも議論された最重要点の一つです。そして、最終意見書では、「多様で豊かな知識、経験等を備えた判事を確保するため、原則としてすべての判事補に裁判官の職務以外の多様な法律専門家としての経験を積ませること」「特例判事補制度については、計画的段階的に解消すべきである」ことが謳われ、判事補制度の大改革が検討されました。外部研修等は、私が提案していた両当事者的な立場の諸機関、諸団体等に判事補を派遣することにも通じるもので画期的なことです。これが始まれば、第二期以後の内向研修の大転換となり得ますので、判事補研修にとっては第四期の開始といえることになるでしょう。

第三章　裁判所の組織、組織文化の改革のために【裁判所リストラ作戦】

この論文は、裁判所の組織等を取り上げたもので、私の論文の中で、裁判所内では最も刺激的なものとして受けとめられました。世間の人達に最も見せてはいけないものを見せた、つまり暴露的なものと取られたからかもしれません。「虎穴」に入ってしまったからかもしれません。それ故に裁判所内で相当な地位の方から、面と向かって批判されたこともありました。しかしながら、私自身は、裁判所が真に生まれ変わるために心から必要な改革と思っていましたし、今でもその気持ちに変わりはありません。

「裁判所リストラ作戦」という副題もつけましたが、世間で使われる人員整理や解雇の必要性を説いたものでは決してありません。人員の面ではむしろ逆を主張しています。人員の面よりも、司法改革が叫ばれる時代で、「当局」である最高裁も改革案を示すご時世であるのに、現場の裁判官の中には「形だけ従っている」雰囲気があるのは、裁判所の組織及び組織文化が問題があるのではないかと疑問を呈したものです。つまり、裁判官は憲法上独立が保障され、裁判官同士対当平等であるのに、実際は、裁判所や裁判官の間に上下関係や序列関係を付けすぎていないか、それを解消しないと活力ある裁判所は生まれないのではないかと主張したものです。「内からの」そして「下からの」司法改革を目指す私としては、是非とも議論したい論点でした。

具体的には、最高裁と下級裁判所の関係では、最高裁判事の地方視察時の座談会、会同・協議会（民事、刑事、労働、行政など各分野ごとにテーマを決めて、各地の裁判官が集まって意見交換するものです。）、性格のはっきりしない書簡、司法改革についての公的ルートと権威の利用、レファランス（照会）制度等々雑多な問題について解消、改善を訴えています。特に、会同・協議会については、裁判統制に使われているなどとよく批判されるのですが、実際議論が不活発な状況を変えるべきであると思い、参列者を少なくすること、最高裁はテーマ設定を控えるべきこと、提出問題は取捨選択をしないこと、会同員・協議員に各庁の代表的性格がないようにすること、最高裁係官の発言は情報提供に徹すべきことなど、細かすぎるかもしれませんが、私自身が会同・協議会に出席して感じた印象を大事にして具体的提案をしています。司法改革についての公的ルートと権威の利用では、判決書改善の動きについて紹介し、現場からの判決書改善はいかにあるべきかを論じています。

高裁と地家裁間、地家裁相互間の関係では、高裁長官の視察、地家裁相互間の序列などを、地家裁内部の関係では、裁判官会議・常任委員会の権限や運営方法、各種委員等の選出方法等の改善を訴えています。高裁長官の視察を「御巡行」と表現したことは、当時最も刺激的にとられた表現のひとつなのですが、今思うと少々若気の至りという感じが自分でもします。ただ、当時はこのような視察制度の意義をほとんど感じることはできず、その弊害のみ目についていたのも正直なところであり、そうした声は多く現場で聞くことができました。当時書いた弊害は今でも残っているのですが、視察の結果を司法行政で現実に生かしたり、視察の方法を簡素なものとしようとしておれる高裁長官もおられるようです。高い地位につかれても、人それぞれであって、原点や批判をいつまでも忘れない方もおられるようです。そうした方々には、是非がんばっていただきたいと思っています。また、「できる」との裁判官評価の表現、それに所属庁、官名、名前のみの名刺や、「丸形直径一三ミリメートル」の判子など裁判官社会の慣習等を紹介もしていますが、こうした紹介は他にはないと思われますので、おもしろおかしく読んでいただけるのではないでしょうか。裁判官会議・常任委員会の権限や運営方法、各種委員等の選出方法等の改善は、裁判所組織にとって現在でも最も改革の必要性がある部分だと思います。

そして、最後には、リストラを超えて、新たな裁判所の組織と組織文化を今後どのように「創造」していけばいいかを、方向性だけではありますが提案しています。

こうした組織や組織文化の問題を取り上げることは、実は最も難しいものだと感じます。組織や組織文化が整い安定しているからこそ、現在の秩序が保たれ、効率的な組織運営も可能になっているのです。それを問題視することは、秩序の基本を揺るがすことになりかねませんし、その秩序で育ってきた人間からすると強い違和感を覚えることになるものです。また、この問題はいわば後方支援の問題なので、表の「営業」である裁判や審理の面よりも問題が見えにくいからです。だからこそ、それを論文の形でも外部に持ち出すのは、「裏切者」のようにとらえられる面があります。私は、第一章から第三章までの論文を発表したとき、何人もの裁判官から「イメージアップ作戦だけでやめておけばよかったのに」「せめて判事補研修の改善で止めておくべきだった」と忠告を受けたり感想を漏らされたりしました。私は、その気持ちが痛いほどよくわかりましたし、そうした気持ちを率直に伝えていただくことには心から感謝していました。ただ、いつかは私の意図も分かっていただけるのではないかとずっと期待していたのです。実は、前述した司法改革制度審議会でも取り上げられることを期待していましたが、裁判所の組織や組織文化のことは、裁判官人事のこと以外はほとんど取り上げられず、この面では「聖域」視され残念な思いを持ちました。しかし、今や機は熟してきたのかもしれません。新聞報道（朝日新聞二〇〇二〔平成一四〕年六月一三日朝刊）でも紹介された「裁判官のありかたを考える」（司法研修所）という画期的な文書が裁判所内で配布されているのです。これは、二〇〇一（平成一三）年に続いた児童買春等による裁判官の不祥事や裁判過誤の問題をきっかけに、山口繁最高裁長官も参加した司法研修所の研究会で、「組織としての裁判所の空気」ということで、組織や組織文化的なことも問題にしています。文書全体としては、若者批判も強く、世代により評価は分かれるかもしれませんが、かつてなかった視点を、「上から」とはいえ、改革の視点として打ち出したことには心から敬意を表したいと思っています。この文書をきっかけに、真に裁判所の活性化のために裁判所の組織及び組織文化が議論され続けていくことを願ってやみません。

第四章　令状審査の活性化と公開化のために【令状審査の問題点と改革の課題】

この題名を見て、「何やら裁判の難しい話のようだが」という印象を持たれたかもしれません。第三章までは、裁判所の「イメージ」「人」「組織」を取り上げたものですが、一転して裁判所の「仕事」、特に刑事裁判の入口ともいうべき令状審査を取り上げています。これは、第三章までの文章を雑誌に発表したところ、いろいろな方から意見をいただき、その中に刑事事件担当裁判官から本質的な疑問を投げかけられたものがあったため、それに答えようとしたものです。その疑問とは、「利用しやすい裁判所を念頭において議論を展開しているが、刑事裁判との関係はどうなるのか」というものでした。確かに、民事や家事の事件を念頭に置くのと、刑事事件を念頭に置くのでは改革の視点や中身がある程度異なるのでしょうから、自分なりに回答を示したいというものでした。私は、当時刑事事件を三年経験していましたが、まだまだ経験不十分で、刑事司法改革の包括プログラムを提示することは手に余りすぎましたが、任官以来継続して携わり、裁判所が国民とまず接触を持つ令状審査からであればと思い、取り組みました。

まず、令状審査の問題点ですが、これは統計を取るとはっきりします。驚くなかれ、捜査機関から裁判所に被疑者の逮捕、勾留や、被疑者居宅への捜索・差押令状の請求があった場合、それが却下される率は極めて微々たるもので、零コンマ数パーセントとか、零コンマ零数パーセントとかいう程度です。現在もさほど変わりません。加えて、法令上根拠の曖昧な「取下げ」が多用されていること、却下率が時代により変動が大きいことの三つが問題点として浮かび上がります。これら問題点を解決したいと考えた対策が令状審査の活性化と公開化です。

令状審査の活性化は、令状審査における事実の取調を積極的に活用しようというものです。一般に、令状審査は、勾留の際の勾留質問を除いては、捜査官からの資料のみを材料にしています。このため、どうしても被疑者に不利になりがちであり、被疑者の弁解や供述あるものの、それを裏付ける資料はなく、確信はまだ持てないけれど、「疎明」という一応確からしいとの印象で足りるとの理屈でとりあえず令状請求認容となる傾向は否定できないと思います。しかし、私の経験では、「もしかすると」と思って自ら事実の調べをしてみると、被疑者の弁解に沿う証拠が出てきて令状請求を却下できる場合があるのです。このため、緊急逮捕の事例では、被疑者や警察官を調べるため、裁判所に呼び出したり、警察署に出向いたりしました（実務的にはほとんどなされないことです。）。勾留関係では関係機関に直接電話を掛けたり、被疑者の親族を呼び出したりしました。逮捕・勾留のもととなった事実以外の余罪をどこまで考慮できるかについては議論があるのですが、勾留延長の際に余罪の資料提供を捜査官に求めたりしました。こうした事例は本文に詳しく紹介しています。この作業は少し手間がかかりますが、不遜な言い方を許していただければ、どんな資料が出てくるか出てくるか分からないので少しわくわくします。結果的に捜査官の主張を上塗りすることもありますが、それはそれで仕方のないことだと思っています。こうした手続を進めていけば、令状却下率は確実に上がりますし、時代等によって令状却下率が変動することも少なくできると思われます。

令状審査の公開化は、令状請求の「取下げ」多用に代表される裁判官と捜査官の「談合的な体質」（理解しやすいように刺激的な表現をあえて使いましたが、要は「令状請求却下」があると捜査官の勤務成績等に影響するため、取下げという便法を使う問題点を指摘したものです。）の改善から考えたものです。また、素朴な感覚として、裁判所は中立的な機関であり、検察、弁護どちらに肩入れすることもできず、情報の出入りに関しては中立的であるべきだと考える点からも基礎づけています。例えば、人を殴り傷害罪の嫌疑で勾留されるとします。捜査官の請求を裁判官が認めれば身柄拘束されますが、当該被疑者がそれを争うときに裁判所に身柄拘束する判断の根拠となった資料の閲覧謄写を求めても、そもそも資料が裁判所に保管されておらず（一式捜査機関に戻されます。）、閲覧謄写ができないという問題があります。場合により保管されている資料も閲覧謄写が認められるのは制限的です。これはあまりに不公平ではないでしょうか。これらのことは、刑事裁判の活性化、弁護活動の充実という点でも改善の余地が大きいと考えました。ただ、こうした運用は、刑訴法、同規則、裁判所内での会同結果等に根拠を有しており、その一つ一つを検討することが必要と思い、少し煩雑ですが本文でその作業をしています。

第五章　夜間の令状執務体制の確立のために【宿日直制度の将来像】

「宿日直制度」と聞くと、「ああ、防犯のために置いてある制度か」というのが一般の方の反応でしょう。でも、裁判所では、これが大きな役割をしています。裁判所は休日や夜間でも逮捕状等令状請求の審査をしていますが、それを支えているのがこの宿日直制度だからです。犯罪は、いつおきるか分かりませんし、休日や夜間であっても嫌疑を懸けられた人の人権は裁判所のチェックによって守られなければなりません。宿日直制度により、職員に裁判所に宿泊、待機させ、裁判官が請求を審査して令状発布か却下かを決める形になっています。憲法の令状主義の理念を具体化したものであり、歴史も長いものです。私も当番になり、夜中に電話で起こされたことがよくありますし、国民の皆さんが休んでおられる正月や連休に裁判所に詰めたこともあります。大変ですが、こうした役割は裁判官としての仕事の尊さとやりがいを感じる一つの場面です。

しかしながら、この制度が今や大きく揺らいでいるように思われます。端的に廃止の方向に向かっているのではないかと思われます。法曹界や国民世論の中で、この制度が憲法や刑事訴訟法の運用との関係で議論されることはほとんどありませんが、裁判所内では、文書で確認される昭和四四年以来、職員の勤務条件との関係で議論されています。廃止の是非については、立場によりいろいろな意見がありましょうが、対案が全くなく廃止してしまうのは余りに弊害が大きいと思われます。そこで考えたのが、ファックスを使った令状審査です。職員の勤務条件を改善しつつ、令状審査機能を落とさないようにするためには、こうした機器を使うのが現実的と考えられました。「IT革命」が進行する現在にあっては、ファックスさえも既に古くなった感がありますが、裁判手続ではファックスが導入されたのはまだ数年程度です（一九九八〔平成一〇〕年一月一日施行の民事訴訟規則によります。）。今後は、ファックスに限らず、他の通信機器を含めた検討が必要でしょうが、他の通信機器利用の場合は刑事訴訟法、同規則の改正が必要で困難を伴いますが、ファックス利用ならぎりぎり改正までは必要ないのではないかと考えていました。

私の感覚では、休日の昼間になされる令状請求は、平日の昼間のそれとさほど違いがあるわけではありません。特徴的なのは、夜間になされる令状請求です。緊急時に逮捕が先行し、事後に請求がなされる緊急逮捕状、酒気帯運転や薬物使用の場合に、呼気検査や尿の提出を被疑者が拒んだ場合の採血、採尿令状、それと一般の通常逮捕状です。酒気帯運転などは、一般の方でも場合により関係があるかもしれません。私が宿日直で最も問題があると思うのは通常逮捕状の事案です。性格からして昼間でも請求できるのに、深夜にわざわざ通常逮捕請求するのは、何か理由があります。夜間に事件が発生した場合ももちろんありますが、危ないのは、自白追及のため捜査官が任意同行後長時間調べをした後の請求です。日本の捜査に特徴的ともいえる長時間取調べと夜間、殊に深夜の令状審査は切り離せない関係にあると思います。この場合、任意同行及びその後の任意の取調べが、実質的に逮捕に到っているのではないかという点の審査が重要になってくると私は思います。それゆえ、緊急性のある他の令状と同様、夜間の通常逮捕状には目を光らすべきでしょう。

ファックスでの令状審査体制を実際に作るには、セキュリティー、費用等慎重に検討することが必要です。その他、当番職員は必要なのか、ファックスの量が多くなりすぎないか、令状請求書や疎明資料の各原本を見ていないのに令状を出してよいのか、ファックスでは写ししか捜査官の手元に届かないが、令状の写しで執行できるのかという技術面、法律面を含めた問題点が山積みしており、その対策も論文中で一応考えています。ただ、宿日直の問題は、理想と現実との乖離が著しい問題であり、解決も難しく、それだけに数多くの知恵と工夫が要求されます。現場の裁判官、職員、そして最高裁も司法改革の一内容として必ず取り組まなければならないと思われます。

なお、二〇〇二（平成一四）年春から、東京、大阪で、裁判官も裁判所に宿泊しての夜間令状執務体制が始まりました。夜間の令状審査体制を充実しようとするもので大変評価できます。

第六章　二〇一〇年「裁判官意識」は変わり始めている

二〇〇一（平成一三）年六月に発表された司法制度改革審議会意見書によって、現在裁判官制度改革が進められています。そのポイントは、裁判官の大幅増員、弁護士任官の推進、判事補制度の改革（すべての判事補に裁判官以外の職務経験を積ませることを制度的に担保、特例判事補制度の解消）、裁判官任命手続の見直し（裁判官任命諮問委員会の設置）、裁判官人事（評価）制度の見直し等です。木佐先生は、それらによって、裁判官の独立性、市民性はどうなるのかを問題意識として持ち、二〇一〇年には裁判所内部はまだ騒動の渦中にあると予測されております。

私の場合は、裁判の独立性や市民性と言った評価を抜きにした、いわば「生の」裁判官意識を問題にしています。その意識とは、本文中でいくつも例示した日本的キャリア裁判官意識そのものだと思っています。そして、個々の裁判官制度改革がどんな紆余曲折をたどっても、二〇一〇年には、裁判所・裁判官改革の最も大きな指標である「裁判官意識」は確実に変わり始めており、その変化を必要なものとして自覚する裁判官も出始め、その後の二〇二〇年にはかなりの変容が生じているのではないかと推測しています。

そして、個々の制度改革には、正直現職裁判官にはつらい面も予想されますが（裁判官増員のための報酬削減の提案等）、大方は前進していくものと思われます。裁判官任命手続の見直し、裁判官人事（評価）制度の見直しは最も早く進むでしょう。弁護士任官や特例判事補制度については、紆余曲折があるかもしれません。最高裁事務総局の改革など難しい分野もあります。

もっとも、裁判官制度改革については、弁護士会が支えきれるのか、最高裁当局は制度改革に前向き取り組めるのか、国民的関心は続くのかの三つを不安要因として指摘しています。こうした心配の種はあるのですが、司法制度改革審議会の意見書は、裁判官意識を通して、ボディーブローのようじんわり効いてくると思います。要は将来を見越して、些細な後退に落胆することなく、改革の努力を続けることが必要であるとし、未来に向けて「さあ、『大道』をゆかん。」と締めくくっています。

第一章　裁判所のイメージアップのために

一　問題意識

最近は、司法改革ばやりで、弁護士会だけでなく、最高裁・法務省からもいろいろな案が出る御時世である。もちろん、最高裁・法務省の案は立場上弁護士会の案に比べて、穏健で技術的であり（もちろん、それらのほとんどがトップダウン方式で、裁判所内の官僚統制をかえって進行させているのではないかという問題点があるが、ここでは触れない。）、司法改革の外縁ないし当面の最大限の目標は、弁護士会案に集約されると思われる。そこで、最も最近の動きとして、日弁連第一四回司法シンポジウムの問題提起レジメ（自由と正義一九九二年一〇月号一〇六頁以下参照。同号は司法改革特集号であり、是非一読されたい。なお、司法シンポジウムの討論内容や成果は、日弁連新聞一九九三年一月一日号に紹介されている。）を見ると、司法改革の運動の柱として次の三つが挙げられている。

(1)　市民とともに司法改革を考える~司法を市民の手に

・弁護士・弁護士会のあり方、裁判所のあり方を共に問題にしている。具体的には、前者の面では、法律相談、弁護士会活動、裁判又は権利救済システムへの関わり方、弁護士任官などを取り上げているものの、後者の面では具体性があまりない。

(2)　国民のための裁判をめざして~司法の規模・容量の拡大をはかる中で

・具体的には、民訴改正、民事訴訟審理の充実・促進方策、裁判所の過重負担、司法予算の少なさ、判検交流、会同・協議会、行政訴訟等を問題にしている。

(3)　国民の司法参加と法曹一元制の実現に向けて

・具体的には、陪審・参審制度、法曹一元制、弁護士任官、非常勤裁判官制度を取り上げている。

これらを見ると、正論であることは否定しないが、「またか」「そこまではどうせ無理」という感覚が、大方の裁判官の脳裏をよぎるのではないだろうか。しかし、私はまた別の面で、「何でこんな本質的なことばかりとりあげて、真面目な案ばかり出しているのだろう」とつい皮肉を言いたくなってしまうのである。実は、現在の「司法改革ばやり」の背景には、異なる立場からの思惑はしばらく置くとして、共通の認識として、司法の地位が相対的に低下しつづけ、事件数も予算も増えず、中坊前日弁連会長の言（以下、中坊発言については前記『自由と正義』五頁以下参照）を借りれば「二割司法」に惰しているといった現状認識があると思われる。事件数の伸び悩みの一方では、行政相談の急増や裁判外紛争解決機関の隆盛（判例タイムズ七二八号参照）があり、司法がだんだん国民に見捨てられる傾向にあるという現状認識である。(1) こうした傾向を打破するには、同じく中坊発言を借りれば、「司法改革の当面の目標は、まず司法をもっと市民に身近なもの、分かりやすいもの、納得できるものにして、市民が司法をもっと利用しやすいようにすることである」ということになるであろう。草場最高裁長官も、ニュアンスの違いはあれ、裁判所に与えられた使命達成のため、「民事訴訟については、時代の要請に応じ、国民に利用しやすく、分かりやすい裁判を実現することが重要であり」としている（裁判所時報一〇七六号の長官所長会同における最高裁長官訓示参照）。しかし、そうした目標を達成するための具体策として、前記司法シンポジウムの問題提起レジメのように、直ちに本質的なことが出てくるのが日弁連のみならず、我等が法曹界の常である。前記最高裁長官訓示でも、具体策として審理の充実と民訴改正のみが挙げられている。私に言わせれば、それらには全面的に賛成であるが、誤解を恐れずに逆説的に言うと、「まず、もっと低次元にものを考えよう」ということになる。裁判官のみならず、弁護士にもいえることだが、私達の日常接する人達は、企業を始めとした法人とか訴訟慣れしている人は別にして、多くは勇気を振り絞って弁護士に相談に来た人とか、裁判外の紛争解決手続（公的なものから、自治会、事件屋までをも含む。）を使いきって仕方なく来た人達である。そうした人達の背後には、膨大な紛争当事者が存在すると思われるが、その人達の中に「時間がかかるし、お金がかかるし、公正にやってもらえるか心配である。」といった具体的、合理的、理性的判断で裁判を避けている人はどの位いるのであろうか。そういう人がすべてないしほとんどだと考えて、本質的なことばかり議論するのはあまりに理念的すぎやしないだろうか。私は、むしろ「裁判所に行ったら終わりだ」「裁判沙汰になったら、親兄弟の外、勤め先にも顔向けできない」「裁判所は怖いところであって近づくべき所ではない」「裁判所のことはよくわからないし近づかない方がいい」といったある意味で極めて日本的でかつ低次元の感覚によって避けているという人も案外多いのではないかと思う（日本で訴訟率が低い理由の議論は、『テキストブック現代司法〔第二版〕』〔日本評論社、一九九二年〕一八三頁以下に詳しく、そこでは、司法の機能不全説の外に日本文化説が紹介されている。日本的でかつ低次元の感覚を問題にするのは、日本文化説と重なりあう。また、判例タイムズ三八六号「西東問話」には、日本人の裁判所観として、京都大学法学部紛争処理研究会によるおもしろいアンケート結果が掲載されている。それは、国民一般の裁判所イメージを調査しようというものであるが、日本の各種機関のうち、「あなたの生活にとって一番役に立つ機関はどれか」との問いに対し、裁判所が最低であったというデータが紹介されている。)。そうであるならば、「短い時間で、安価に、そして公正に(この中には、市民の司法参加によって民主的にという意味も含まれるであろう。)」という本質的なことの外に、「裁判所」「裁判沙汰」「こわい所」「よくわからない」といったイメージを変えることがまず大事なのではなかろうか。こんなことを書くと、眉間に皺が寄る法曹の方々もおられると思うが、自分が法曹になる前、いやそれより前の司法試験に合格する前、法学部に入る前を考えて頂きたい。自分のみならず、家族、親戚、友人等に起きた紛争を考えてみた時(例えば、アメリカなら訴訟になるような民事・家事関係の紛争は、自分のみならず、家族、親戚、友人等まで含めれば、誰でも必ず一つや二つはあるはずである。)、頭を過るのは「訴訟なんかになったら、社会的体面が傷つくしみっともない」ということではないだろうか。今、中坊発言や草場長官訓示のように、「二割司法」に危機感を感じ、「市民が司法をもっと利用しやすいようにすること」を考えるならば、本質的なことだけに目を向けるのではなく、低次元にものを考え、裁判所のイメージを変えていくことが急務であると思う次第である。

二　裁判所のイメージアップの方法論

1　総論

残念ながら、日弁連のみならず最高裁にもこの視点はないか、もしくは極めて弱い[2]。したがって独自に検討が必要となる。しかし、現在のわが国資本主義社会では、イメージアップなどということは、企業の常識であり、商品の性能・効能は宣伝しなくても、アイドル歌手やのりのいい音楽を使って実態と離れたイメージを振りまくことは日常よくあることである。最近では、国政に関係する政党さえ同じ方法を用いている。こうした中では、参考資料はあまた存在するが、如何せん、裁判所には、「公共機関」「判断機関」「予算」といった制約があり、企業や政党のようにはいかない。そこで、同一ではないにしても同様の性格と限界をもった公的機関の努力を参考にするのが最も近道と考えられるのである。ところで、こうした特定の組織のイメージアップを図ることに関して、コーポレート・アイデンティティ（Corporate Identity）、略してCIというものが近年叫ばれている。直訳すると「組織（企業）の自己確認」、意訳すると「組織（企業）の自分らしさの主張」という意味になり、もともと企業イメージの管理手法として一九五〇年代からとりいれられたもののようである。例えば、IBMという会社は一九五六年のCI計画によって、シンボルマークの採用や、製品・サイン・建築・印刷などのあらゆるデザインを統一して成功した。このため、アメリカでCIブームが起こり、日本では、一九七〇年以降に企業が盛んに取り入れ、現在では地方自治体もあちこちで採用している。[3] そして、前記のように本稿が参考にしたいと考える公的機関の努力として、自治体のCI作戦を積極的に提唱した『住民との新「つき合い学」―CI時代の行政PR作戦―』『自治体CIのビジョンと戦略』（いずれも小野昇著、ぎょうせい刊、一九八七年、一九八九年）という著作が参考になる。両著は詳しくかつ体系的である一方、実例や経験談も豊富であって読みやすくかつ説得的である。本稿のCI関係記述は、大部分両著を参考にさせていただいた。両著によると、CIにおいては、四つの展開を考えなければならないとする。それは、(1)M展開（マインド・アイデンティティ〜組織の基本理念、未来ビジョン等を明らかにし、それに従って良質のサービスを提供すること。サービスを受ける「人々の満足」がキーワードである。）、(2)V展開（ビジュアル・アイデンティティ〜シンボルマーク、シンボルカラー、建物の外観、制服・作業服のファッション等により、組織の基本理念を視覚的に訴えること。「表現豊かに」「親しみやすく」がキーワードである。）、(3)I展開（インフォメーション・アイデンティティ〜広報・広聴からなるPR、イベント、憲章等の情報により、組織の基本理念を訴えることである。）、(4)B展開（ビヘイビア・アイデンティティ〜職員による接遇等を通じて組織の基本理念を訴えること。「優しく」「明るく」がキーワードである。）である。私なりに解釈すると、(1)が本質で、(2)ないし(4)が(1)を表現する手段となり、前記一で述べた国民が利用しやすい司法という基本理念を達成するために、訴訟手続の改善等を図ることが⑴で、その基本理念を国民に印象づけるためには⑵ないし⑷の取組み、つまり視覚、情報、接遇等の面の改革が必要なのである。これが、裁判所のイメージアップ作戦の総論である。

2　各論その1

では、具体的にどんな作戦をとっていくかであるが、前記小野著には自治体の具体的取組みが色々紹介されていて参考になる。ただ、イメージアップというのは極めて感覚的なものであり、書物から得る情報だけで裁判所を評価し改善策を立ててみても自分自身納得がいかない。やはり、自分が直接他の公共機関に出向きないし接してみて、どんな具体策に自分が感動し良いイメージを抱けたか、そして同じ場面では裁判所はどうしているか、そのため裁判所に対してどんなイメージを抱けるかを比較をしてみることが大切だと考えた。そこで、平成五年三月まで私が所属していた裁判所（津地方・家庭裁判所）の近くである三重県津市内の私立や国立の病院、郵便局、市役所、県庁、NHK、税務署、警察署、国立大学等に出向き、まず建物の外を見、次に中を見て歩き、壁のポスターや内部のレイアウトに目を凝らし、置いてある広報誌を手当たり次第めくり、最近流行のキャプテンシステムを操作し[4]、窓口でちょっとした尋ねごとをし、つてを頼って関係職員のインタビューを試みるなどした。その成果は膨大ですべてを紹介できないが、私が出向きないし接してみて、最もイメージアップに積極的と感じたのは郵便局である。もちろん、他の公共機関も大なり小なり努力しており感心することが多かったが[5]（注の（5）にエッセンスのみ掲げたので参照されたい。）、特に組織に危機感が強いところほど取組みが進んでいるようであった[6]。その意味で、郵便局の危機感は宅配便を始めとする民間企業との競争の激化にあるようであり、動機において公共機関の取組みとして取り上げることに多少の抵抗があるが、法律的に公共機関であることに間違いはなく、予算面での制約も公共機関としてのものであるから、少し詳しく紹介してみる。なお、以下の紹介は、津中央郵便局を始めとした郵便局の庁舎訪問やインタビュー結果等をまとめたもので、郵便局側としては、整理の仕方や内容に多少異論があるかもしれないが、ご容赦願いたい。

(1) M展開~以前は、郵便局には、利用客が来たら応対するというお役所的な感覚が強かったが、今は地域のコミュニティセンターになり、利用客を積極的に増やすという感覚が強い。民営化された後のJRやNTTにはかなわないにしても、公共機関の中では、サービスは最先端という意識もあり、ここ二〇年(特にこの一〇年)で郵便局の意識は大分変わったようである。サービスの本質面では、銀行並みにMMCを出したり、なまものの小包を扱ったりして商品の多様化を進めているし、簡易保険の発売や自動支払機(大きな郵便局では、民間銀行より取扱時間が長く、休日でも特別料金をとられない。)も設置している。

(2) V展開~(本来はシンボルマークなど特定の視覚的なものだけが対象であるが、整理の都合上、以下の記述では、視覚によって認識可能なハード面でのサービス改善全般を含めている。)局舎の窓口は、全国でオープン窓口にしている。以前は、窓口にガラスがあり(下に狭い開口部があり、そこからお金や通帳のやりとりをする)、時間がくるとカーテンを閉めていたが、銀行のように利用客と職員との間に障害物をなくしている。これは、利用客と職員のコミュニケーションを円滑に図るためで、郵便局側が強盗等防犯に気を遣うあまり、利用客との間に壁を作っているという印象をもたれないためである。ただ、防犯のための代替措置も否定できないので、カウンターの台幅を若干広くして、強盗等が手を伸ばしてお金を掴みとりにくくしているところもある。利用客には、総じて非常に好評のようである。また、大きな郵便局では待合室ないし待合用のスペースを置き、テレビ・ビデオを置いて、待ち時間にテレビを利用客に見てもらったり、ビデオで各地の紹介ビデオを流している。ワープロを置いて、利用客が手紙を書いたり、印刷できるようにしているところもある。なお、テレビ関係では、郵政省に電波事業団の回線を使った独自の衛生放送があり、大きな郵便局には、パラボラアンテナを付けて、放送内容を利用客に流しているところがある。放送内容は、全国各地の紹介等で、各郵便局でいいビデオテープを作って郵政省のほうに送り、採用されると全国の局に放映されることになっている。その他、全国的に窓口に不幸の手紙投入箱を置いたり、病院のように窓口全部に音楽を流すところがある。前者は、利用客の要望が強いためであり、後者は、待たされてイライラしている利用客の神経を、静かで軽い音楽によって少しでも和らげるようにするためである。

(3) I展開~以前に比べて、郵便局のポスターは多くなった。局舎の内壁にびっしり張っているところもある。しかも、カラフルで芸能人（例えば、間寛平、所ジョージ、山口智子等。現在は間寛平が多い。）を使ったものが増えている。テレビのCMにも積極的である。ただ、ポスターには芸能人を使った郵政省作成のものと、現場で作成したものがあり、後者は手作りでほのぼのとしたものが多いが、局の若い職員が作ったものの中には、きらりと感性が光るものもある。ある職員は、「ポスター作りは若い人に任せるに限る。総じて、若い人は感性がいいので、いいものがつくれる。年寄りは、アイデア等が浮かばず、子供に聞いて四苦八苦して作るので役にたたない。」と語っていた。広報誌には、以前は郵便局の貯金の利率がどう変わったか、保険制度がどう改正されたかなどの真面目な情報を載せていたが、読む人が少ないので、郵便局とは直接関係がなくても、地域に関係のある話題や娯楽内容を増やすように努めているようである。津中央郵便局では、街頭インタビュー、名所案内、クイズ等を載せ、写真や絵をふんだんに使った広報誌を作成していた。因みに、担当者は、やはりというべきか二〇歳代前半の女性であった。広報誌の配付は、局舎内の外、自治体や他の公共機関に依頼して備えつける方法によっているようである。なお、I展開では、広報の逆の面として、広聴が大事であるが（利用者のニーズや意見・好みを正確に把握してこそ流す情報の取捨選択ができるのであり、また仕事内容に関して苦情をよく聞き、それによって仕事内容を改善するのも大事なイメージアップ作戦である。）、郵便局では、それを意見箱の設置と電話によっている。アンケート調査等による利用者のニーズや意見・好みの正確な把握ということまではしていないようであり、苦情を聞いて仕事内容に反映させるという広聴活動である。苦情の中にはつまらないものもあるが、職員の対応等でもっともな意見であれば当該職員の上司を通じて本人に伝え指導しているようである。

(4) B展開~昔は利用客が来てもなにも言わず用件だけに応答している職員が多かったようであるが、現在は、まず「いらっしゃいませ」と言う局が多い。そういう指導もなされているようである。「おはようございます」等のあいさつ運動をやっている郵便局もある。他の公共機関を調査中に郵便局の応接態度について聞くと、「以前と比べると最近の郵便局の応対はよくなった。昔は横柄な窓口職員が多かったが」という返事をもらうことが多かった。それと、大都会の中央郵便局（例えば名古屋中央郵便局）には、案内嬢がいるところがある（非常勤のようである）。窓口が多いところでは、総合案内係がいると利用客に便利であり、それを若い女性にさせるのは、イメージのためのようである。実際、窓口の対応が遅くて待たされるときでも、案内嬢に声を掛けられると、イライラした利用客が我慢して待とうかなという気になるらしい。なお、案内嬢の配置は、地方の郵便局でも望んでいるそうだが、予算の関係上なかなか実現しないようである。案内嬢と似た発想では、津中央郵便局が、ミス津、準ミス津の参加を得て（一日署長の形で警察が、社会を明るくする運動で保護観察所がそれぞれ同じような企画をしている。）、年賀状受付キャンペーンのコンサートを年末に局舎前でしていた事例がある。

(5)　その他～郵便局に特徴的なものとして、郵政省の郵便箱コンクールと簡易保険作文コンクールが、地域の郵便局の絵画、写真、切手・古銭等の展覧会がある。どちらも、郵便局を利用するかどうかに関係なく、郵便局に関心を向けてもらう間接的な効果がある。例えば、絵画の展覧会は局舎の窓や壁を利用して行うことが多いが（専用レールを設置している郵便局もある。）、幼稚園と協力して園児の絵画展覧会を行うと、孫の絵が飾ってあるということでお年寄りの来局が増えることになり、すぐには営業面での効果がなくとも、長い目で見ると郵便局に親近感を感じる（つまり近寄りやすいというイメージを持つ）人を増やすことになる。郵便局は、そうした効果を期待していると共に、待時間に利用客に眺めてもらうことで心和んでもらうという点でV展開をも考えているようである。なお、展覧会の出品は、幼稚園等のほかは市民サークルに依頼することが多いようであるが、無料で郵便局という公共機関で展示会を開けるということで、希望者は割と多いようである。また、展覧会と同じように、郵便局に親近感を感じてもらうために、局舎の特定の部屋（例えば、「年賀室」という部屋は年賀状の整理に使うもので、郵便局にとっては必要不可欠な部屋であるが、二月から一一月は使用されないことが多いので、他の有効利用が可能である。）を市民や市民サークルに貸し付けて利用してもらう方法を採っている局もある。例えば、カラオケ教室やダンスパーティの開催に貸し付けるなどである。

こうして見ていくと、郵便局の並々ならぬ意気込みと努力が伝わってくる。調べていて、一つ一つが驚きであった。もちろん、裁判所には到底援用できない内容もあるが、以前の郵便局と比べて、発想を一八〇度変え、とにかく利用客、住民に身近な存在であり続けようとする姿勢が伝わってきた。もちろん、こうした郵便局の取組みに弊害がないわけではない。現場の提案制度が出世競争、成績の査定基準みたいになると感じられて反発もないわけではないことや、イメージアップのためのサービス向上は結構だが、財源なしでは労働強化につながりかねないことなどである。しかし、そうしたマイナス面を差し引いても、プラス面は十分有り余る程存すると思われる。それは、前記のように、他の公共機関職員の郵便局職員に対する印象や、後記の「さわやか行政サービス運動」における総務庁のアンケート結果において、郵便局が公共機関の中で印象度が上位にランクされることから明らかである。今後は、マイナス面をいかに少なくするか、特に、現場に誤解されないように、労働強化にならないようにするためにはどのような対策が必要かを考えながら、プラス面をさらに伸ばすことが目標になるのであろう。裁判所としては、同じ公共機関が、これほどまでに発想を変えて取り組んでいる姿勢及びその内容に大いに学ぶべきであろう。

3　各論その2

調査中に判明したことだが、行政機関では、昭和六三年一月二六日付閣議決定に基づく「さわやか行政サービス運動」というものを行っており、それは行政改革の一環として、各省庁・特殊法人のほか地方公共団体の協力も得て、国民の声に耳を傾けながら行政の総点検をし、行政サービスの改善を全国的に推進するもので、総務庁行政監察庁がその旗振役となっている。対象は三つで、A窓口サービス、B公共利用施設サービス、Cその他国民と接触する公務サービスである。点検の原則は七つで、ア分かりやすい行政サービス、イ便利な行政サービス、ウ迅速な行政サービス、エ清潔な行政サービス、オ丁寧な行政サービス、カ安全な行政サービス、キ人間性に配慮した行政サービスである。具体策は、総務庁行政監察庁が編集発行している「行政サービス改善の手引」という小冊子にまとめられているが、その数は、改善予定数も含めると、前記閣議決定以後平成三年の総点検までで、各省庁・特殊法人の三〇四〇機関（全三万九七九機関の約一割）合わせて二万四〇〇〇事項になり、右閣議決定前から措置され引き続いて推進されている事項を含めると実に七万四九八七事項に上っている。こういう紹介をすると、「そういえば、最近行政機関の応対が良くなったと感じることがある」と思われる読者の方が必ずおられると推測するが、それはこの「さわやか行政サービス運動」の成果に帰するところが大きいのである。ところで、この運動は、行政機関のサービス改善を目的とするものであるから、必ずしも私が強調するCI作戦として整理され、展開されているわけではない。しかしながら、目指すところはかなり重なってくると思われる。なぜなら、この運動の特徴としては、アンケートにより各省庁・特殊法人の利用者の印象を統計にとり発表していること（利用者は、Aでは、職員の応接態度・言葉遣い・用件の理解の速さ・事務処理の速さ、昼休みの受付・処理等の点をその順に重視しており、Bでは、職員の応接態度、案内標識・案内図の整備、待合室・トイレの清潔さ、施設・設備の維持・管理の良さ等の点をその順に重視している。）が挙げられるからである。つまり、利用者の持つイメージを絶えず視野に置いているのである。[7] そして、昭和六三年導入の前後を比べると、利用者の印象度に顕著な違いが見られ、運動の成果は確実に上がっているようである。もっとも、最近は、中だるみか、簡単に実現できる案が出尽くしたためか、「印象が良い」の方はその前年に比しあまり率が高くなっておらず、かえって低くなっている年度もあるようだが、「印象が悪い」の方は確実に低くなっているようである。

具体策の内容は多くてすべてを紹介できないが、前記小野著の分類に従い目に付く改善策を各自治体の分も含めて取り上げ整理すると以下のようになる。

(1) M展開〜国民が利用しやすい行政機関づくりという点で、裁判所とさほどかわりはない。

(2) V展開〜案内表示板・標識整備（各機関・自治体）、安全性と景観に配慮した河川護岸の整備（北海道開発局）、身障者用玄関スロープの設置・改善（各機関）、身障者用駐車スペースの拡大・玄関の段差解消（職安）、点字ブロックの設置（法務局）、庁内案内図・板の整備（各機関）、雨傘脱水機の設置（郵便局）、靴磨機の設置（矯正管区）、休息コーナー設置（営林支局）、市民談話室の設置（自治体）、待合室に新聞・雑誌等備付（法務局）、喫煙コーナー・換気扇・空気洗浄機設置（税務署）、禁煙タイムの実施（労基署）、庁内BGM放送（法務局、NTT、自治体等）、身障者用のトイレ・通常より低いカウンターと記入台の設置（郵便局）、ローカウンターと来客用椅子の設置（自治体）、高校の美術クラブの協力を得た連絡通路の美化（JR）、市バス内で小中学生作品による「動く展示会」（自治体）、窓口ドアの透明化（自治体）、取扱事務説明をした窓口表示板の設置やそのカラー化（職安等）、カウンターの色を明るい色に変え、生花盆栽配備、イスの設置（法務局）、週1回の「花の日」設定（自治体）、窓口に補聴器備付け（社会保険事務所）、点字表示郵便ポスト・電話帳（郵政省、NTT）、ベビーベッド設置（郵便局）。

(3) I展開〜法律用語の平易化（法務局）、公用文等につき、わかりやすく相手の気持になった日本語の使用（自治体）、申請書マニュアルの作成・配付（各機関）、電話相談の自動回答システム・二四時間テレホンサービスの整備（国税庁、陸運事務所、自治体等）、情報プラザの設置（自治体）、ビデオ・パソコンによる案内・広報（職安、自治体）、行政ミニガイドブックの作成（自治体）、アンケート実施・意見箱の設置・モニター制度の導入（各機関——例えば、NTTの「オレンジ活動」「レディスモニター」、JRの「キク像コーナー」、道路公団の「グリーンポスト」等）、住民相談室・町民模擬議会・意見箱・県政モニター・意見聴取の二四時間ファックス等の設置及び広聴葉書の全世帯配付（自治体）、一覧表による手続教示（法務局）、説明会による手続教示（社会保険事務所）、標識意見箱（「標識BOX」）の設置に基づく改善（建設省、警察庁等）、シンボルマークによる市町村の表示（道路公団）、発信文書の敬称は「殿」から「様」へ統一（国税庁）。

(4) B展開～総合受付窓口の設置（職安等）、ロビーマネージャーの設置（自治体）、駅近くの臨時受付所（税務署、自治体）、移動サービスカー（NTT）、移動図書館（自治体）、出張相談（社会保険事務所）、相談専用カウンター（法務局）、全国同一電話番号による相談専用電話の設置（警察庁）、一階での手荷物預かり（自治体）、ベストサービス運動・身だしなみチェックカードの作成（NTT）、模擬演技による「さわやか応接コンテスト」の実施（税関）、名札の着用（各機関）、市民応接の解説書「さわやかポリス」作成（警察庁）、接遇研修の実施（各機関、自治体ー民間企業に接遇研修目的で派遣する例がある。）、接遇マニュアルビデオ・「心くばりのある文書作り」マニュアルの作成（自治体）、オアシス運動（「おはよう」「ありがとう」……自治体）、申請書の記載要領の平易化・記載例の明示（各機関、自治体）、昼休み・夜間施設利用の改善（国立美術館等）、待時間の短縮と待時間の表示（各機関）、「電話ベル三回鳴るまでにとろう」運動（自治体）。

(5) その他～職員からの提案制度の活用（各機関）

こうして見ていくと、行政サービス運動の広がりを認識することが出来る。そして一つ一つの取組みは、どこかで予算を捻出する大々的なものから、手作りのたわいもないことまで様々であるが、それらがすべて、分かりやすさ、便利さ、丁寧さ、人間性への配慮等公共機関の利用者の観点を重視していることは容易に見て取れる。それ故、サービス運動が継続的になされるならば行政機関へのイメージは必ず好転すると思われ、実際、前述のアンケート結果に出ているのである。ただ、取組みの熱心さは、公共機関毎に区々であり、利用者の印象度も公共機関毎にかなり異なる。(8) 福祉事務所、美術館、郵便局、税務署等が印象度が良い代表であり、警察署、登記所、病院、地下鉄・バス、道路が印象度が悪い代表である。良い代表例、悪い代表例を見てみると、それなりに自分の印象と合致しておりうなづけると思われている読者も多いのではないだろうか。もちろん、機関の性格の違いもあるので一概に言えないが、印象度の良い機関にはそれだけ見習うべきものは多く、印象度の悪い機関にはそれだけ反面教師として参考にするものが多いと思われる。特に、行政サービス運動に熱心な一方、過去のマイナスイメージがあるため、アンケート結果で利用者の印象度が良いことに「意外」さを感じるところ（例えば、郵便局、税務署）には、かなり学ぶことが多いようである。

三　裁判所のイメージアップの具体策

1　総論〜基本的欠陥

二の方法により、裁判所のイメージアップを考えていくと、その前提として、今までの裁判所が色々な面で反省させられる。一つ一つの面は、大したことがなく、宴会の席や日常会話の中で話題になる程度のことであり、誰でも考えつく提案と責任者のちょっとした勇気で改善できるものも多い。しかしながら、それらをまとめて俯瞰してみると現在の裁判所を支える思想や哲学がなんとなく見えてくるようである。それは、利用者や地域住民の感性、感情、便宜といったものに配慮する視点がなく、旧来のやり方や他の裁判所のやり方に殆どの神経が集中し、かつそれでよいとする思想や哲学である。標語的にいうと、「超然裁判所主義」「お役所感覚」「横並び主義」等の総体と言えようか。長年裁判所にいると、そうした思想や哲学に浸りきって、個々的な面でも何も思わなくなってしまうきらいがあるが、行政機関と比べてみただけでも様々な「欠陥」が目について仕方がない。特に裁判所のイメージを悪くしている「欠陥」として認識し、新しい視点をもたなければならないのは、以下の点である。

(1)　裁判所の所在はわかりにくい。

最寄りの駅に裁判所方向の出口表示があっても、裁判所利用者が駅出口から裁判所に着くまでの案内表示が皆無に近い。また、利用者が裁判所付近まで来ても、どの建物が裁判所であるかなかなか分からず迷う。車での利用者も、どの交差点で曲がれば裁判所に行けるのか、どの建物が裁判所であるか、裁判所の車の入口はどこかがなかなか分からない。

今までの裁判所は利用者のために、その存在場所をアピールすることが少なすぎるし、関係行政機関（例えば、道路表示のためには、道路公団、建設省、警察等）との協力体制が不十分である。後者は、「判断機関」「中立機関」として「癒着」の批判を受けないための配慮が何らかの影響をしているのかもしれないが、利用者のためという分野に関してはどしどし協力体制を作るべきである。

(2) 裁判所建物の外観は画一的で地域に溶け込んでいないし、冷たい感じがする。

予算のためであろうが、裁判所の建物は、若干の例外を除き全国的にとても似ている。特に地家裁、同支部、簡裁というように裁判所の規模が小さくなるほどその近似性は高い。城のお堀の中にあろうと、公園の中にあろうと、郊外にあろうと、そして、町中にあろうとあまり差異について配慮されず、白い箱型で装飾が皆無の味気ない建物である。それ故、裁判所の建物が地域の中で誇りとなっているという事例はほとんど聞かない。また、建物によっては、威圧的で、近寄りがたいという意見もよく耳にする。

(3) 裁判所には威圧的・高圧的な印象を与える工作物や表示が多すぎる。

例えば、裁判所敷地内に立てかけてある「集会、デモ、旗・プラカードの持ち込み、はちまき・ゼッケンの着用等の禁止」の看板や、「証人控室」等の表示。荒れる法廷が多かった時代から既に二〇年近く経っているのに仰々しい禁止の看板や、国民主権が確立された憲法発布から既に半世紀近くになろうというのに「お上」を感じさせる「控室」等の表示を使う時代でもあるまいに。

(4) 裁判所内部には色がなく、音楽も全くない。

外観と同じで、裁判所建物の内部も、画一的で潤いがない。裁判所に来る人は、特に民事的・家庭的に心配事を抱えた人が多いのであるから、その心情を理解し、色や音楽をふんだんに利用すべきである。絵画や生け花も同様である。また、併設庁では、地裁、家裁、簡裁の区別や、裁判官室、書記官室、総務課、会計課等の区別を色で行ったり、案内表示に色を用いると利用者にも区別・識別がしやすく便利である。

(5) 裁判所には、身障者・高齢者・女性への対策が不十分である。新築建物では、玄関のスロープや身障者の方用のエレベータースイッチを備えつける所もあるが、全体的には不十分である。例えば、身障者用駐車場の確保、建物内部の段差解消、ベビーベッドの設置等が検討されてよい。

(6) 裁判所には利用者が落ちつけるスペースの確保がなされていない。どこの裁判所でも、待合室は狭く、壁は真っ白で、ただ灰皿だけがポツンとおかれて殺風景である。新聞・雑誌やテレビ・ビデオが置かれているところなど皆無である。

(7) 裁判所内部の案内は非常に不親切である。看板、表示が少なく、あっても分かりにくいか不適切なものが多い。

(8) 裁判所の内部構造は物理的に閉鎖的である。行政機関の窓口はほとんどがオープンカウンターである。しかるに、裁判所は、昔と違って訟廷事務室や書記官室にカウンターが設けられているものの、そこにたどり着くまでに厳重なドアがある。たいてい、窓はなく廊下から中の職員を一瞥することはできない。利用者にとって、これほど不安なことがあるだろうか。

(9) 裁判所の法廷・審判廷は威圧的である。最近流行のラウンドテーブルや家裁の審判廷にはそれなりの配慮がなされているが、本来の民事法廷等の法壇を低くしようという意見が何故現在出てこないのだろうか。また、法服を廃止しようという意見が何故出てこないのか。この点は、昔から言われていることであるが、高い法壇や法服で何を正当化しようというのであろうか。

(10) 裁判所には、難しい裁判手続を親切にかつ十分に説明しようとする努力が不足している。発行部数が少ない『司法の窓』(最高裁判所事務総局編)や、ほとんど裁判所だけでしか見かけない調停等のパンフレットでは不十分である。もっと積極的な措置が必要である。世間の公的手続の中で最も難しいのが裁判所の手続であることを再認識すべきである。

⑾　裁判所は、紛争を抱えた人しか眼中にない。
訴訟手続を簡易・迅速化するとか、コストを安くするとかの「本質的」対策は、あくまで紛争を抱えた人に対する対策である。しかし、裁判所を身近で利用しやすいものとするためには、紛争を抱えていない人にも裁判所を身近な存在にしなければならない。

⑿　裁判所には、利用者の声を直接聴いて役立てようとする視点が弱い。
戦後の司法改革の中で出てきた家裁委員会や、一審の審理充実の中で出てきた第一審強化方策地方協議会等の制度があるが、もっと端的に、裁判所の手続に触れた利用者、住民の声を集めて生かす視点がほとんどない。

⒀　裁判所の接遇対策は皆無である。
接遇とは、利用者・住民と裁判所職員が接する技術であるが、書記官・事務官でもその教育は不十分であり、まして裁判官の教育は皆無である。特に裁判官の場合は、経験から学べという鉄則があるのかもしれないが、いつの時代でも「傲慢な訴訟指揮」「当事者をバカにした補充尋問」「和解における一方的な言動」等の批判は絶えない。法解釈能力・事実認定能力・事務処理能力も必要だが、訴訟・和解・調停を通じて、当事者や弁護士と円滑なコミュニケーションを図る能力を養うことが大切である。

2　各論～これこそ具体策、今こそ実行を！

1の視点をもって、裁判所のイメージアップのための具体策を提言したい。もちろん1の視点に入らないものもあるが、要は利用者の感性、感情、便宜からみて「利用しやすい」「親しみやすい」という視点を基本に置くことが大切である。そして、各具体策には予算や司法行政上の煩瑣な手続履践が必要なものもあるが、「やれるものからやってみないと始まらない」という単純明快な真理を前提にする必要がある。

⑴　M展開

裁判所職員全体が、利用者の利用しやすい裁判所を作ろうという意思一致をしなければならない。その方法については、四で述べる。

(2) V展開

① 建物外部等

・駅及びバス停留所から裁判所まで、付近道路から裁判所までの各表示を丁寧に行う。

・裁判所建物の外壁面に裁判所の表示をして、遠くからでも見やすいように工夫する。天秤と剣の女神像やバッチのマークでも良いが、もう少し分かりやすく柔らかい印象を与えるマークがより望ましい。各裁判所独自のシンボルマークがあってもよい。その場合、書類、郵便物にはそのシンボルマークを印刷する。

・裁判所表示の碑をもっと見やすく、個性的にする。現在は、黒か茶色の石碑に「裁判所」と彫り込んであるだけで、何の裁判所か分からないし、そもそも、その字が大抵読みにくい。せめて、白抜きにして、「東京地方裁判所」「名古屋高等裁判所」位の表示が必要である。

・予算だけを考えた全国一律の建物を改善し、地域環境に溶け込み、住民が近寄りやすく親しみやすい構造、配置、色彩、装飾等を工夫する。具体的方法としては、契約額だけが焦点になる入札方式や工法上の理由からする随意契約方式より、建物の質を比較する設計協議（コンペ）方式が望ましいであろう。(9)

・裁判所敷地を囲む黒い鉄柵や移動式扉、敷地内の「集会、デモ、旗・プラカードの持ち込み、はちまき・ゼッケンの着用等の禁止」の看板を撤去し、樹木の植え込みに変える。多くの裁判所では、防犯上の問題は侵入者探知センサーの設置、裁判所・法廷秩序の問題は個別的な警備・法廷警察権の行使によってそれぞれ十分代替可能である。また、敷地内に、巨樹、噴水、清流、彫刻、モニュメント等により自然的、文化的な香りを醸しだす。

・駐車場を整備する。特に都市部では慢性的に駐車場不足であり、利用者の往来に不便を来している。立体駐車場の設置が望ましい。

・駐車場、駐輪場の表示を十分にする。裁判所には、意外とこの表示が少なく、あっても小さくて見にくいものが多い。
・身障者用スロープ、同駐車場（一般の車のスペースより広い）を設置する。
・公告掲示板をもっと見やすいものに工夫する。まず、「公告掲示板」と表示し、スペースは現在より広くし、中には書類だけをべたべた重ねて貼らずに、ポスターと組み合わせる等して見やすくし、夜間用の蛍光灯を設置する。

② 建物内部

・玄関に生花を置く。裁判所内又は地域のお花サークルとの連携が必要である。
・玄関に雨傘脱水機か雨の日用ビニール袋を設置する（現在の傘立てには鍵がなくなっていることが多い。）。
・玄関で一時手荷物預かりを行うか、コインロッカーを設置する（特に大庁）。
・玄関に案内係を配置する。裁判所の案内は、自治体や病院ほど難しくはないであろうが、現在のように守衛係の職員（ほとんどが男性である。）が事実上兼務するより、案内専門の女性を配置する方がソフトな印象を与えるであろう。案内係を配置する場所は、特に照明を明るくし、レイアウトに気を付けなければならない。
・自由に出入りができ、広くて明るく、観葉植物の鉢や観賞魚入り水槽の配置されたホールやロビーを設ける。そこには、固くて、緑や黄等原色のビニール張り長椅子ではなく、ゆったりと座れ、落ちついた配色の一人用椅子と、書類を書いたりできる専用机を置き、新聞・雑誌・裁判手続を説明したパンフ等を備え付ける。また、壁には、絵画や写真を飾り付ける。喫茶カウンターを併設するとなおよい。総じて、裁判所を利用しない人でも気軽に立ち寄れ、裁判所を利用する人も寛げる場所を確保するのである。別に、裁判所を利用する人用の専用の待合室を作ってもよいが、同じ発想でレイアウト等に気を付ける。この場合は、フロー図や漫画をふんだんに利用した壁看板、ビデオ放映、キャプテンシステム等により裁判手続を短時間で分かりやすく説明する工夫が望ましい。

注意すべきは、ホール、ロビー、専用待合室いずれにおいても、喫煙コーナーや喫煙室を設け、非喫煙者に配慮することである。

・ホール、ロビー、専用待合室の外、廊下の壁等を利用した絵画、写真、書道、刺繍、切手、古銭等の展覧会を行う。この場合、裁判所職員展出展者、職員趣味サークル、地域サークル（裁判所を利用しない人でも裁判所に足を運んで貰うのに特に重要である。）等に協力を求める。展示期間は二週間程度とし、年中行う。展示料は無料で、かつ無報酬である。

・バックグラウンドミージックを、法廷を除いた裁判所構内、特に一般の人が出入りする場所に流す。静かなクラッシック音楽をボリュームを落として流すとよい。もちろん、一週間毎位に流す音楽を変える。

・訟廷事務室、書記官室をオープンスペース・オープンカウンターにし、廊下と部屋の区別をなくす。特に、受付を行う訟廷事務室が重要である。予算的にすぐには無理でも、部屋のドアを常時開けたままにしたり、ドアをガラス製のものにすれば、程度は異なるが、利用者に不安を感じさせないという同じ目的を達成できる。もちろん、カウンターの幅を広くしたり、ロッカーの位置を工夫したり、昼休み等には交代で職員の誰かが部屋に留まるようにするなど書類を始めとした防犯上のフォローも必要である。

・身障者用のトイレの設置とその表示を行う。

・廊下に案内表示板・矢印を増やす。公衆電話機設置場所には、タクシー会社の電話番号を張り付ける。癒着と取られぬように、できるだけ多くのタクシー会社の電話番号にする。

・部屋のプレート（「民事第一部」「書記官室」「裁判官室」「和解室」等）は、ドアや壁に張りつけず、それらと垂直になるように設置し、遠くから一覧性があるようにする。裁判官も含めた職員の座席表は、部屋の入口に貼付する。

・家裁だけでなく、地裁や簡裁にもベビーベッドを用意する。

・売店（飲食物、雑誌、郵便切手、印紙等のほか、裁判所見学者や傍聴人用に『司法の窓』『日本の裁判』等最高裁が発行している冊子、裁判所マーク入りグッズ等を販売する。）、公衆電話機（両替機、カード販売機が少ない。）を充実する。

・冷暖房を柔軟に作動させる。現在の運用基準は多くの庁で画一的で、実態と合致していない日も多い。法廷での運用は、現在でも柔軟なところが多いが、待合室、証人控室、調停室、和解室等一般の人が入るところは特に柔軟な運用をすべきである。

・図書室の自由利用を認める。法律関係図書、特に実務的な図書は、裁判所が他のどの公共機関と比べても蔵書数が多いのだから、弁護士や学者以外の住民にも自由利用を認めるべきである。本が一冊しかないものについては、裁判実務上の便宜からして貸出を制限せざるをえないであろうが、閲覧やコピーは認めても支障がないはずである(10)。

③　法廷

・法壇の高さを下げる。特に民事事件では、ラウンドテーブルや、段差の全くない法廷が望ましい。

・法服は不要にする。突き詰めていくと、法服の合理性はさほどない。権威の表示は、イメージ的にかえってマイナスであろう。特に民事事件ではそうであり、現在ラウンドテーブル法廷でも着用しているのは滑稽の感がある。着用を定める規定（裁判官の制服に関する規則・昭和二四年四月一日最高裁判所規則第五号）の改正が必要であるが、まず民事事件では不要にすべきである。ただ、法服に権威の表示だけでなく、裁判所、裁判官の特定が歴史的な表現でされているという主張がありえようが、それは法服ではなく建物や座席表に代替させるべきであろう。例えば、裁判所マークを法廷に掲げたり、裁判官、書記官、廷吏（現在最高裁が名称改正を検討中のようである。）、原告席、被告席、傍聴席の区別ができるように、法廷入口及び内部に、座席表示を設置したりするなどである。これらは、裁判所や裁判官が、当事者・傍聴人から近寄りやすい存在としてイメージされるための対策である。
・民事事件では、傍聴人枠を撤去する。傍聴人枠は、傍聴人不信の露骨な表現である。
・下級審裁判所でも、最高裁のように絵画を掲示したり、窓を大きくして採光をよくするなど、文化的香りがする明るい法廷にする。
・コート・帽子掛けを設置する。現在はない法廷が多く、利用者に不便である。

(3) 展開

① PR等

・手続の手引は、現在よりもう少し読みやすく、かつ一覧性があるものにし、自治体や郵便局等にも置いてもらう。簡裁・家裁だけでなく、地裁の手引も必要である。
・地裁、家裁、簡裁等の広報紙の発行・頒布を行う。合同庁舎の庁では合同発行でもよい。現在の庁報は、内部向けのもので、自庁以外は、最高裁・高裁や高裁管内の他庁へ送付する程度であるが、外部向けのものを発行し、裁判所の情報を住民に公開し、裁判所への関心を持ってもらう必要がある。一般配付は予算面ですぐには無理であろうから、まず弁護士会、検察庁、法務局、市役所、児童相談所等関係団体・公共機関においてもらう程度の部数を目指すべきだろう。内容は、裁判官の氏名・配置、当該年度の事務分配、裁判官会議・常任委員会決議（実質秘にわたる項目を除く。）等の広報から、裁判所の職員、建物、手続、エピソード等の紹介、それに催しもの（憲法週間や法の日の週間等）のPRや、クイズ等娯楽面での充実も必要である。
・憲法週間（五月一日から七日まで）、法の日の週間（一〇月一日から七日まで）に、より実質的な企画を行い、それをPRする。現在憲法週間には最高裁判事の「御巡行」が行われているが、極めて内部的なものでどんな効果があるのか疑わしい。むしろ、そうした週間は、裁判所を日常よりも住民に開放し、各種のイベントを行い、裁判所への理解を深めてもらう週間と明確に位置づけるべきであろう。例えば、日頃なされない裁判官室、所長室、法廷裏の合議室等の公開を行ったり、弁護士会と協力して「憲法展」、「裁判所・弁護士会展」、「憲法講演会」、「法の実効性に関するシンポジュウム」等の企画を行ったり、今以上に法廷傍聴の機会を増やす（小中学生でもよいであろう。）などである。初日には、警察や保護観察所を真似て、地元のミスや著名人にキャンペーンをしてもらうのもいいであろう。そして、こうした企画を行う憲法週間等は、地元テレビや地元紙に、積極的に放映・記事依頼をすべきである。(11)

・地元のお祭に合わせて、裁判所の開放を行う。お祭りには、沢山のひとが集まるのだから、この日だけでも裁判所に来てもらおうという発想で開放する。祭りへの協力なので、地元公共団体、自治会も喜び、裁判所のイメージは確実に上がる。企画は憲法週間、法の日の週間の項で述べたものの外、花火等があれば屋上の開放を行ったり、敷地内に臨時舞台を設置して、職員サークルによるコンサートや演劇（法廷を使っての模擬裁判もよい。）を行うなどが考えられる。

・裁判所での住民にたいする司法講座（無料）を開設する。また、裁判所の歴史や手続を常時説明・展示する専用の部屋を設ける（例えば、「司法の部屋」などと名付ければよい(12)）。

・自治体や学校（大学だけでなく、小中学校も大切である。）、それに民間団体の要請に応じて司法教室を開催する。手続面を教えて、社会的なトラブルにあった時の権利救済を求める方法を知識として持ってもらったり、司法の実際面を教え、テレビドラマ等に出てくる裁判所や裁判への誤解（法廷でトンカチを使っていることや、被疑者に警察が暴力を振るっても、立派に令状が出されたり、全く問題なく有罪になったりするなど。）を解いたりする。小中学生を始めとした学生には、将来の社会人として、教科書に書かれていない司法の姿や大切さを学んでもらうことが特に重要である。講師は、裁判官を含めた職員が交代で務めるべきであり、副次的には、右講師活動中の質問等を通じて一般の人が裁判所に対してどういう感覚を持っているかを学ぶことができる。

・一般紙（特に地元紙）の裁判所特集や紹介にはできるだけ協力すべきである。また、裁判報道にも協力し、重大事件での判決理由の要旨作成や、複雑な事件でのポイント指摘等には積極的に協力すべきであろう。なお、裁判所のイメージアップのためには、なんとしても、マスコミとの協力関係が不可欠であり、またそれが癒着、馴れ合い、便宜供与、秘密漏洩等に結びつかないように配慮することも必要である。この微妙な協力関係は、日常、裁判官を始めとした職員のマスコミとの継続的接触の中で培っていくものであり、現在のように事務局や総務課だけの一本のルートしかない体制は好ましくない⒀。

② 利用者からの意見聴取等

・意見箱（玄関や廊下に、裁判官用と職員・施設用とを二つ置く。）を設置する。裁判や調停の当事者、窓口相談者、傍聴人、裁判所訪問者等から、裁判官や一般職員の接遇等に対する批判、施設に対する感想等を書いてもらい、以後の司法行政やイメージアップ作戦の参考にする。ただ、裁判官への意見は、訴訟指揮、判決内容に関するものが多くなろうから、裁判官の独立との抵触を防ぐため、所長・事務局の手を通さず、直接裁判官に意見用紙を渡し、意見の活用を裁判官の良心に委ねることとすべきである。

・モニター制度を採用する。予め定めた定員の数のモニター（一般公募する。当初は無給でスタートする方が採用されやすい。）に、継続的に法廷傍聴等に来てもらい、印象を出してもらう。一般人の裁判所への関心を高めるのにも役立つから、モニターの任期は半年位とし、できるだけ沢山の人に裁判所に足を運んでもらうのが望ましい⒁。

・住民の意識についてアンケート調査を行う。総務庁行政監察庁が行っている各行政機関に対する印象度アンケートを裁判所でも行う。予算が取れれば、民間委託してもよいだろうし、その方が客観的でかえって信用性が高いかもしれない。アンケート結果は、全国の裁判所について——最高裁も含まれる——集計して、公表する（「成績」が悪い裁判所にハッパを懸ける意味で。）。結果は、各裁判所で、以後の司法行政やイメージアップ作戦の参考にする。

・法廷傍聴の会との連携を模索する。批判的であれ、裁判所に関心を持つ人達の集団とは、積極的に交渉を持つべきではないか。徒に敵視・無視をすべきでない。例えば、マスコミでも、時には裁判所に批判的であっても、公器として認め法廷撮影の許可や傍聴の記者席設置等の便宜を図っているのが参考になる。少なくとも、弁護士会が正式に関与している法廷傍聴の会は、準公的な存在と認め、積極的に意見を汲み取るよう努力すべきである。[15]

(4) B展開

① 接遇

・裁判官については、訴訟指揮、和解・調停・審判でのやりとりなどの手続で、一方的、高圧的、資料収拾的態度ではなく、対話的、親和的、援助的態度が求められよう。この点は、現代において要求される裁判官像として議論されるべきであるので、第二章「二一世紀の裁判官を育てるために」で詳述する。[16]

・一般職員については、窓口相談、事件での当事者とのやりとり等について、明るく親切で、内容も分かりやすく、かつ素早い応対が求められる。その応対技術については、ベテラン職員を始めとした個人の経験に頼るだけでなく、書記官研修所や各裁判所で取り組むべき課題であり、その成果は書記官・事務官研修として取り入れられるべきであろう。

・裁判所作成の文書で、外部に出すものは、できるだけ平易な現代語を使用するよう努める。この点は、判決書改善の一つの目標とされているし、期日呼出状等の表現も以前と比べると改善されているようであり、その方向を押し進めればよいと思われる。ただ、それら以外の内部向け文書であっても、当事者や国民との関係を示すような言葉は、名は体を表すの言葉どおり、誤解されないように改善が必要である。例えば、事件「解決」数ではなく、未だに事件「処理」数などという表現を裁判所全体が何の疑問もなく使っていることは改善が必要である。

・訟廷事務室、書記官室では、入口に座席表を貼付し、個々の書記官・事務官は名札を着用する。これは、利用者が担当職員の位置を迅速に発見できるようにし、また、担当職員の責任の所在を明らかにするためである。同じ発想で、和解や審尋手続において、担当裁判官は当事者に名前を名乗ってから手続を進めるべきであろう。

・電話は、総合案内回線と直通回線を併設する。現在は総合案内回線のみのところが多いが、いちいち交換台を通すのは煩瑣である。訟廷事務室、書記官室には直通電話の設置が望ましい。

・待時間を改善する。特に簡裁刑事の三者即日処理や民事の供託関係については深刻であろう。前者は統計的データに基づき、時間を区切って呼び出しをすればよいし、後者は臨時窓口を作るくらいの臨機応変の対応が必要である。弁論の一括指定（一〇時に一〇件、一時一〇分に一〇件等）も問題で、せめて、一五分間隔で指定するよう努めるべきではなかろうか。

② 接遇の機会を増やすための制度等

・地裁、簡裁の民事訴訟事務室に、民事相談所を設置する。紛争の多様化で、素人の当事者はどの手続を利用したらいいか知識が無い場合が多い。家事相談ほどには内容的に踏み込めないであろうが、手続の説明や関係機関の一般的紹介はできる（家事のように個室が必要な場合もある。）。相談所には、直通の専用電話を設置し、電話帳でPRすることが必要である。

・九州の裁判所で行われている巡回相談所を全国的に行う。市役所や公民館を利用すればよい。

・家事、民事相談所や巡回相談所の利用者には、お茶を出す努力をする。

・民事訴訟事務室、書記官室共に常時誰かが所在するように努め、昼食時間も、輪番制によって利用者の受付等ができよう勤務時間を柔軟に運用する。ただ、休憩時間の一斉付与との関係で、全司法労働組合との協議が必要である。

・閉庁日や夜間であっても、まず、家事・民事相談所を開き、その次に法廷・審判廷を開くよう努める。サラリーマン世帯や夫婦共働きの増加に伴い、平日や昼間に家族から誰一人裁判所に行けない人のために、閉庁日や夜間にも裁判所を運用すべきである。労働時間の短縮と国民へのサービス拡充との調和のためには、人員増が必要で

あろう。(17)

・電話サービスを行う。裁判手続や申請書類について類型化して録音テープにふきこみ、「裁判手続案内」などとして電話をかけてきた人に、自動的に情報を流すようにする。特に、閉庁日や夜間は（裁判所の運用が無理でも）、一般的なものであっても、電話サービスを行う意義は大きい。これも、行う場合は電話帳でPRすることが必要である。さらに、アメリカのように、所属裁判官名、事務分配等につき、パソコンのネットワークで弁護士等からアクセスできるシステムを作るとなおよい。

・弁護士会の法律相談に裁判所の建物を提供する。特に、地方の弁護士会の中で独自の会館を持っていない会には積極的に申し出るべきであろう。弁護士会が準公的な団体であることや、民事・家事関係においては検察官のような存在が観念できないことから、弁護士会に便宜を図っても問題はないと思われる。

四　裁判所のＣＩ作戦を進めるために

1　推進のポイント

三までを読んだ方の中には、従来の裁判所に対する感覚からして、「エイリアン」に対するようなギャップを感じる人がいるであろう。また、発想には反対しないいもの、「夢物語」「机上の空論」といった感じを持つ人も多いであろう。しかしながら、本改革案の参考にしたのは、前記のように、地方自治体や行政機関の取組みなのである。言葉は悪いが、日本中にころがっている身近な存在の取組みなのである。その取組みを参考にした改革案が、「エイリアン」でも「夢物語」でも「机上の空論」でもあるはずがない。もし仮にそう指摘される問題点があるとすれば、それは改革案の問題ではなく、「エイリアン」や「夢物語」などという受け止め方をする感性（それはとりもなおさず、日本中にころがっている身近な存在からかけ離れた感性であることはいうまでもない。）の問題である。それ故、本改革案に賛同する人達は、自己の感性に自信を持って、共にＣＩ作戦の実現に邁進してほしいと思う次第である。

ところで、自己の感性に自信を持ってもみても、徒手空拳では仕方がないので、各行政機関等の聴取調査や前掲小野著等を参考にして、ＣＩ作戦推進のポイントを指摘してみたい。

(1)　裁判所職員全体が、利用者の利用しやすい裁判所を作ろうという意思一致をしなければならない。しかし、最初から全体には無理であるから、志のある者が集まって核を作り、それを広げていくしかない。

(2)　核となるのは、あくまで利用客や住民と直接接する現場の裁判官、一般職員である。日常利用客や住民と接することにより、そうした人達の感覚にビビッドに触れている人達こそ、その感覚にマッチし、かつ豊かな内容のアイデアが出しうる。事務局サイドは、あくまで補助役に徹すべきであろう。なお、同様の趣旨で、トップダウン方式は、特に様々な展開を考える裁判所のＣＩ作戦の場合、絶対に取るべきでない。生き生きとした現場の感覚が生かされないおそれがあるし、長続きしないと思われるからである。

(3)　判事補、若手職員の感性を如何に生かすかが最大のポイントである。ＣＩ作戦とは、要は受け手のイメージを問題にする作戦であるから、作戦の展開者は、まず受け手のイメージを理解する柔軟性を持っていることが必要であり、それは、従来の裁判所の思想や哲学に浸りきる度合いの低い若者が適任であろう。また、受け手のイメージを理解した上で、そのイメージを変えていくための具体的作戦を立てるには、本人が感性豊かな人間であることが必要であり、それも、生まれた時からテレビ等映像文化に慣れ親しんできた若者が適任である。

(4)　(3)と同様の意味で、女性の感性を生かすこともかなり重要である。特に、積極的な意味での女性感覚（優しさ、明るさ、清潔さ、華やかさなど）は、権威的、高圧的な裁判所イメージを変えていく起爆剤となりうる。

(5)　統一的なＣＩ作戦は、予算的、人材的な面で無理であっても、ゲリラ的に実行できるところから手をつけて（特に、予算なしでもできるところから手を付けることが大事である。）、その成果を見ながら次のステップに移るＣ

Ｉ作戦は実践的に可能であり、内容的にも統一的なＣＩ作戦よりも優れている可能性が高い。

２　推進の具体的手続

まず、判事補が声を出すべきであろう。一般職員からは立場上声は出しにくいであろうし、裁判官であっても二〇年も三〇年もやってきた方々に、声を出してもらおうと期待するのはおよそ無理だからである。やはり、若者的感覚が残り、一般職員とも対等に近い関係が築け、先輩裁判官にも支持を仰ぎうる判事補が適任である。小規模裁判所ではやる気のある判事補一人でもやむをえないし、一人でも発言力は大きいのだから、卑下する必要はない。大規模裁判所では、判事補会として声を出せれば最も良いが、それが難しい場合は、判事補会内の委員会や研究会を母体にしてもよい。もちろん、たった一人でも、まずやってみようというエネルギッシュな判事補がいれば、おおいに頑張ってもらいたい。声の出し方は、まず、裁判官会議の議題にすることである。このように書くと「えっ！」と絶叫される御仁もおられるに違いない。それは、裁判官会議の現状を踏まえた絶叫なのであろう。裁判官会議の現状とその当否をここで論じる暇はないが、裁判官会議に判事補個人が議題を出すことは色々な意味で困難であることは確かである（権限的には、所長に多くの事項を委任している裁判官会議であっても、ＣＩ作戦のような新しい事項は、委任権限に入っておらず、裁判官会議に留保された権限と見られるのではないだろうか。）。しかしながら、所長も含めた裁判官全体の中で、ＣＩ作戦について議論してみることは是非必要であり、最高裁長官の言葉や民事訴訟法改正の理念にも入っている「利用しやすい裁判所」という目標からして、裁判官の多くは基本線では賛成ないし消極的支持（自分では実行できないが、趣旨は支持する。）になるのではないかと思われる。少なくとも、積極的に反対はできないのではないだろうか。仮に賛成ないし消極的支持が過半数にならなくとも、それはそれでかまわない。むしろ、賛成ないし消極的支持が何分の一かでも出れば、検討委員会や研究会を作ればよい。そのことには、さすがに反対が過半数を上回ることはないと思われる。

裁判官会議で議論した後、検討委員会や研究会が出来れば、次はメンバーの人選である。これは、言い出しっぺの判事補が中心となり、意欲ある他の判事補や若手職員を集めることが必要である。どこの裁判所でも、職員展で素晴らしい作品を提出したり、学生時代に劇団や新聞部に属したり、利用者との応対が親切で評判がよかったりする職員が必ず何人かいるはずである。そういう人達の中で、CI作戦に意欲ある判事補や若手職員をまず集めればよい。ただ、CI作戦のうち、特にV展開の面では、庁舎管理権や予算上の措置が問題となるので、メンバーに事務局の職員を何人か入れざるをえないであろう。しかし、庁舎管理権や予算上の措置のためにメンバーとした職員は、あくまでオブザーバーとして位置づけるべきであろう。

次に、検討委員会や研究会のメンバーが固まってくれれば、三2で述べた具体案に限らず、色々な案を考えていくことになる。最初は、予算措置を伴わないものから進め、裁判官会議毎に決議実行し、その成果を発表していく。メンバー外の裁判官からアドバイスを受けるのもよい。そして、予算不要のもので一定の成果が蓄積してくれば、予算措置が必要な具体策に入っていくべきである。なお、一定の成果は、判例時報等の雑誌に掲載して他の裁判所の参考にしてもらうとよい。

CI作戦が軌道に乗ってくれば、当初のメンバーの他に関心を持つ裁判官や職員が増えてくるであろうから、部会を作ったり、メンバーを任期制にしたり、アイデアを出すQCサークルを作ったりして、関心を持つ人達をできるだけ巻き込む体制にしていくべきであろう。ここまでくれば、しめたものである。その後は、CI作戦自体が裁判所全体の体制の中に組み込まれていって、大きな予算を獲得する具体策も実現可能になってくるであろう。

3　最後に

ここまで読んできても、まだ「夢物語」と感じる方も多いであろう。特に裁判官の職にある人には多いであろう。でも、前述した具体策の中には、既に現実化しているものもある。例えば、接遇研修などというものは、事務官研修の中で既に実行されている。その意味で、内容的には決して「夢物語」ではないし、もう一度繰り返させてもらえれば、「夢物語」と感じるのは、改革案の問題ではなく、そういうふうな受け止め方をする感性の問題なのである。前掲小野著に、こんな一文があるので、まだ「夢物語」と感じる方のために最後に引用しておきたい。「現代は感性の時代であり、ゆとり、遊び、ひらめき、夢、個性……などのキーワードで代表されるような、いわば右脳時代であることからすれば、小集団によるTQC活動も、左脳に象徴されるような知識・知性を軸にしたロゴス的発想（例＝まず法令やマニュアルや慣行を重んじること）よりも、様々な旧来のワク嵌めから一段飛び抜けた、情緒を軸としたパトス的発想を重んじたほうが豊饒でしかも時代にあった知恵がでるというものです。」。あなたにも、今まで使っていた左脳だけでなく、右脳も使っていただきたい。ある意味で、それは、従来の「裁判官論」の難しい議論を飛び越えたところで、新しい裁判官像を作っていく契機になるのではないかと思われるのである。⑱

（追記）脱稿後、私自身が大阪地方・家庭裁判所堺支部に転勤となり、新築された大阪高等・地方・簡易裁判所合同庁舎別館（高裁長官が古い建物におられるので、「新館」といわず、「別館」というようである。因みに、古い建物は、「旧館」ではなく、「本館」である。）を見る機会を得た。そこでは、観葉植物が設置された広い玄関ホールに案内嬢が二名配置（裁判所職員）され、インフォメーションコーナーと名付けたロビーに簡裁の手続を説明するビデオが常時放映されていた。また、簡裁受付センター・簡裁受付相談コーナーのほか、民事書記官室（督促係、即決和解・保全等係）等は、廊下との境がガラス戸で、廊下から中の様子が分かるようになっており、もちろんオープンカウンターが設置されていた。さらに、簡裁受付相談コーナーでは、二名の相談員が簡裁の手続の説明をするほか、夜間調停室では、夜間も本来の調停をし（火、金の午後五時三〇分から八時まで）、昼間は調停委員が交代で常時滞在し、来庁者や電話を架けてきた人の相談にのる体制となっていた。つまり、本稿で述べた改革案のいくつかは、接遇研修の外にも既に実行に移されていたわけで、大変結構なことである。仄聞するところでは、名古屋家裁の新庁舎でも大胆な改革が行われているようであり、今後この方向が定着していくのが望ましい。ただ、本稿で述べたように、改革案の中身は、より多様で、より多方面にわたるべきであり、しかも、予算がなくとも現場の創意工夫で行えることがたくさんあるから、CI作戦を新庁舎だけの特例にするのではなく、全国の裁判所で工夫を積み上げることが大切である。

（1） 法制審議会民事訴訟法部会が進めている民事訴訟法改正作業も、ほぼ同じ現状認識から出発しているものと思われる。担当者の現状認識は、法務省民事局参事官室の「民事訴訟手続に関する検討事項補足説明」（平成三年一二月一二日発表）、担当参事官である柳田幸三氏の「『民事訴訟手続に関する検討事項』の概要(1)」（金融法務事情一三一〇号四頁以下）に詳しい。

（2） 最高裁事務総局「簡易裁判所の民事訴訟手続を利用しやすくするための方策案」（民事裁判資料第一九五号。その検証結果は、判例タイムズ八〇〇号に詳しい。）は、弱いながら裁判所側のイメージアップをはかろうとするものの一つである。そこでは、訴状受理から送達、弁論、証拠調べ、判決という一連の手続について、簡裁の手続をかなりドラスティックに変えようとしており、極めて本質的なことを多く記述しているが、私のいう低次元のこと（実はそうではないのだが……）の面でいうと、裁判所が国民と接する最初の場面である受付相談の重要性について触れられ、民事相談所の設置や相談の際の事細かな注意事項（服装、態度、言葉遣い等）について積極的な提案がなされている点が注目される。また、平成四年三月に石田穣一福岡高等裁判所長官（当時）が、管内高裁裁判官に配付した「裁判環境学入門」は、市民から信頼される裁判をするために、裁判の中身だけでなく、進め方、やり方等裁判の周辺を問題にしようとし、本論稿と同趣旨の提案もあり、傾聴に値する。ただ、マル秘扱いなので（なぜ、こうしたものを秘密にしなければならないのかよくわからない。）、内容を紹介できないのが残念である。なお、判事補在外特別研究員としてアメリカに留学した吉村判事補による「裁判所のサービスと国民の対裁判所感情」（判例タイムズ七八九号、最高裁事務総局・外国司法事情一七号）には、アメリカの市民が司法を身近に感じていることと、裁判所がその期待に応えるために市民により良いサービスを提供しようと努力していることが紹介されている。サービスもイメージアップの一内容と考えれば、日本の裁判所イメージを上げるための一資料として参考になる。同論文に紹介されているアメリカの興味深い制度としては、巡回裁判所の「達成目標」として「公衆に対するサービスの向上」が大目標として、「郵便で質問があれば二週間以内に反応すると共に、四週間以内に少なくとも質問を受け取った旨を相手に回答する」こと等が小目標としてそれぞれ掲げられていること、裁判所のコンピューターに対する当事者（弁護士）からのアクセスが可能なこと、電話による準備手続があること、養育費等の支払（裁判所を通じて支払）に関する電話自動案内システムがあること、実務家用ハンドブックが編集されていることなどがある。同じく、ドイツにおける試みの紹介として、三上威彦「市民に親しみのある司法の創造のためのひとつの実践について」（法学研究六二巻八号）がある。

（3）　自治体関係のCI作戦は、本文中の小野著に詳しい。他に最近目立ったところでは、司法書士会が、市民アンケートなどで「司法書士は地味だ。」「仕事内容がわからない。」といった回答が多かったことに対し、イメージアップのため、会名変更、TV広報活動、標語の作成を中心とした「司法書士未来像の創造戦略」と題するCI戦略を検討中とのことである（週刊法律新聞、一九九二年一一月二〇日号）。また、東京弁護士会でも、新会館建設に伴い、平成五年一月からCI推進計画を実施し、会員や市民に対する調査の実施、分析、集約を行うとともに、マークやイメージカラーなどの検討を行う予定であるとのことである（東弁新聞、一九九二年一二月二〇日号）。

（4）　文字図形情報ネットワークシステム。電話とテレビを組み合わせ、情報センターから流される情報（ショッピング情報、観光地案内情報、公共機関からのお知らせ情報等）に、NTTをとおしてオフィス等でアクセスするシステムのことで、パソコンやテレビを繋げは家庭でも利用できる。駅や公共機関には、キャプテンシステム専用機が置かれていることが多い。

（5）　特に目に付いたのは以下のような点である。病院では、個人病院におけるバックグラウンドミュージック放送の増加と待合室の雑誌等の備付け、総合病院における案内サービス係の設置、案内テープ（各科、例えば内科は緑、外科は赤という風に、色を決めて受付から各科までテープを床上に貼り、利用者がテープに従って歩けば目的の科に行けるシステム）の床貼り及び階段以外の場所での手すり設置（老人や身障者の人が患者でいるため、移動の便宜をはかろうとするもの）等がある。ただ、そのようなV展開場面ではなく、病院の最大のサービスは、医者・看護婦の患者への親切な接し方というB展開場面だという感覚が現場には強いようである。市役所では、担当する仕事が多方面にわたり、かつ接触する人も多いため、V、B各展開についても色々のことがなされているが、特にI展開に特色がある。これは、機関の性格からして、住民に伝える情報の多さによるものであろう。例えば、市政便り、市議会便り、生涯学習便り、児童館便り、児童手当便り等の定期刊行物の外、暮らしの市政ガイドのような総合案内冊子も発行されているし、他の公共機関の定期刊行物や案内冊子も最も沢山置かれている。また、庁舎内でも、案内嬢やキャプテンシステム機器の設置等情報伝達に工夫がなされている。定期刊行物については、編集発行部署が、例えば、市民部市民対話課、市議会、教育委員会、児童館福祉保健部という風に異なるので、どの部署の情報が詳しいか、センスがいいか、住民の読みやすさを考えているか、優しい言葉遣いをしているかなどの比較ができておもしろい。NHKでは、全国的に放送局のオープン化を進めているV展開が大きい。オープン化は、撮影室、編集室のように仕事をする室の外に、住民が自由に出入りできるスペースを確保し、喫茶店、ハイビジョンコーナー、ビデオコーナー、娯楽室、視聴者相談室、サークル展示室（郵便局と同じく、市民サークルに自主展覧会をするスペースを提供する。私の訪問した津放送局も、六か月毎に予約をとると、大体二、三日でその六か月分の予約が詰まってしまうほど人気があるそうである。）等を設けようとするもので、NHKに気軽に出入りする人を増やそうとする試みである。また、景色のいい所にある地域局の中には、屋上もオープン化したり、住民に外国人が多い地域の局の中には、外国製品のチャリティバザー、サイン会、コンサートを企画したり、歴史が古い地域の局の中には、地元のお祭に参加したり、ふるさと歴史ウォークを催したりしている。そのほか、視聴者会議やモニター制度による意見聴取は全国的に行っている。これらは、オープン化の点も含めて、NHKに対してローカル番組・報道の要望が大きく、地域発信の全国ニュースもあるので（災害等）、それらについて協力を得るために、日頃から住民との接触、信頼関係を築いた地域局となる必要があるというM展開の考えに基づいている。税務署では、毎年一一月一一日から一七日にかけての「税を知る週間」に全国の税務署や協力六団体（青色申告の会、法人会、酒税会、税理士会等）によって行われる「税金展」、学校、自治会、企業等に税務職員を派遣して納税について理解を深めてもらう税務教室、確定申告キャンペーンのキャラバン隊等I展開に目を見張るものがある。一昔前の税務署をイメージしていると想像もつかないことがなされている。例えば、私が訪問した津税務署が平成四年に開催した税金展には、三日間で一万二〇〇〇人から三〇〇〇人の入場者を集め、その内容には、税務に関するパネル展、無料税務相談、税のゆくえ写真展という真面目な企画から、地酒の試飲ときき酒、税金〇×クイズ・税のウォークラリークイズ・ジャンケンゲーム、ビデオ放映「惑星アトン2」「日本の税の歴史」「租税教室風景」等くだけたものまで、そしてさらに、幼稚園児による演奏会、小学生の習字展、コンピューター相性占い、似顔絵コーナー、ミス津・ミス久居等によるテープカット等税金とは関係のない娯楽的企画まで盛り沢山である。また、税務教室関係では、名古屋国税局が、小中高校生用の社会科資料（例えば、小学校六年社会科資料としては、小学校学習指導要領準拠の「税金の旅に出発～税金はどう使われているか」等）を発行したり、小学生向け租税教育用アニメビデオを作成して、各税務署で無料貸出しを行ったりしている。警察では、交番のお巡りさんが所属する「警ら部」「外勤部」の名称を、平成四年春から全国で順次「地域部（課）」に改めていることや、大都会の警察署に派出所と本署にテレビ電話とファックスを置き、派出所駐在警察官が不在の時に本署で訪問者の応対ができるという「不在応答システム」「ハイテク交番システム」が採用されているといったV展開が目立った試みである。その他、交番相談員の設置、地域住民とのふれあい活動推進施策等も積極的に行われており、警察大学校編集・警察学論集第四六巻一号（立花書房）に、「地域警察の新展開」として詳しく紹介されている。

（6）例えば、自治体では、過疎が問題で「町おこし」「村おこし」が不可欠なところほど、警察では、住民との絆が希薄化し、犯罪検挙率の低い都市部の警察署ほど熱心なようである。国立大学も、受験生へのPRを目指し、大学入試センターに「進学情報課」、大分大学、北海道大学に「進学情報サービス室」をそれぞれ設置し、各大学が競ってPRビデオを作成しているようであるが、その動機は西暦二〇〇〇年には現在と比べて一八歳人口が五〇万人も減るという危機感のようである（朝日新聞平成四年一〇月二五日付朝刊「国立大学でもビデオでPR」）。なお、今回の調査では訪問できなかったが、公共機関のイメージアップ作戦を最も早く行ったのは、実は自衛隊ではなかろうか。発足当初から憲法違反の疑いをかけられ、「愛される自衛隊」のキャッチフレーズで、盛んにPRして来た歴史については周知の事実であろう。現在でも、自衛隊の発行するPR誌は一見して金がかっていると分かるし、内容も洗練されて若者感覚でいうと実にかっこいいのである。この自衛隊も、違憲の疑い（その当否はおくとして）という危機感が動機であることが明らかである。

（7）発表により、イメージが悪いとされた公共機関にハッパをかけて運動にフィードバックさせる効果も目指しているようである。なお、運動の他の特徴として、予算が全くついていないこと、その分現場の手作りの運動であること、若手の大胆な意見を大事にしていることなどがある。

（8）各公共機関の利用者の印象度は次頁の表のとおりである。

（9）新建築家技術者集団編『生活派建築宣言』（東洋書店、一九九一年）という本には、使い手の立場に立った施設作りの例として、東京都練馬区の図書館建設懇談会による住民参加の図書館建設方式が紹介されている。具体的には、懇談会による「基本構想」作り→設計事務所による設計→懇談会、施設部担当者と設計者が設計の変更協議→設計決定という流れの建設決定方式であるである。そ

窓口機関及び公共施設の印象（主要30機関等）アンケート結果

	(回答者延べ数)	(印象が良い)	(普通)	(印象が悪い)
主要30機関等の平均	(36,664人)	51.8%	32.0%	16.3%
福祉事務所※	(280)	72.9%	15.4%	11.8%
公立の美術館等	(1,338)	69.9%	22.4%	7.7%
郵便局※	(4,400)	68.7%	21.0%	10.3%
国立の美術館等	(307)	67.8%	28.0%	4.2%
NTT支店※	(812)	66.3%	20.3%	13.4%
税務署※	(1,611)	62.8%	25.4%	11.8%
保健所※	(393)	62.6%	24.9%	12.5%
労働基準局※	(302)	61.6%	27.2%	11.3%
公共職業安定所※	(950)	60.8%	24.9%	14.2%
市町村役場※	(3,499)	58.6%	25.2%	16.2%
陸運支局※	(317)	58.4%	28.7%	12.9%
労働基準監督署※	(439)	55.4%	27.6%	17.1%
JR駅※	(3,833)	55.1%	32.5%	12.4%
社会保険事務所※	(931)	54.2%	27.0%	18.8%
国立病院・療養所※	(452)	52.9%	25.4%	21.7%
都道府県の本庁※	(1,891)	52.4%	34.3%	13.4%
道路公団高速道路	(2,925)	48.7%	40.3%	11.0%
JRバス	(364)	48.1%	36.0%	15.9%
国立大学附属病院	(528)	47.7%	25.8%	26.5%
公営の都市公園	(376)	47.1%	27.1%	25.8%
警察署※	(1,192)	46.4%	26.3%	27.3%
登記所※	(1,085)	44.6%	29.1%	26.3%
公立病院	(1,220)	44.1%	30.9%	25.0%
国立公園	(297)	40.7%	39.4%	19.9%
公営の鉄道・地下鉄	(1,164)	39.8%	48.5%	11.7%
営団地下鉄	(817)	37.0%	51.8%	11.3%
公営有料道路	(431)	36.9%	48.3%	14.8%
首都・阪神高速道路	(767)	31.9%	41.7%	26.3%
公営のバス	(701)	28.1%	44.5%	27.4%
一般国道	(3,042)	20.7%	50.2%	29.1%

(注) 窓口機関(※のもの)の評価の要素は応接態度、事務処理、施設、環境等公共施設の評価の要素は施設・環境、利便性・快適性、情報提供等

総務庁平成４年３月
「さわやか行政サービス運動の推進～平成3年度さわやか行政サービス改善調査結果」より

の中には、中学校で図書館建設懇談会を開催し、生徒会長、副会長から、試験勉強等で図書館利用度の高い中学生の建物への要望を出してもらい、設計決定に参考にしたとの経験も紹介されている。このような方式をとったこともあってか、開館祭りの際には多数の地域住民が押し寄せ、関心の高さを示したようである。もちろん、図書館と裁判所では、建築主の主体、性格、利用方法等でかなりの違いがあり、全く同じ方法はとれないであろうが、発想を学ぶべきなのである。少なくとも、裁判所の建物が新築された際、他の法曹（検事正や弁護士会長）や知事・市長等の来賓が祝辞を述べた例はあるにしても、地域住民が押し寄せて祝福したなどという例は聞いたことがないという現実は悲しいではないか。なお、設計協議（コンペ）については、高層化で問題となったＪＲ京都駅建物の例が有名である。

（10）裁判所の例ではないが、日本図書館協会の調査によると、大学図書館のうち、住民の自由利用を認めているのは全体の三割にすぎないとの批判的記事が朝日新聞に掲載されている（平成五年一月四日付夕刊）。

（11）平成四年一〇月二七日、福井地裁敦賀支部で、従来の「法の日週間」の広報活動から一歩抜け出た試みとして、小規模の裁判所としては珍しい「裁判教室」が行われた。内容は、同支部が短大に呼びかけ、女子大生九〇名に民事裁判傍聴をしてもらった後、傍聴した裁判の説明、「司法制度と最高裁判所」というビデオ観賞、質問アンケートに基づく支部長の回答等を行ったものであるが、報道機関に連絡したのが三日前という急なことだったにもかかわらず、当日はテレビ局二社、新聞社三社が取材に駆けつけ、テレビは二社とも当日の夕方のニュース番組で放送し、新聞は三社とも翌日ないし翌々日の朝刊地方版に写真入りで大きく報道するなど予想以上の反響があったようである（福井地方・家庭裁判所発行・庁報ふくい第九九号）。

（12）長野県松本市にある司法博物館のような存在が参考になる。同博物館では、日本の司法の歴史（明治より前も含む。）のほか、東京裁判や戦後著名事件の資料も展示している。

（13）裁判官のマスコミ嫌い・不信はかなりのものである。それは、自分の裁判内容が正確に報道されなかったり、非本質的なところで裁判内容が批判されたり、大事件の判決後マスコミに執拗に追い回されたりといった経験に根ざすようである。しかし、そうした経験をすること自体、個々の裁判官の方にも問題が残るところである。例えば、判決内容の誤解は、マスコミに対するレクチャー不足や、判決文の平板さ、判決言渡しにおける判決文の棒読みといったことに由来する部分も大きいのであるが、個々の裁判官にはあまり意識されておらず、マスコミの誤解がある度にどんどんマスコミから遠ざかろうとするのが裁判官の一般的姿である。個々的にはどのような濫用や行き過ぎがあろうとも、マスコミが、国民の知る権利に奉仕するものであり、その社会的機能は、「第四の権力」とも言われるほどのものであることは否定しようがない現代において、裁判官のマスコミに対する感覚や対応はあまりに未熟で幼稚である。これからの社会においては、個々の裁判官がマスコミとの接触の仕方、協力関係の結び方を積極的に模索すべきであり、事務局や総務課任せで自分は象牙の塔の中でワープロを打つというだけでは、権力の一翼を担う責任ある立場の人間として情けないといわざるをえない。

(14) 自治体やNHKだけでなく、モニター制度は最近流行の感さえある。大阪弁護士会でも、モニター制度を採用しており、現在すでに四期生である(任期平成四年一一月一日から、同五年一〇月三一日まで)。

(15) 例えば、東京弁護士会の「継続的法廷傍聴」は、同弁護士会司法改革協議会主催のもと、広報委員会、刑事弁護委員会、人権擁護委員会の協力で、一般市民に刑事公判手続を最初から最後まで傍聴してもらい、弁護士会と意見交換を図ろうというものである(東弁新聞、一九九二年一一月二〇日号)。

(16) フランスでは、現代の司法において、後見、倒産、少年、刑適用裁判官等人の財産や管理・保護が裁判制度の役割とされ、また、一般条項や一般原則の多用により裁判官の法解釈権限が事実上拡大されていることから、司法が従来の社会制御機関から社会援助機関に変容し、言わば「世の中の不幸のマッサージ師」となったと評されることがあるようである。そこでは、裁判官は事実を確定し法を適用するよりも、むしろ対話・管理・援助・交渉等を行うことになるとされる(山本和彦「フランス司法見聞録②」判例時報一四三四号)。また、ドイツでは、旧来の裁判所・裁判官像を批判した「内からの司法改革」が一九七〇年代後半に一息ついた後、一九八〇年代後半から再び裁判所・裁判官像に対する問いかけが見られ、そこでは、現代の裁判所を評する「現代的サービス産業」という言葉に流行の兆しがあると言われる状況である(木佐茂男『人間の尊厳と司法権』〔日本評論社、一九九〇年〕)。こうした、裁判所・裁判官像の下では、当事者と接する裁判官の姿勢・態度・能力には旧来と異なるものが当然に要求されるはずである。実際、ドイツでは、「口頭弁論・公判での当事者・証人等への質問の仕方、どのように法的討論の努力をしているか」「当事者・弁護士への接し方」等も勤務評定の内容となりうるし、日本の司法研修所に当たる裁判官アカデミーの研修内容として、「法廷における心理とコミュニケーション」「法廷内でのコミュニケーション問題」が取り上げられている(前掲木佐著)。

(17) 宿直制度は、元来令状関係の必要性から制度化されたもののようであるが、例えば家事・民事相談所の担当は宿直職員が行うという形で、宿直制度の機能を拡充してもよいであろう。ただ、この点も、人員増がなければ労働強化になりかねないので、全司法労働組合との協議が必要である。

（18）本稿は、裁判所という組織の基本にあるべきアイデンティティとして、「国民の利用しやすい裁判所」という理念をおいて議論を展開した。M展開として、それを述べたのも同趣旨である。しかし、実は、裁判所にあるべきアイデンティティとしては、「裁判の独立」という理念もあるのである。これをM展開に据えていくと、また別のCI作戦が可能である。しかし、それは別の機会に議論を展開したいと思う。

なお、本稿を完成するにあたっては、本文及び注で触れた津市内の各種行政機関の方々に大変お世話になりました。この場を借りて厚く御礼申し上げます。こちらの理解不十分のため、時に不正確な紹介になった部分もあるかもしれませんがご容赦下さい。

第二章　二一世紀の裁判官を育てるために

一　はじめに

ここ数年、法曹養成の問題について、マスコミを巻き込んで議論が沸騰した。きっかけは、司法試験合格者の高齢化（平均年齢二八歳程度が恒常化）、検察官志望者の減少などであり、議論の中心は司法試験改革、とりわけ合格者の平均年齢を下げて、若い修習生を確保することにあった。日本弁護士連合会内部での意見の対立を経ながら、法曹三者で基本的合意を形成した上で、平成三年に司法試験法の一部を改正する法律として成果が結実した。右合意の内容は、司法試験の合格者を五年間で九〇〇人増加させ、その間に運用改善効果を検証し、合格者若返りの効果が出なければ、少数回受験者優遇枠を設ける法務省案（いわゆる「丙案」）の実施を検討するというものであり、改正法はその実施に対応する内容となっている。[1]

このように、法曹養成問題の議論の端緒、中心、成果が上記のものにすぎなかったとはいえ、その前提として、法曹のありかた、法曹人口、研修所教育、大学教育なども議論されたのは確かである。そのため、改正法に対する付帯決議において、衆議院では「わが国の法曹人口が欧米諸国に比べて著しく少ない現状を念頭に置き、国民的立場に立って法曹一元の実現を含め、法曹のあり方全般について、国民各層の意見を十分に徴しつつ、検討を進めること」、参議院では「(わが国における適正な法曹人口の確保を図るとともに、その質の維持に努める)目的を達成するため、大学教育との関係及び司法修習制度の在り方については、大学関係者及び法曹三者の密接かつ有機的な協力の下に検討を進めていくこと」というふうにそれぞれ触れられている。しかしながら、こうした議論の経緯を眺めていると、改正法の内容や方向性についてはともかく、現場で働く裁判官として特有の感想を持たざるをえなかった。細かい点は省き、大きなところで言うと、まず第一に、今回の議論が、各法曹になってからの継続教育、特に私の立場で言うと裁判官の継続教育の内容にまでいかなかった点が大変残念であった。もともと、議論の端緒、中心が前記のものにすぎなかったとはいえ、本来法曹養成の問題は、大学教育、司法試験、司法修習、継続教育の四位一体の継続的な教育制度[2]として議論されるべきものであるが、司法試験改革の前提として法曹の在り方や法曹人口を論じながら、法曹養成の問題が大学教育、司法試験、司法修習でストップし、それ以後、特に裁判官の継続教育に中々行かなかったのである。[3]また、今般改正に際し、法曹三者で設立された「法曹養成制度等改革協議会」では、司法試験制度と法曹養成制度の国民的見地に立った抜本的改革及びこれに関連する事項、法曹三者の前記合意の検証を協議事項として掲げているが、これまでの議論の経緯や参議院での付帯決議の内容からすると、継続教育は協議事項に入ってこない可能性の方が強く、実際、日弁連新聞に掲載されている「報告　改革協」を読んでも、継続教育が協議されている形跡はない。これまた非常に残念である。次に、第二として、あれだけマスコミを巻き込んで議論が沸騰したのに、裁判所の現場では、法曹養成、いやもっと端的に司法試験改革の問題は、裁判官の話題にほとんど上らなかったことが大変印象的であった。法律雑誌で特集されたり、新聞で特集記事が出てもあまり関心が高まらなかった。また、特集された法律雑誌には、研修所関係者を除き、[4] 裁判官の論稿はほとんど見当たらなかった。もちろん、立法問題を含めて、司法関係の問題について、世間で話題になっていても裁判所内部で話題にならないことは数多くある。そのこと自体裁判官の閉鎖性、世間とのズレを意味するのかもしれないし、日常の仕事に直接関係しない限り関心を持たないという「司法消極主義」を表すのかもしれない。今回もその一つと言えばそれまでだが、いくら日常の仕事に直接関係しないと言っても、法曹養成、司法試験改革は、自分たちの後継者、自分の属する組織の存立に係わる問題である。なぜこんなにも無関心なのかと疑問を持たざるをえなかった（もっとも、司法修習生への指導を見ていると、裁判官が後輩に無関心とは到底いえず、熱心な人が多いと感じるのだが。）。

こうした感想からすると、司法試験改革を含めた法曹養成の議論に裁判官の継続教育の問題を含ませる必要があるし、仮に他の制度（大学教育、司法試験、司法修習の各制度）とリンクさせるのが難しくても、裁判所の将来のために独自にでも議論の俎上に乗せることが必要だと思われる。それは、国民の権利義務を判断する人材養成の問題であるから、国民に信頼される裁判所づくりのために是非とも必要な議論である。そして、そのためには現場の裁判官がもっと関心を持つべきであるし、広く他の法曹や各種機関・団体、マスコミのほか、国民との議論の場を設定することも必要である。[5] なお、裁判官の継続教育は、初任判事補から最高裁判事までの教育を含むが、将来の裁判所のために最も大切なのは判事補研修であるから、それを中心に論じたい。

二　裁判官研修制度

1　歴史

では、まず裁判官の継続教育の歴史から振り返ってみたい。現状をどう把握するか、そしてそれをどう変えていくかの前提となると思われるからである。まず、裁判官の継続教育は、わが国では裁判官研修として制度化されている。そして、その歴史は意外と古い。旧憲法の司法省時代、大正一五年から判事検事を対象に行われた司法研究がその始まりであり、昭和一四年に設立された司法研究所第二部（中堅が対象）、第三部（ベテランが対象）での判事検事の研究に引き継がれた（第一部は司法官試補の修習）。その後、戦中、戦後の混乱期、過渡期を経て、新憲法下で司法研修所が設立され、その下で司法修習生の修習と、裁判官の研修が行われるようになった(6)。その法的根拠は、裁判所法一四条である。司法研修所下での裁判官研修にも変遷があるようであるが、本稿での目的である判事補研修の関係を中心にすると、その変遷は三期に分けられるように思われる。

第一期　昭和二二年五月から同四七年三月まで

戦後、司法研修所が創設されてから、まず、裁判官研究会、司法研究、簡裁判事研修が開始され、判事補研修は昭和二四年からである。当初は応召等により修習過程を経ていない判事補を対象にしたもので、翌二五年から本格化した。少年係判事補研修を皮切りに、特例資格取得直前判事補研修、判事任命直前判事補研修、判事補民事研修、高裁管内別判事補研修、保護観察研究会、新任判事補少年事件等研修の順に次々と増やされていった。そして、裁判官の独立を考慮したためか、昭和三五年から、研修は「研究」と名を変えられ、判事補少年事件等研究、判事補民事研究、判事補中間実務研究、判事補最終実務研究、高裁管内別判事補実務研究となり、同四〇年から新任判事補実務研究が始まり、最終的に、任官後の年数によって段階的に行う新任判事補実務研究、判事補三年実務研究、判事補五年中間実務研究、判事補一〇年最終実務研究、高裁管内別判事補実務研究に整備された。この形は、高裁管内別判事補実務研究を除き現在まで続いている。

研修の内容は、各年度毎に細かな違いもあるが、総じて、民事・刑事・少年事件の各問題研究や、訴訟指揮、事実認定の講演等実務面での能力向上に関するもの、精神医学、少年鑑別・保護、自動車工学等実務に取り組む上で必要な知識習得に関するもの、裁判官の独立と中正（「中立」の意味であろう。）、法の支配、法曹一元等裁判所、裁判官のあり方を考えさせるもの、国際情勢、政治情勢、歴史等の一般教養に関するものの四つに分類できる。ただ、その比率は年度毎に異なり、内容も比較的バラエティーに富んでいる。現在の研修と比べた特色は、第一に外部講師が非常に多く、その出身分野がバラエティーに富んでいることである。大学教授は当然として、法務省矯正局関係者、外務省職員、大使、内閣法制局職員、人事院審理官、中央労働委員会会長、国会図書館長、マスコミ関係者、医師、作家等多彩である。外部講師には、講演だけでなく、特に大学教授を中心として、問題研究等実務面での能力向上に関するものも専任ないし現場裁判官とのペアで担当させている。これには、研修所教官が修習生の教官とかけもちで、判事補研修は外部講師に頼らざるをえなかったという人的問題も大きいようであるが、研修の講師がほとんど外部の人間という研修もあったことをみると、内部講師がほとんどという現在とは質的な違いを感じざるをえない。講師のバラエティーさで特筆すべきは、検察官、弁護士も講師に入っていることであり、昭和三三年以後同四〇年ころまで、頻繁に「検察官、弁護士から見た刑事裁判」「訴訟代理人の立場から」「当事者からみた民事裁判」「法曹一元司法制度に関する研究会」等が検察官、弁護士を講師、ないし研究員に招いて行われている。弁護士に、「裁判官のありかた」「司法権の独立のありかた」と題して講演させている研修もある。時代は、臨時司法制度調査会発足（昭和三七年九月。同三九年八月に意見書提出）により、法曹一元が議論されたころであるから、それが裁判官研修にも反映したのかもしれない。第二に、司法行政に関する研修内容が皆無に近いことである。前記のように、研修内容は、実務能力向上、実務関連知識の習得、裁判官の心構え、一般教養の四つに分類でき、司法行政に関して、テーマを決めて講義、講演、研究といったものはほとんどない。最高裁事務総長との座談会、最高裁人事局長との座談会といったものはあるが、特にテーマは決められていない。ただ、昭和四二年度の判事補最終実務研究に、最高裁人事局長による「人事について」、最高裁経理局長による「裁判所の経理について」が突然出現して驚かされる。これは、翌年も一部あったようだが、昭和四二年といえば、雑誌『全貌』『日経連タイムス』によって反青法協キャンペーンが始まった年であり、何か関係あるのであろうか。第三に、研修期間、内容（項目のみ）、講師名、参加者名（昭和三二年から簡略化）が逐一研修所発刊物に掲載されたことである。具体的には、司法研修所報一ないし一七号（昭和三一年まで）、研修時報一ないし四六号（昭和三二年から同四七年三月まで）に掲載されている。なお、右発刊物には、各種研究会、司法研究、簡裁判事研修等他の裁判官研修についても掲載されている。[7]

第二期　昭和四七年四月から同五七年三月まで

昭和四七年、新任でいうと、二四期司法修習生が裁判官になった年であるが、この年は、判事補研修にとってターニングポイントになった年である。時は、昭和四四年の平賀書簡問題、同四五年に初めて行われた二二期司法修習生の任官拒否問題、同四六年の宮本裁判官再任拒否問題等で司法が揺れていた時期であり、新任判事補の研修制度に、代行判事補制度が、新任を含めた未特例判事補全体の研修制度に参与判事補制度（実施は二五期から）がそれぞれ導入された。前者は、新任裁判官をグループ分けし、グループ毎に四か月間、東京地裁に集め、職務代行判事補として右期間内にできるだけ多くの合議事件の判決を書かせて研鑽を積ませようというものであり、後者は、単独事件において、未特例判事補を判事ないし特例判事補の審理に参与させようというものである。参与は、審理への立会いや、事件について意見を述べる機会を保証されるが、合議ではないので、意思決定権はない。どちらも、新任、現職裁判官いずれからも大きな疑問を投げかけられた制度であり[8]、前者は昭和五六年度まで実施され（三三期司法修習生が裁判官になった時まで）、後者は、昭和五一年ころまで全国の裁判所で実施され、その後は主に東京地裁の職務代行判事補のみを対象にして残り、昭和五六年ころにはほとんど姿を消した。後者は、実施時にも、毎年参与拒否者が出たようである。なお、参与判事補制度は、形骸化したとはいえ、現在でも最高裁規則で制度だけは残っている。

その他研修の中身については、具体的なことはあまりはっきりしない。それは、第一期のように、司法研修所が出す研修所報、研修時報による研修内容や講師の公表が全くなくなったからである（当時の研修時報にも、裁判官の研修を省くこと、その理由について何の釈明もされていない。）。東京に出向く代行判事補制度、参与判事補制度の問題点やそれへの反発を慮って公表を差し控えたのであろうか。[9] 以後、研修時報は司法修習生関係の記事のみになる。ただし、新しい動きとしてはっきりしているのは、昭和五三年、すなわち三〇期司法修習生が裁判官になった年から、任官したての四月に、新任判事補集中研修というものが始まったことである。内容には、司法行政的なものが入ってくるのが特色である。

第三期　昭和五七年四月から現在まで

昭和五七年、新任でいうと、三四期司法修習生が裁判官になった年であるが、この年から、代行判事補制度が廃止になる。そして、新任判事補は、一二大庁（札幌、仙台、浦和、東京、千葉、横浜、名古屋、京都、大阪、神戸、広島、福岡）に配属され、配属庁で立案された計画に基づき、基礎研鑽を受けることになった。これは、第二期の代行判事補制度では、四か月間新任判事補を東京にとられることになる配属庁の強い要望があったようである。また、この年、司法研修所に、裁判官研修専属の一部教官が誕生し（司法修習生の修習は二部教官）、2で述べる国内特別研究が始まった。これは、当時相次いだ裁判官の不祥事[10]のために、研修を強化しようとなされたものであろう。この時期の特色は、2、3で詳述する。

2　現状〜概略

次に、現在の裁判官研修制度を俯瞰してみたい。前述のように、第二期以後その内容を詳しく紹介した文献は皆無に近い。私が手にすることができたのは、平谷正弘「裁判官の継続教育の実情」（ジュリスト七〇〇号、昭和五四年）、金谷利廣「裁判官の研修」（法学セミナー増刊／現代の裁判、昭和五八年）、第一部教官室「裁判官研修の現状」（司法研修所論集一九八七―一、昭和六二年）、田中仙吉「裁判官の研修について」（自由と正義一九八五年二月号）位である。この中で田中論文は、金谷論文の引用のような内容になっているので、実質的に裁判官の継続教育を紹介したのは三本である。そして、そのいずれもが司法研修所関係者によって書かれたものであり（執筆時、平谷氏は研修所付、金谷氏は研修所教官である。）、裁判官の継続教育を担う人、関心を持つ人、情報を持つ人が狭い範囲に限られていることを示している。また、これらの論文で紹介されている研修内容は概略的なものであり、かつ司法修習生の場合と異なり[11]、各年度の研修内容やその問題点についての検討結果が一切紹介されていないので、一般国民は当然として、裁判官以外の法曹や学者にさえ、裁判官の研修が現在具体的にどのようにされているのか分かっていないのではないかと危惧する。そこで、前掲各論文に従って判事補研修を含めた裁判官研修制度全般の現状を概略的に整理してみる。

(1) **裁判官の研修（継続教育）の必要性**

① 自己研鑽に向けての刺激を与えること

② 裁判官の資質・能力の向上（←社会事象・訴訟の多様化、複雑化、専門化等）

③ キャリアシステムの弊害防止、裁判官の孤立独善防止（平谷）

④ 裁判所全体の視野から見た裁判実務及び司法行政面の情報を、裁判官に伝達（金谷）

(2) **裁判官研修の主眼**

① 裁判官倫理の確立

② 裁判実務能力の向上

③ 社会人・組織人としての良識の涵養

(3) **裁判官研修の内容**

① 判事補研修

ア 新任判事補研修～新任判事補集中研修、基礎研鑽、新任判事補実務研究

イ 判事補三年実務研究

ウ 判事補六年中間実務研究

エ 判事補一〇年最終実務研究

② 簡裁判事研修
ア 新任簡裁判事研修
イ 簡裁判事二年実務研究
ウ 簡裁判事五年実務研究
エ 高等裁判所管内別簡裁判事実務研究
③ 中堅裁判官の研修
ア 裁判実務についての研究～研究会（民事実務研究会、刑事実務研究会、家庭裁判所実務研究会）、司法研究
イ マネージメント関係の研修～地裁総括裁判官研究会、新任判事補配属庁裁判長実務研究会、支部長研究会
ウ 視野を広め、識見を高めることを目的とする研究～専門研究会、国内特別研究（報道機関コース、民間企業短期コース、同長期コース、法律事務所コース）

この概略を見て、その特徴をいくつか指摘してみると、まず、研修の数の多さに改めて驚かされることである（研究会を含め、年間約二〇）。裁判所には、書記官研修所、調査官研修所があり、書記官・速記官・調査官養成のための研修が行われているほか、それらの職種に就いた者にも裁判官の継続研修と同様の継続研修があり、他に事務官研修も行われている。[12] まさに、「研修社会」の名に相応しく、裁判官の継続研修もその一環であり、裁判所で暮らしているといささか自家中毒気味になるのも無理はない。次に、その研修内容は、任官後の経過年数、裁判所内での地位に応じて詳しく分類されていることである。具体的に言うと、新任、特例、中堅、管理職で研修分類はきっちりと分けられているのである。裁判所内で経験する年数に応じて、知識も段階的に増えるであろうし、裁判所内での地位に応じて必要とされる知識も変わってくるであろうから、研修分類を横割りにすること自体に合理性は否定

できない。しかしながら、前記裁判官研修の必要性の①自己研鑽に向けての刺激を与えること、③キャリアシステムの弊害防止、裁判官の孤立独善防止の各面からすると、研修にはできるだけ多様な感覚を反映させるのが望ましく、同年代、同一地位の者だけの研修ばかりを行うことには疑問が残る。より多様な年代、地位の者を集めて、同一の問題について異なった観点から議論しあうといった縦割制度も必要ではなかろうか。さらに、数多い研修のすべてが、指名制であり、義務制であることを指摘できる。[13] 判事補研修は、原則としてすべてが指名されるので、平等原則の問題はおきないが、中堅裁判官の研修には、何度も指名される裁判官と、一度も指名されない裁判官が現れており、平等原則の問題が起きている。人事の問題がこんなところにまで及んでいる。また、指名制・義務制であることから、希望を出す余地のないものがほとんどである。例えば、国内特別研究（報道機関コース、民間企業短期コース、同長期コース、法律事務所コース）は、公募すれば、希望者は多いと思われるが、その手続は一切ない。参考までに、私が所属していた庁の事務局に問い合わせたが、そもそも募集要綱は一度も来たことがないとのことだったので、公募は全くなされていないのであろう。また、希望もしていないのに、ある日突然来る指名は、その基準が全く分からない。例えば、国内特別研究なら、「視野を広め、識見を高めること」が目的だから、現在、他の人より「視野が狭く、識見が低い」との失礼な基準でもあるというのであろうか。最後に、研修の成果がほとんど公表されていないことが挙げられる。外部講師の講演は、文章化して回覧されることもあるが、数はあまり多くない。研修内容が公表されていないのだから、成果も公表されないのは当然といえばそうであるが、税金を使ってその成果を国民に知らせないのはいかがなものかという原理原則的な問題だけでなく、すべての研修をすべての裁判官が受けることは不可能であるという実際的問題から、研修の成果はできるだけ裁判官共有のものとしたほうがいいのではなかろうか。例えば、在外研究は、「外国司法事情」の形で、毎年最高裁判所事務総局から成果が発表されるのに、国内特別研究の成果を公表しないのは疑問である。前最高裁長官時代（報道機関コースは事務総長時代）に鳴り物入りで導入した制度であるから、是非その成果をすべての裁判官に共有のものとしたいものである。

3　現状～判事補研修制度の実情

さらに、右2をつっこんで、最近の判事補研修の具体的内容について、現状報告をしてみたい。できれば、裁判官研修全体の具体的内容に触れたいが、私の能力では手に余るし、そもそも資料入手が難しいので、とりあえず、そして本稿の目的でもあるので、判事補研修に触れることとする。1で述べたように、判事補研修の内容は、もう二〇年にもわたって公表されていないので、身近な資料から紹介してみる。まず、別表①から⑨を見ていただきたい（以下番号のみで記す。）。これらは、2で述べた判事補研修の中身であり、各別表は次のような年次のものである。

・①昭和六三年度（四〇期）、②平成三年度（四三期）各新任判事補集中研修日程表
・③昭和六三年度（四〇期）、④平成三年度（四三期）各新任判事補実務研究日程表
・⑤平成二年度（四〇期）判事補三年実務研究日程表
・⑥平成三年度（三八期）判事補六年中間実務研究日程表
・⑦平成四年度（三五期）判事補一〇年最終実務研究日程表
・⑧平成三、四年度東京地裁基礎研鑽日程表（四三期）
・⑨平成三、四年度大阪地裁基礎研鑽日程表（四三期）

各判事補は、①②→⑧⑨→③④→⑤→⑥→⑦の研修を受けて、判事となることになる。このうち、①から⑦は研修所が主催するもので、①②の新任判事補集中研修は、静岡県の熱海温泉、新潟県の塩沢温泉の各ホテルで、他はすべて司法研修所の建物（東京都文京区湯島）で行われた。また、⑧⑨は、新任判事補配属庁で行われたもので、他の札幌、仙台、浦和、千葉、横浜、名古屋、京都、神戸、広島、福岡の各地裁でも、同様の日程表ないし計画表が作成されている。⑧⑨のうち、任官後③④までの数カ月が重要で、この間は、新任判事補の事件処理は司法研修所に報告される。①②が、四月の第二水曜日から四ないし五日間であり（その前の四月上旬に、司法研修所の修習生

卒業式、判事補任官者内定通知、任官内定者説明会、辞令交付式が続けて行われる。)、その後各配属庁で⑧⑨が行われるのであるが、①②と⑧⑨の間に、2で中堅裁判官の研修として述べた新任判事補配属庁裁判長実務研究会があり、その年の新任判事補について、司法研修所から配属庁裁判長に詳しい情報が提供される。①②の研修中の言動等も情報提供の対象のようである。このため、新任判事補は、配属庁に行った際に、初めて会う裁判長が自分のことを細かく知っていたり、参列していなかった新任判事補集中研修の内容を指摘したりして驚いたりする。また、⑧⑨の基礎研鑽の期間中には、司法研修所から各配属庁に研修所教官が新任判事補の視察に行く。わざわざ新任判事補を呼び出して、仕事のこと、裁判長や書記官との人間関係のこと、日常生活のことなどを子細に聞いていく。悩みなどがあったら相談してくれとも言うし、アドバイスもする。新任判事補は、いつまでも修習生扱いされることに憤りを感じるとともに、どうせ裁判長に筒抜けになるのだからと思い教官にはあまりへたなことを言わないように心掛けるのが通常である。

内容的な特色を幾つか挙げてみよう。

(1) 第一に、新任判事補に対する事細かな後見的アドバイスの徹底である。新任判事補集中研修である①②を見ると、「新任判事補諸君へのアドバイス」と称して、司法研修所教官と先輩判事補によるアドバイスにかなりの時間が割かれている。具体的内容は、一般関係、民事関係、刑事関係に分かれ、一般関係では、実務の実際、申合せ・慣行、裁判長の訴訟指揮等に学ぶことの重要性や、書記官とのチームワークの作り方、報道機関との接し方(窓口は総務課なので、裁判官は直接対応してはいけない、困ったときは総括裁判官に相談すべし、といった類の内容)等を、民事関係では、任地へ行ってからの引継事項の確認、事前準備の仕方、代理人との連絡の仕方、記録の読み方、手控えの作り方、法廷での態度、補充尋問の仕方、合議の仕方、特に期日メモ・合議メモの作り方[14]、裁判書の作成形式・方法・時期、和解の心得、和解の席での態度等を、刑事関係では、事前準備の仕方、法廷での態度、合議の仕方、期日メモ・合議メモの作り方、裁判書の作成等民事と同様の事項の他、令状関係の取組方法が指導される。総じて、「君達は裁判官となったが、実質的には半人前なので、裁判官としての仕事の仕方や裁判所内での人間関係の持ち方等を、秘伝も含めて色々詳しく教えてあげます。それでも、分からないことがあったら、総括裁判官によく相談をし、自分だけで独走しないようにしなさい。そして、実務、申合せ、慣行にはそれなりの根拠があるから、それを覆す有力な根拠がなければ、軽々しく無視してはいけません」といった色彩が強い。

(2) 特色の第二は、共同研究、グループ別討論の形をとるものが多いことである。形だけのものもあるが、題材となる白表紙(事件記録)の事前送付や、基本的テーマの設定は研修所で行い、当日の討論を研修参加者に任せて研修所教官や講師はアシスタントに回ったり、基本的テーマに基づいて、研修参加者から実務において悩んだ具体的問題を事前に提出させて討論させるやり方もある。特に、①の「裁判官に求められるもの」、③④の「判例について」、③の「裁判官のあり方」、④の「裁判官の在り方及び司法の将来」など、新任判事補に裁判官のあり方やその姿勢を考えさせるものは、必ず共同研究やグループ別討論の形を取り、新任判事補ができるだけリードできる形を取っている。こうした配慮は、裁判官の独立の関係から、研修所教官・講師と判事補の間に上下関係があるように見えるのは好ましくないとの配慮にもよるのであろう。また、正解思考で総括裁判官に従順すぎる判事補の自主性、自発性、共同作業能力等を涵養する狙いもあるものと思われる。これは、①の裏返しである。

(3) 特色の第三は、任官後の経過年数に応じて判事補の担当する職務に変動があることから、それに応じた研修内容になっていることである。判事補は、任官当初は、一二大庁に配属され、主に刑事民事の合議部左陪席の仕事をなし、当番で令状保全の事件も担当することがあるので、③④の研修では、「合議事件と左陪席裁判官」「民事ケース研究」「刑事ケース研究」「保全問題研究」「令状問題研究」といった内容が盛られている。次に、三年目には地方の中小規模庁で、合議部左陪席の仕事をなしながら(大規模庁では、行政、労働、無体財産等の事件は専門部が作られているが、中小規模庁ではそうした部がないので、後者に勤務する場合の方が行政等の事件を扱う確率が高い。)、少年、執行事件を担当することが多いので、⑤の研修は、行政、少年、執行事件の研修内容がほとんどを占めている。そして、六年目には、職権特例が付され、合議部の右陪席となり、単独事件や家裁の家事事件も担当することから、⑥の研修では、「部に運営における右陪席の役割」「刑事・民事事件の各事実認定について等」「刑事・民事問題研究」「家事事件事例研究」が、用意されている。また、一〇年を過ぎると判事になり、あらゆる職務に関係する可能性があると共に、支部長等で司法行政を担当することから、⑦の研修では、「刑事・民事・家事・少年各事件を巡る諸問題」（司法研修所が提供した研究項目には、「合議体における右陪席の役割」「後輩に対する指導育成」「書記官・調査官等との対応」等がある。）の他に、所管事項説明（別表には、内容が表記されていないが、具体的表題は「当面する司法行政上の諸問題」であり、最高裁事務総局総務局の概要、最近の司法改革の動向、裁判官の執務環境の改善、裁判所のOA化、一般職員に対するリーダーシップ、その他――情報伝達のあり方――等が取り上げられている。）、講演と事例研究（これも別表には、内容が表記されていないが、筑波大学教授で人事院管理局研修審議室研修研究官が、「管理のポイント」を具体的表題とし、ビデオ事例「部下を叱る」、書面事例「吉田私案」――部下の私案を握り潰した係長とそれを内々に課長に上げた課長補佐の各行為により、課の人間関係がぎくしゃくした事例――を題材にして人事管理のツボについて考えさせる内容である。添付資料として、論文「監督者とリーダーシップ」がある。）がそれぞれ用意されている。こうした判事補の変動する担当職務に応じた研修内容は、判事補のニーズにマッチする一方、左陪席→右陪席→支部長といった判事補の職務上の地位に基づく意識をその時々で固定化させる危険もある。私もいくつか判事補研修を受けたが、その時々において、受けている研修内容からして、どのような判事補像が要求されているかなんとなく分かるような気がしてくる。これは私だけの感覚ではなく、今の判事補の大部分が感じることではないだろうか。このような感覚になると、要求されるような判事補像と異なる意見を言うことが、なんとなく馬鹿らしく思えるし、正直に言って実利的な計算が働く。そうすると、本音ではなく、要求される判事補像を基準にものを考えがちだし、言いがちである。こんな効果まで、判事補研修は本来予想していないであろうが、私や、私の身近な世代では実際に生じている効果である。例えば、司法行政上の問題について、判事補が取り組むべき問題として取り上げられるのは、「人事管理」の面からの判事補一〇年最終実務研究であり、別表でいくと⑦である。それ以前は、どのような面からであれ、司法行政上の問題については、タブーという意識が多くの判事補に生まれていると思われる。実際、①から⑥までの研修で判事補が司法行政上の問題について、意見を言ったり議論を闘わせたりするのは(その機会はないわけではない。)、皆無である。

(4) 第四に、最高裁事務総局で司法政策・実務政策の立案があるとすぐに研修内容に反映することである。もちろん、研修におけるその講義を担当するのは、最高裁事務総局係官である。具体的に、①と②で比較してみよう。この間には、三年の間隔があり、この三年の間に民事・刑事だけでなく、司法行政面においても様々な「上からの改革」が声高に叫ばれ始め、実行に移されたのであるが(現在進行中)、それに応じて①と②にある「裁判所の組織・機構」というカリキュラムの内容がかなり異なるのである。①では、裁判所の組織・機構が制度的・歴史的に取り上げられ、割と形式的な内容になっており、司法政策として取り上げられているのは、OA機器の利用と簡易裁判所の適正配置の問題位であるが、②では、三年間の変化を反映して、OA機器の利用の外に、民事訴訟の審理の充実・促進、刑事裁判の改革、開かれた裁判所が取り上げられている。資料も、①では、裁判所の組織・機構の根拠法令や組織図、事件数の推移など公刊物に載っていそうなお固い内容ばかりであるが、②では、裁判所・裁判官に対する国民の眼と題して、全国紙の社説が数多く添付されている。同じように、三年間の変化を反映して、①にはなかったカリキュラムが②で「民事・刑事裁判の現状と課題」として設けられ、民事では、審理の充実・促進等、判決書の改善、民事訴訟法の改正等が、刑事では、法廷通訳の充実強化、量刑検索システム、陪審・参審制度に関する研究等、いずれも最高裁が進めている司法政策がストレートに研修内容に反映している。③と④にも、同じような関係が見られる。③と④には、「民事事件処理上の諸問題」というカリキュラムがいずれもあるが、その内容、及びニュアンスが①と②のようにかなり異なるのである。③では、外国の訴訟手続法の改正や実態の変化と日本の司法を比較して、訴訟手続や判決について考え直す時期ではないかという内容とニュアンスであるが、その三年後の

④になると、前記改革の進展に伴い、審理充実策や民事訴訟改正の方向について、かなり具体的でつっこんだ紹介がなされている。また、③と④に共通の「民事ケース研究」では、③が従来どおりの判決様式で新任判事補に起案させていたのに対し、それから④までの間に、具体的な判決書改善案が出され（東京高等・地方裁判所民事判決書改善委員会、大阪高等・地方裁判所民事判決書改善委員会の共同提言が出されたのが、平成二年一月である。）、全国的に実施されたので、④では、起案は新様式で行うよう求められ、新様式判決書提案の背景・作成のポイント・注意事項が詳しく伝授されている。その他、前記改革の進展に伴い、⑤では、「民事訴訟の当面する諸問題――審理充実と判決書改善を中心として」が、⑥では、共同研究「民事事件の事実認定と判決書改善」が（研究記録に基づいての新様式判決書起案の実地訓練がなされ、研修所民事実務研究会の判決書改善及び民事訴訟の審理充実についての資料が参考にされている。）、⑦では、研修所提出の共同研究項目として、「民事裁判を巡る諸問題」中で、裁判離れ、訴訟遅延、国民に分かりやすい判決書、期日運営、弁論兼和解、集中証拠調べ、陳述書が、「刑事裁判を巡る諸問題」中で、法廷の形骸化等、外国人事件の処理を巡る諸問題等が、それぞれ取り上げられている。それらのいずれもが、最近出てきた議論であり、最高裁が積極的に進めている議論である。こうしたことは、一面では、司法界で話題になっている情報を判事補に伝えるという積極的意義もあるといえようが、また一方で、最高裁が積極的に進めている議論であるならその内容の如何を問わず、それについてその時々に、常に最も若い裁判官である判事補を対象に教育がなされていることを示しているともいえるのである。

(5)　第五に、研修の講師は、ほとんどが先輩裁判官と最高裁事務総局係官であり、他法曹や他業種の人は極めて少ないことである。具体的に言うと、①は講師八名中、先輩裁判官四名、最高裁事務総局係官四名、②は講師一〇名中、先輩裁判官六名、最高裁事務総局係官四名、③は講師一七名中、先輩裁判官九名、最高裁事務総局係官五名、④は講師一四名中、先輩裁判官一〇名、最高裁事務総局係官三名、⑤は講師一四名中、先輩裁判官六名、最高裁事務総局係官六名、⑥は講師一二名中、先輩裁判官五名、最高裁事務総局係官四名、⑦は講師九名中、先輩裁判官二名、最高裁事務総局係官七名であり、他の法曹である検事、弁護士を講師とした研修は皆無であり、学者等外部講師は一ないし三名であり、〇名という研修もある（①②⑦）。なお、右各講師以外に研修所教官が各研修に三ないし五名参加するが（三名が一部教官でその外は二部からの応援である。）、それもすべて先輩裁判官であるから、外部講師の比率は極めて低い。さらに、新任判事補の所属庁で行われる⑧⑨は、当然と言えば当然であるが、講師は先輩裁判官のオンパレードである。

(6) 以上まとめると、判事補研修の基調は、「頼り無い判事補諸君。先輩裁判官と最高裁事務総局が、現在判事補に要求される実務上の知識や姿勢、仕事のノウハウ、司法政策上の傾向等何でも教えてあげます。それを十分身につけて、決して暴走しないようにしていただきたい。しかし、かといってイエスマンでは困りますから、求められる範囲内ではできるだけ自主的な判事補であっていただきたい。」というところであろうか。

三　現在の判事補研修に欠けている視点

1　若者論、新人類論からのアプローチ

二2、3、特に3でみた判事補研修の実情からすると、右研修の基調となっている現在の判事補像は、「頼り無く、覇気がない」イメージであることは間違いない。そして、その対策として、細々としたアドバイスの徹底や共同研究・グループ別討論が行われているのであろう。また、新任判事補が配属庁で受ける基礎研鑽でも、「指導官」とされる総括裁判官クラスの間で、「頼り無く、覇気がない」判事補のことが話題とされることがよくあるようである。東京地裁で大合議部（通常の部は全国的に、裁判官の配属が三ないし四人であるが、大合議部では八人程度が配属され、うち新任判事補も複数で、合議体が二つ以上構成できる。）が実験的に採用されたのも、実は前記のような判事補の実情を踏まえ、部の人数が多くて、判事補が教えを受ける人が多く、同期も身近にいるので活発に発言しや

すいように等判事補、特に新任判事補の活性化という判事補対策が理由のようである。

こうした「頼り無く、覇気がない」判事補のイメージは、その対象となっている判事補の私から見ても、実情に合致していると思われる。司法修習生のころから、細かな民事の要件事実を覚えたり、二回試験の結果を異常に気にする（成績が、全修習生の「一〇〇番以内」、「三分の一以内」、「二分の一以内」でなければ判事補になれないという噂が任官志望者の中でまことしやかに飛び交う。）のは任官志望者に多い。任官してからも、判決に使う判子の大きさが総括裁判官と比較してどうだとか、朝部屋に入る順番は左陪席、右陪席、裁判長（帰りは逆）だとか、裁判長が起案をあまり直してくれないだとか、判決の結論を教えてくれないだとか、およそ裁判官独立の精神とは無縁な余りに情けない判事補の話はたくさんあるし[15]、私自身にも同じようなところがある。また、判事補があまり発言せず、発言しても判例べったり、裁判長べったりの意見しか言わないので、合議が不活発であるとか、研修や裁判所の各種会議（裁判官会議、民事・刑事部会、裁判官会同・協議会等）で、判事補が沈黙しているということはよく聞く話である。裁判官会議や裁判官会同・協議会では、先輩裁判官も沈黙気味であるが、判事補はそれに輪を掛けて沈黙している。したがって、色々な場面で上記判事補のイメージは実情に合致していると思われる。ただ、こうした若者の傾向は、裁判所に限らず、世の中一般の傾向であり、豊かな社会の到来、管理社会の完成、幼い時代からの受験戦争の影響等による産物なのであろう。その意味では、裁判所だけの課題ではないが、どこの組織でも若者論、新人類論が華やかであり、エイリアンである若者をどう育てるかということが組織の重大な関心事であるにもかかわらず[16]、裁判所内ではそのことがまとまって論じられたり、対策が議論されたりといったことはほとんどない。もちろん、研修所教官等判事補研修に関与する人が内部的には議論しても、その人数は限られており、その議論が公開されることもないから、裁判所全体の関心事とはなっていないと思われる。その結果、前記のように細々としたアドバイスの徹底や共同研究・グループ別討論、それに大合議部といった部分的・微温的・場当たり的対策は取られていても、抜本的な対策は取られずじまいである。こうした現状は、裁判所という組織の未来に由々しき影響を与えるであろうし、このままでは裁判所の活力が長期的に低下し続けることは間違いない。また、もともと他の組織と異なり、裁判所には独自の役割、組織原理があるのに、構成員である裁判官、特に若い判事補がその独自の役割、組織原理を担う力のない人間になっていけば、裁判所の機能は将来的に縮小し、その独自性も失われていくのは確実である。そうすれば、国民の信頼はますます遠くなるであろう。例えば、裁判所の独自の役割に、人間社会の多方面にわたる紛争の中立的、公権的、最終的解決があり、独自の組織原理に、裁判官の独立があることは自明のことであるが、人間社会の紛争を解決するためには人間や社会に対する興味や理解が、裁判官の独立を行使するためには、自分より強い立場の人に対する精神的、人間的強さが当然必要であるが、現在の判事補にそれらをどれだけ期待できるであろうか。少なくとも、程度問題として、それらを期待できる度合いはどんどん低くなっているのではないかと思われる。例えば、裁判官独立の関係で言うと、最高裁の判例を乗り越えていこうとする試みは、実務に染まり切っておらず、最新の学説に詳しい判事補だからこそ挑める面があり、若さ故に精神的負担ももともと小さいはずであるが、現在の判事補研修のグループ別討論「判例について」(③④)の中では、司法研修所教官や講師の方から、わざわざ「判例を無視してはいけないが、気にしすぎてはいけない。判例を変えていくのは下級審であり、その中心は君達若者である。」とわざわざ触れなければならないほどの現状なのである。

以上の点からすると、「頼り無く、覇気がない」判事補の現状に裁判所全体がもっと危機感を持つ必要があり、その判事補の現状を詳しく分析して問題点を抽出し、その上で裁判所という組織の活性化、及び裁判所の独自の機能・組織原理の維持のために、判事補にどういう研修をしていくべきか(もっと大きくは、判事補をどんな裁判官に育てていくかということである。)を議論することが不可欠である。[17] そして、その若者論からする抜本的対策を研修内容に取り入れる必要があろう。

2　法曹一元的な発想とアプローチ

これも、二2、3、特に3からすると、現在の判事補研修には、任官後の経過年数に応じて担当する実務についての教育と、最高裁の採る司法政策についての教育が重要な内容となっている。これは、二2で述べたように、司法研修所側の論文で、裁判官の研修の必要性として、(1)②裁判官の資質・能力の向上、④裁判所全体の視野から見た裁判実務及び司法行政の情報伝達が掲げられていることからも分かる。そして、実務と司法政策を、先輩裁判官と最高裁事務総局係官が集中してレクチャーするのだから、研修はある意味で「裁判所型人間」「裁判所的人間」の養成とみられても仕方のない面がある。最高裁事務総局係官による司法政策のレクチャーに重点を置くと、「裁判統制」「司法統制」に研修が使われているという批判を招くことにもなりかねない。しかしながら、「裁判所型人間」「裁判所的人間」の養成や「裁判統制」「司法統制」としての研修使用がどの程度かは暫くおくとしても、身内ばかりで裁判実務や司法行政をたたきこむのは問題があることに異論はないであろう。判事補は、配属庁では、任官後五年間、合議体の左陪席として先輩裁判官の実務面での薫陶を否応なく受けるし、最高裁から洪水のように回ってくる回覧文書、法曹会各種出版物、会同・協議会の最高裁による基本的テーマの設定とそれへの出席、裁判官会議や常任委員会における長官所長会同の内容紹介等によって、司法政策について耳にたこができるほど聞かされるし、目にも付かされる。そういう直接的な体験だけでなく、判事補は、必ず二ないし三年に一度全国規模で転勤し（判事は、期間的に長くなりやすく、任官二〇年を越えると同一高裁管内で異動となる人が多い。）、官舎を転々とし、地元や大学時代の友人と物理的に切り離され、職場だけでなく私生活でも、裁判所の人間とだけ付き合う度合いが高くなるのであるから、仕事の感覚だけでなく私生活も「裁判所型」「裁判所的」になりやすい。それなのに、さらに輪をかけて、身内ばかりで裁判実務や司法行政をたたきこむのは、前にも触れたが、自家中毒ではなかろうか。裁判官研修には、二2で述べたように、司法研修所側の論文でも、裁判官の研修の必要性として、①自己研鑽に向けての刺激を与えること、③キャリアシステムの弊害防止、裁判官の孤立独善防止がそれぞれ掲げられているのだから、身内以外の人達からの、日頃接しない情報、視点、感覚、批判等に触れることこそがその目的に最も資するのではなかろうか。

この点で、法曹一元的な発想とそれを生かした内容が判事補研修に必要である。法曹一元制度の功罪について今更ここで詳述することはしないが、キャリアシステムの弊害を是正するものとして法曹一元制度を位置づけることは異論がないであろう。そして、法曹三者の話し合いによって、弁護士任官、弁護士任検が制度的に進められている御時世であり、法曹一元に向けて、遅々としてではあるが進歩が見られる今、判事補研修において、法曹一元的なものを取り入れることは、弁護士任官、弁護士任検よりもさらに実現が容易と思われる。法曹三者の合同研修となると、規模的にも人選的にも難しいものがあるが、判事補研修に弁護士や検察官の講師を迎えることぐらいは直ぐにでも実現可能であろう。さらに、法曹一元を越えて、国民の司法参加という観点からも、判事補研修を考え直すべきではなかろうか。前述のように、判事補が「裁判所型人間」「裁判所的人間」になりやすい現在のシステムにおいて、身内の延長である弁護士、検察官を越えて、さらに広く国民の中から司法に関心のある人達を講師やパネラーとして招聘するのが例として考えられる。日頃接しない情報、視点、感覚、批判等に触れるのは、専門家よりもさらに国民に近い人達によることが有意義であろう。これも、御時世であるが、最近は、日弁連だけでなく、最高裁や法務省においても、陪審・参審制度の研究が盛んであるし、「開かれた裁判所」というキャッチフレーズが、裁判所内でも使われるようになってきている。それに呼応してか、学者で裁判手続や司法制度に関心を持つ人、発言を始めている人は多くなってきていると思われるし、裁判ウオッチングの会、陪審制度を考える会のような民間団体も数多く生まれている。こうした動き、特に民間における一連の動きを警戒感だけで眺めるのではなく、よい意見は吸収し、これからの裁判、司法運営に生かせるようにすべきであろう。その意味で、司法の現状や将来に関心のある学者や民間団体との意見交流を判事補研修に取り入れることは、「裁判所型人間」「裁判所的人間」になりやすい判事補に、自分の仕事に対する今までの姿勢や視点を考え直させ、裁判所全体の在り方等も考えさせる契機になると思われる。そして、その実現は、陪審や参審制度といった立法まで必要な試みよりも、より容易であること疑いない。

なお、以上のような考え方は、決して特殊で偏頗な考え方ではない。二―1で述べたように、わが国でも、判事補研修の第一期には、弁護士、検察官、学者、行政官庁職員、マスコミ関係者、医師、作家等外部講師が極めて多かったし、フランスでは現在も同様のようである。[18]そして、わが国で約三〇年前（昭和三九年）に我妻栄会長を中心に取りまとめられ、賛否両論を巻き起こした臨時司法制度調査会意見書、いわゆる臨司意見書にも、法曹一元実現の基盤整備を目指す具体策の一つとして、弁護士に比して社会経験が乏しく、社会生活の実態に疎い判事補が、法曹一元を念頭においた判事足りうるための研修の充実強化施策として、⑴指導教官を他の法曹、学識経験者、財界人等に求めるべきである、⑵判事補だけでなく、弁護士、検察官との共同研修にすべきである、⑶若い時代に訟務や法令立案の経験をさせるべきである、⑷行政官庁、銀行、会社等に一定期間委託すべきである等の意見が掲載されており（意見一致までには至らず）、特に⑴⑵が注目されるのである。

3　積極的裁判官像からのアプローチ

司法関係で、最近最も議論の対象となっているのは民事訴訟法改正であろう。これは一〇〇年に一度の大改正とまでいわれる。改正案の取りまとめを行っている法制審議会民事訴訟法部会は、平成三年一一月二九日、三〇〇項目を越える討議事項を取りまとめ、同年一二月に諸団体に対し「民事訴訟手続に関する検討事項」について意見照会をなした。裁判所関係では、平成四年六月、最高裁事務総局民事局の手で、「民事訴訟手続に関する検討事項に対する各裁判所の意見」として意見が取りまとめられている。そして、法制審議会は、各団体の意見照会結果を受けて、同年六月一九日に審議を再開し、現在改正要綱試案の作成を行っている。今後は、平成五年末までに同試案を取りまとめ、平成七年秋までに改正要綱の答申を実現する予定である。

改正要綱試案が出るまでは、議論のたたき台がないわけであるから、民事訴訟法改正の方向についてとやかく言っても雲をつかむようなところがある。しかし、改正の基本理念が「民事訴訟を国民に利用しやすく、分かりやすいものとし、訴訟手続の規律を現代の社会の要請に適った適切なものとする。」であることは一応疑いがなく、その理念に反対する人は少ないであろう。そして、検討事項に入っている争点整理手続の多様化、新争点整理手続、弁論準備期日等の創設、秘密保護手続の創設、文書提出義務の拡大、証拠開示制度の創設等が今後とも各界で議論になろうが、どのような具体的内容になろうとも、試案としては、争点整理や証拠調べが迅速かつ充実して行われ、そのために裁判所、裁判官の権限を一定程度強めることや、裁判所、裁判官の利用できる手続を多様化することが当然出てくるであろう。もちろん、今回の審議会の構成や、意見照会が行われたこと（試案についても再度意見照会がなされるであろう。）などからして、当事者の意向やその協力を重視した内容になると思われるが、方向としては当然前記のような方向になると思われる。そして、その背景に、ドイツにおける司法簡素化法、協働（同）主義的民事訴訟、シュツットガルド方式や[19]、アメリカにおける「管理者的裁判官」[20][21]といった新しい制度、運用、理念等が影響していると思われ、改正民事訴訟法下でも、こうした国々で期待され、ないし実態となっている「積極的裁判官像」が期待されるようになるのではないかと思われる[22]。積極的裁判官像の内容は論者によって色々あろうが、私なりに理解すると、裁判官が積極的に事件管理に携わり、しかも当事者と円滑にコミュニケーションを取って、当事者と共通の審理認識下で事件進行の管理を行える裁判官ということになる。そして、その積極的裁判官像の下では、従来の裁判官像は大きく変容し、裁判官に求められる能力も大きく変化すると思われる。例えば、従来の裁判官像は、いわゆる法適用型の裁判官像であり[23]、弁論主義下で、当事者が主張・立証し、裁判官は、それから認定した事実に、法を適用して判決するだけでいいのであり、裁判官に要求されるのは専ら事実認定と法解釈の能力だけであった。当事者とのコミュニケーション能力や、当事者との協力能力、それに事件のマネージメント能力といった概念はそこにはない。実際、現在の裁判官においても、できるだけ当事者からつつかれないように、法廷の内でも外でも「沈黙は金」と思っている裁判官や、訴訟遅延は専ら当事者の責任と思っている裁判官が案外多いのではないだろうか。しかし、積極的裁判官像の下では、こうした裁判官の態度は許されない。裁判官が自ら争点把握や事案解明に乗り出し、当事者やその代理人である弁護士といかにコミュニケーションを取り、いかに協力態勢を作れるかという能力が要求され、さらにそうしたコミュニケーションや協力態勢をまとめあげて審理を計画化するマネージメント能力が要求されるのである。これからは、「雄弁は金」であり、訴訟遅延は「裁判官の責任」なのである。こうした裁判官像がこれからの時代で期待されるなら、それを担う裁判官、それは現在判事補であるか、これから判事補になろうとする者達であろうが、そうした者に、判事補研修を通じて、積極的裁判官像の基礎となる能力とは何かを学ばせる必要があるのではなかろうか。

現在、二3で述べたように、司法政策が積極的に研修内容として教示されている。その中には、審理充実策、民事訴訟法改正等積極的裁判官像に関係する事柄が多い。しかしながら、判事補に知識や情報として政策を伝えても、それを実践する能力や、さらに加えて実践する情熱がなければ、司法政策は「画竜点晴を欠く」事態になりかねない。特に、審理のマネージメント能力は、割りと技術的であり短期間で身につけることがそれなりに可能であろうが、コミュニケーション能力は極めて人間的な能力であり、それなりに修養を積まなければ身に付けがたいものと思われるのである。ところで、アメリカやドイツで積極的裁判官像が定着した一つの要因として、裁判官にこのコミュニケーション能力の存在、ないし修養があったことが挙げられるのではないかと思う。アメリカは言わずと知れた法曹一元、裁判官選挙制の国であり、裁判官になる者は、元々弁護士で、弁護士や当事者とのコミュニケーションは比較的容易であったろう。ドイツは日本と同じキャリアシステムの国であるが、勤務評定の基準の一つとして、訴訟関係人との円滑なコミュニケーションが挙げられ、ドイツ裁判官アカデミーでも、コミュニケーション能力について講座が繰り返し設けられている[24]ことからして、その修養に極めて熱心だったと思われるのである。もしわが国でこの能力について判事補研修等で取組みをしなければ、裁判官の積極性が極めて権威的になったり、空回りすることになりかねない。民事訴訟法改正や、現在進められている審理充実策を成功させるためにも、コミュニケーション能力について研修が望まれる。

なお、民事訴訟だけでなく、家裁の実務においても、当事者とのコミュニケーション能力は特に重要である。少年審判、家事調停、家事審判等では、当事者にいかに本音で語らせるか、過去を振り返らせ、その感情をいかに制御、整理させるか、将来の前向きな道をいかに考えさせうるか、といった点で裁判官の当事者とのコミュニケーション能力は本来的に問題になるはずである。しかし、その対策が本格的に取り組まれた形跡はあまりなく、実務においても、当事者とのやっかいなコミュニケーションは、家裁調査官や調停委員に任されてきたきらいがある。もちろん、裁判官毎に個人差は当然あるけれど(25)……。

四　これからの判事補研修

1　若者論、新人類論から

「頼り無く、覇気がない」判事補を放っておけば、裁判所という組織の活性化、及び裁判所の独自の機能・組織原理の維持に由々しき影響が生じうるのは、三1で述べたとおりであるが、判事補の実情を細かくデータ的に分析し、その問題点を抽出するのは現段階ではなかなか難しい。研究書も皆無である。しかし、判事補になる者が社会的には超エリートであり、(ネーミングが誤解を招くかもしれないが)同世代の多数の人間のほんの上澄み部分だとしても、あくまで、同時代の同種の文化の中で育ったのであるから、同世代の世代的特徴を色濃く有しているものと思われる。そこで、現在の判事補世代、及び将来の判事補世代(現在の大学以下の学生である。)の世代的特徴から、裁判官たるべき判事補に欠けている点を補う研修内容について考えてみる。

三1で述べたように、どこの組織でも若者論、新人類論が華やかで、本屋や図書館に行けばその類の本がずらりと並んでいる。そこで、その類の本を片っ端から読んでみた。例えば、政府が青少年一般を扱ったものとして、総務庁青少年対策本部の「青少年白書」各年度版、同じく同青少年対策本部の「現代の青少年」（第五回青少年の連帯感などに関する調査報告書。平成二年一〇月調査）、経済界が新入社員を始めとした新人類を扱ったものとして、扇谷正造責任編集『新人類がやってきた』（PHP研究所、一九八七年）、学者が大学生を扱ったものとして、田口寛治『現代学生気質』（神戸出版新聞センター、一九八七年）、同じく花山獏『東大ウオッチング』（共栄書房、一九八八年）、教育者が小中学生を中心とした学生を扱ったものとして、深谷昌志『孤立化する子供たち』（NHKブックス、一九八三年）、精神医学者が非行少年の心理を扱ったものとして、福島章『イメージ世代の心を読む』（新曜社、一九九一年）等である。そうしたものに描かれている青少年像は、分野毎、年度毎、及び執筆者毎に区々であるが[26]、なんとなく共通しているところがある。それは、若者が感覚世代であり、ものを感じる能力は極めて豊かであるが、思索に弱く、活動力も低下していること、人間関係が希薄化、狭隘化し、社会参加することが少ないこと、個人生活志向が強いこと等である。もちろん、これがすべて判事補に当てはまるわけではない。思索に弱いなんて断じれば、お叱りを受けることは間違いない。ただ、その他の特徴は何となく判事補にも当てはまっているのではなかろうか。日頃、先輩裁判官から、「若い裁判官はなかなか本音で話さないから、どういう人柄かよく分からない。」「仕事は熱心だけれど、こちらの意見に反論してこないし、こちらを説得しようともしない。」「酒に誘っても嫌がるし、一緒に行っても話をあまりせずに歌ばかり歌っている。そして、素早く帰ってしまう。」などという声をよく耳にするが、これは、人間関係の希薄化、狭隘化、社会参加の少なさ、個人生活志向の強さとよく符合するのではないだろうか。そして、人間関係の希薄化、狭隘化、社会参加することの少なさは、裁判官にとって決定的なマイナス要因であろうと思われる。

三１で述べた人間や社会に対する興味や理解、自分より強い立場にある人に対する精神的、人間的強さの低減は、こんなところに原因があるのではなかろうか。人間や社会の中で揉まれていない人間は、他の人間（裁判官が事件で接する人達は多種多様であり、人生に失敗した人もかなり多い。）に対して示さなければならない理解が不十分であったり、自己と異なる意見に対して建設的に反論することが困難になるのはあたりまえだからである。そして、このことに加え、受験戦争では先生や教科書に、司法試験では判例・通説に、司法研修所では教官室見解に、それぞれ反抗しないことを是としてきた私たち判事補世代にとって、判例や裁判長に異を唱え、合議や各種会議で活発に意見を述べ、組織を活性化させることなど到底できるはずがないのである。ここで、特に注意しなければならないのは、人間関係の狭隘化が、判事補になるような人間にとっては特に自戒しなければならないことである。現在、判事補になるような人間は、高校・大学受験はいざしらず、小学・中学校受験（極端には幼稚園受験）まで経験し、そこで勝ち残ってきた人達なのであり、周囲も勝ち残ってきた人達が多いのである。受験だけがすべてでないことは当然であるが、幼いころから失敗した人達とは知らず知らず縁遠い存在になってきているのである。例えば、私学の中学・高校に行った人は、友人やクラスメイトの中に非行を犯して家裁に呼び出される例がどの位あっただろうか。世間一般より、その割合はずっと低いはずである。また、注（26）にもあるように、親が社会的に成功し、経済的に苦労しなかった人が多いと思われる。こうしたことが、裁判官としての判断に影響を与えないはずがない。

では、これからの判事補研修としては、どういうことが考えられるであろうか。前記から明らかなように、人間関係の希薄化、狭隘化を是正し、特に、今まで経験しなかった世界の人の中で揉まれるようにしなければならない。また、社会参加をできるだけ促す方向にしなければならない。そのためには、まず、判事補を今まで知らなかった社会に放り込んで実体験させるに限る。[27] 最近急増している海外留学・出張もいいが、国内での実体験をもっと考えるべきである。

二2で紹介した国内特別研究は、裁判官の不祥事に対応し、裁判官に実社会の常識を身につけさせようとして制度化されたもののようであるが、行政官庁や大企業に偏りすぎているという批判を招きやすい。[28] その批判の当否を論じる紙数はないが、現在必要なのは、実社会でエリートであり、幼いころより学校でエリートであった判事補が、その生い立ちから経験しなかった世界の人の中で揉まれる、そこに生きる人達の心情に直接触れることであり、それが（誤解がないようにお願いしたいが）社会的に失敗した人達の気持ちや生き方も理解できる人間らしい裁判の基本となると思われる。また、自分なりの価値観を作り、合議や各種会議、さらには裁判所という組織を活性化させることにつながるであろう。ただし、裁判所に持ち込まれる事件は必ず被告、相手方、被害者等がいるのであり、民事、刑事、家事、少年いずれの分野でも、結局どこかで適法・妥当・相当等の線引きをしなければならない性質が裁判官の仕事にあるから、片方の立場だけに揉まれることは中立・公正を旨とする裁判所にとって好ましくない。そこで、特に、頻繁に裁判所に持ち込まれる事件に登場する当事者、当事者団体で、対立的立場の当事者、当事者団体が連想できる場合には、両方に研修として派遣するのが好ましい。しかも、少しぐらい浅くても、広く対立当事者の下に研修として派遣するのがよいであろう。例を挙げよう。(1)から(7)のような事件は、裁判所に多数係属しうるものであるが、以下のような当事者、当事者団体を派遣先にしてはどうであろうか。

(1) 境界確定訴訟、所有権確認訴訟等の土地争い（都市、農村とも熾烈な争いであり、裁判所に持ち込まれる普遍的な紛争である。不動産に対する感覚、不動産取引の実情に触れる必要がある。）——不動産会社、宅地造成会社、農業協同組合、借地借家人組合、法務局、司法書士会、地方公共団体建築・土木部。

(2) 憲法・選挙訴訟——自民党と非自民政党。選挙管理委員会。

(3) 労働事件——日経連と労働組合。労働基準監督署と全国過労死を考える家族の会。

(4) 行政事件——行政官庁と市政監視の会。税務署と民主商工会。

(5) 外国人事件——外務省・入国管理局と外国人の人権について活動している団体、在日朝鮮人・韓国人団体。

(6) 消費者事件——消費生活センター・消費者団体と大手サラ金・信販会社（街金は問題があろう。）

(7) 刑事事件・少年事件——どや街（直接泊り込むことが無理なら、山谷や釜が崎の職業安定所）。暴力団は無理でも、保護観察所、保護司、刑務所。覚醒剤等の薬物からの依存脱却に取り組んでいる病院・クリニック・民間センター。精神病院。少年院、少年鑑別所（体験入院・入所）。

(8) 事件としてはこなくても、社会問題に取り組んでいる団体は、積極的に研修先とすべきであろう。社会や人間への関心及び理解を深めるつてとなるものと思われる。例えば、部落解放団体、障害者団体など。

こうした、実体験の研修は、挙げていくといくらでも考えつく。問題は、いかにその機会を保証できるかであるが、判事補の期間は一〇年もあるわけだから、毎年二週間程度を実体験の研修期間にあて、一〇年で一四〇日程度を保証できれば、かなりの成果をあげると思われる。特に、新任判事補には、基礎研鑽としてかなりの時間が割かれているわけだから、その幾分かを実体験の研修に回せば、職務との抵触はかなり避けることができる。批判の多い判検交流を減らしたり、特定の人だけの国内特別研究をなくせば、人員的にも十分可能と思われる。また、研修先については、徐々に開拓していくしかないが、まず希望判事補が率先して開拓していくのを援護する必要もあろう。

2 法曹一元（更に国民の司法参加）から

この点については、まず、講師に検事、弁護士を招聘することが最低限必要である。中堅裁判官の研修では、現在でも招聘しているようなので、判事補研修で行えないはずがない。内容については、検討の余地が大きいが、現在の研修内容であっても、例えば実務的研修内容については、日弁連から、民事、刑事、少年の各委員会の委員や、令状、保全、行政、家事事件等に詳しい弁護士を推薦してもらい、講師として加えるだけでも、教官や先輩裁判官と異なる視点が研修内容に反映する点でかなりの成果を挙げるものと思われる。また、裁判官としてのあり方や姿勢を議論するカリキュラムについては、特に検察官や弁護士を講師として招く必要性が高いであろう。

内容については、特に二1で述べた判事補研修第一期の内容が参考になる。「検察官、弁護士からみた刑事裁判」「当事者からみた民事裁判」「裁判官のありかた」などは今でも妥当性をもつであろう。さらに、検察官を招いての「検察と警察の協力体制・力関係について」「贈収賄、選挙関係事件の捜査、起訴、立証の難しさについて」「新しい犯罪形態について」「国際犯罪とその捜査について」、弁護士を招いての「国選弁護人の苦労と実態」「当番弁護士活動の実情」「外国人被疑者・被告人の弁護活動の実態と苦労」「民事介入暴力の実態」「大規模集団訴訟（公害、薬害、行政、国家賠償請求等）における提訴までの苦労と立証に向けた活動内容」「外国企業、外国人弁護士との折衝、及びそれから得られる日本の法曹への示唆」、検事・弁護士両方を招いての「代用監獄の実態と意見、及び裁判所に対する注文」「接見交通の実態と意見」などいくらでも考えつくし、法廷外の検事・弁護士の活動は、司法修習生以後判事補は触れていないので（司法修習生の時も、配属庁により実務修習の内容にかなりばらつきがある。特に、弁護修習はどの弁護士に付くかでかなり修習内容が異なり、特定の分野に限定されることも多く、弁護士活動の全体を知るのはなかなか難しい）、その体験談は新鮮な感動を与えようし、当事者の苦労を知ることで、立証の程度や立証責任の分配、手続のあり方等について判事補に世間の常識に合致した結論を考えさせるきっかけとなるであろう。

さらに、国民の司法参加の視点からは、前述のように、裁判ウオッチングの会、陪審制度を考える会のような司法の在り方そのものを考えている民間団体のほか、最近、裁判外紛争解決手続（ＡＤＲ）の効用が注目されている時代でもあるから、司法の外縁ないし関連分野で活躍している人、機関の担当者等を招くのもいいであろう。例えば、司法書士、企業の法務部・労働委員会・公害等調整委員会・交通事故紛争処理センター等の構成員や委員に、ＡＤＲと裁判手続との違いやＡＤＲの紛争解決に向けた様々な試みを話してもらい、ＡＤＲと裁判手続との役割分担、裁判手続の限界と独自の役割及び改良の方向等を判事補に考えさせるのも実のある研修になると思われる。

3　積極的裁判官像から

当事者とのコミュニケーション能力の養成については、二つの方向があろう。一つは、心理学、教育学、人間行動学のように、学問的な面から、もう一つは、当事者との直接的コミュニケーションの大量実践の面からである。

学問的な面では、家庭裁判所調査官研修所のように講師を招いて講演してもらう方法や、同研修所のカリキュラムに裁判官を参加させる方法がありうる。人間関係学の専門家である家裁調査官の習得する学問に触れることは大切である。また、社会学の分野では、国際交流の活発化に伴い、異文化間コミュニケーション学というものが発達してきており、外国人事件の増加に伴い、こうした学問の成果も研修に取り入れる価値がある。ただ、裁判官のとらねばならないコミュニケーションには、濃淡はあれ訴訟・法廷技術的な性格があり、弁護士との法的討論、証人尋問、訴訟指揮、釈明権の行使等法廷における訴訟・法廷技術を駆使したコミュニケーションが考えられなければならない。しかし、アメリカと異なり、わが国では弁護士や裁判官の訴訟・法廷技術は体系的に研究されていないし、蓄積もあまりない。そこで、裁判官のコミュニケーション能力を学問的に教育しようとすると、前提として、訴訟・法廷技術を体系的に研究することが必要になってくる。

大量実践の面ではどうであろうか。現在の判事補の任地、配属システムによると、任官して二年目までは大庁で民事刑事の合議事件の左陪席を主に行い、その後五年目までは中規模庁で同じく左陪席と、保全、執行、少年等の事件を手がけることになる。この段階で、当事者との直接的コミュニケーションの訓練ができるのは、民事合議事件の和解と保全の審尋、それに少年審判であろう（令状も勾留質問程度は可能である。）。ただ、配属の関係で刑事事件ばかりを担当する判事補、常に裁判長と共に民事合議事件の和解をするよう言われる判事補、審尋不要の保全事件のみ担当する判事補等色々あるので、判事補五年目までは必ずしも当事者との直接的コミュニケーションの訓練の場が十分であるとは言えない。次に、六年目からは職権特例が付くので、民事でも刑事でも単独事件の訴訟指揮等を通しながら、直接的コミュニケーションの訓練の場が十分あるし、家事審判事件についても同様である。それ故、特に五年目までの判事補に、当事者との直接的コミュニケーションの訓練の場を保証することが必要である。単独で判決ができない五年間（未特例判事補）の期間は、刑事民事を両方担当できるように任地、配属を考えたり、民事合議事件の和解や準備手続を判事補に任せたりする工夫が必要であろう。さらに、現在、判事補として三年間が終了した者に自動的に出される簡易裁判所判事の辞令の活用を提唱したい。現在、この辞令は、令状関係でしか意味をもたないことが多い（判事補が、簡裁判事の資格を持つと、令状の請求や令状発付が常に簡裁でできることになり、令状当番の裁判官の官名により地裁と簡裁の区別をする煩わしさを避けることができる。）。しかし、かつては、簡裁判事の辞令を貰うと、判事補が簡裁の法廷に立つこと、つまり特例が付く前に単独法廷をもつことも多かったのである。それがいつからか、簡裁判事の充実や地裁・家裁の事件の逼迫が相まって、簡裁判事の辞令が意味を無くしてきている。しかしながら、当事者との直接的コミュニケーションの訓練という点では、簡裁の仕事はうってつけである。即ち、簡裁は、当事者が弁護士を付けない事件が多く、法律的観点から整理できていない本人訴訟を数多く処理しなければならない。また、当事者双方と膝を突き合わせて話す民事調停が日常茶飯事に行われる。そこでは、わけのわからない主張、感情が先走った主張、証拠に基づかない主張、法律的には意味のない主張などが地裁や訴訟事件より格段に多く出てくる。それを当事者と時間を掛けて話し合い、当事者を感情に走らせず、冷静な議論の場に導き、その主張を、法律的に意味があり、論理的でかつ証拠に基づく主張に再構成し、その結果争点を明確にしていく訓練は、判事補にまたとない経験を与えるであろう。当事者本人との間で、冷静なコミュニケーションが出来れば、弁護士との間でのそれは低き所に水が流れる如く容易である。また、簡裁には、司法委員や調停委員など、社会的経験の豊かな民間人が出入りし、裁判官は訴訟や調停のためにそうした人との協議が日常的に必要になってくるから、判事補が簡裁の仕事をするようになれば、裁判所外の人からの積極的影響を受け、世間の常識を学ぶ機会を作れることになる。これは、2の法曹一元の精神にも通じる内容である。

なお、コミュニケーション能力にとって、最も大切なのは、異なった環境、文化、生活慣習等で育った、ないし暮らしている人に対して感情移入ができるかどうかであると思われるが、1の現場研修は、こうした感情移入ができる人間的柔らかさを育てることにも好都合であろう。

4　その他

以上、三で述べたところから考えられる将来の判事補研修のアウトラインについて述べてみた。ただ、一つだけ抜けている大事な点がある。それは、判事補の司法行政能力についてである。二3で述べたように、現在の判事補研修には、最高裁の司法政策が直ちに反映するようになっている。しかし、判事補の司法行政能力は、特例判事補も含めて全くないに等しいであろう。裁判所全体の雰囲気としても司法行政について、判事補が意見することやその能力を付けることを歓迎する雰囲気はあまりないし、判事補の方にもそうした意見をしたり能力を身につけることをタブー視する傾向がある。このため、判事補や判事で支部長になった者や、支部長になる年代になった者を集めて、わざわざ「支部長研究会」を開き、研修所からわざわざ司法行政について伝授しなければならない実情である。[29] しかしながら、いろんな意味で、現在の裁判所は曲がり角に来ているのは確かであり、民事訴訟法改正等も含めて、判事補が裁判所全体の在り方について考える能力を身に付けることが絶対に必要である。自分の担当裁判にしか興味がないとか、司法行政面については上から言ってくることを忠実に守っていけばよいといった時代ではないと思われる。例えば、裁判所がＡＤＲに負けないためにどうしたらいいか、裁判官が不足しているがどうしたらいいか、裁判所職員を希望する学生が減少しているが（特に男子学生）どうしたらいいか、調停委員や司法委員を広く発掘していくにはどうしたらいいか、書記官や事務官の若返りが顕著であるが人事掌握はどのようにしていけばいいかなど、裁判所の将来にとって考えなければならないことは内外共に山積している。しかも、その回答は一つではなく、裁判官だけでなく、司法関係者が知恵を絞って妙案を出すべき問題である。これらを現場の裁判官が考えないで、事務局任せ、最高裁任せでは裁判所の将来は危うく、国民の信頼を得るのは程遠いと言わねばならない。そのため、特に、二一世紀の裁判所を背負う判事補に、司法行政について関心を持たせ、その能力を身に付けさせる努力が必要であるが、現在の判事補研修を見ると、研修によって司法行政について関心や能力を高めるというのは困難である。その原因はいろいろあるが、一つには、判事補が一方的に司法行政・司法政策についての結論情報受領機関となってしまっており、その立案に参画する機会が欠如していることが挙げられる。例えば、最も身近なところで言うと、毎日一緒に仕事をする書記官、事務官を誰にするかについて、どのような基準、手続、人選、ローテーションで行うのか、ほとんどの判事補は知らないし、その立案に参画することもない。丁寧な総括裁判官であれば、一応判事補の意向も聞いてくれるが、ごく稀である。そして、最後、裁判官会議で、「この書記官はここ、あの事務官はあそこ」といったふうに結論だけを示されて賛否を迫られるのである。これでは、裁判所職員人事について、関心も能力も高まるはずがない。もし仮に、その立案過程に判事補が参画できたならば、「現在管内の書記官、事務官の人数はどうか。」「それを全体的にどう配置すべきか。」「書記官の勤務評定はどうなっているのか。そして、評定からみて人事配置に不公平はないか。」「書記官、事務官の任地、配属希望はどういう傾向があるか。それができるだけ生かされる方向になっているか。」「支部ばかりに回されて、本庁になかなか戻れない書記官、事務官がいないか。」などを直接考えさせられるし、裁判所の職員を俯瞰的に眺めることもできるであろう。こうした訓練こそが、司法行政・司法政策についての関心や能力を高めるために一番大事なのではなかろうか。即ち、実地訓練である。最近盛んに強調される組織全体を見渡し、運営できる「マネージメント能力」というものを身に付けるのも同様である。ところが、実は、裁判所法が裁判官会議に司法行政権を集中しており、その建前どおりに運用されれば、裁判官は判事補のころから会議の一員として自然と実地訓練ができ、身近な司法行政に習熟していくはずである。そうなら、本来特別に「支部長研究会」や「所長研修」といったものは必要としないはずである。その意味で、裁判官会議には司法行政の教育的機能があると思われる。あたかも憲法が地方自治の政治的教育機能(「地方自治は民主主義の学校」)を予定しているように……。ただ、現状はその機能を果たしていないので、裁判官会議の復権を当然主張しなければならないが、ことは簡単でない。裁判所の組織論が絡むし、現段階で、裁判官会議への権限再委譲(所長、常任・常置委員会等からの権限返還)、裁判官会議の権限の全面的直接行使によって機能回復を主張するのはあまり現実性がないからである。「会議体で司法行政を担当するのは不合理。責任の所在が不明確で、事務能率も悪い。」「裁判官は、裁判事務で忙しすぎるのに、司法行政まで手が回らない。」「一般の裁判官に司法行政に関心を向けさせるのは無理。その能力もない。」「支部裁判官等を含めて、裁判官会議を頻繁に開くのは物理的・時間的に困難。」などといった過去からのいい古された批判も当然言われるであろうし[30]、その中には現在でもやむをえない批判もあるからである。そこで、現実的な案として、国会や地方議会のように、裁判官会議の部門別専門委員会制度、つまり、事務分配、裁判官配置、一般職員の採用・配置・昇給・昇格、会計、広報、分限などで、一つずつ委員会をつくり（小庁では、従来の常任・常置委員会の形でもよいであろう。ただし、判事補も積極的に委員にさせる必要がある。）、そこでの決議が、現在の常任・常置委員会の決議と同様の効力を有するようにし、部門毎に活性化させることを提案したい。もちろん、日常的な司法行政については、所長に委任し、司法行政の渋滞を避けることにする。部門別の委員会による活性化なので、前記の多くの批判を減殺でき、組織論としても有効であろう。そして、委員会を部門別にすることで、判事補もその部門別委員会の委員となり、そこで司法行政能力を身に付けることができる。判事補だけでなく、判事でも、司法行政に日常的に関与できる裁判官は、格段に多くなる。一人の裁判官にとって、一時期には特定分野の司法行政にのみ関与するだけであっても、長い目でみれば、各種分野に関与することができ、支部長、総括裁判官、所長、長官等の職に従事するまでには、格段に司法行政に対する関心や能力は訓練されているものと思われる。もちろん、部門別専門委員会制度下にあっても、最終的に、裁判官会議での承認や、事後報告が必要なことは裁判所法からみて現在と同様である。

五　判事補研修を発展させるために

以上述べてきたように、現在の判事補研修は、「頼り無く、覇気がない」判事補に対し、教官が細々とアドバイスをなし、先輩裁判官が実務をたたき込み、最高裁係官が司法政策を植えつけるといったものであり、これについて、若者・新人類論、法曹一元、積極的裁判官像から私なりの対案を示し、さらに、研修を超えて、判事補が司法行政の能力や関心を身に付ける方策案について考えてみた。もちろん、それらはあくまで一つの試案にすぎず、他の対案や方策案も十分考えられるであろう。ただ、私としては、全体的な方向性としては、この対案や方策案で決して間違っていないように思われる。もっとも、対案や方策案を示す前提として、データ不足、研究不足、議論不足の点があることも否めない。それは、第一に、前述のように、若者・新人類論の点で、若者一般の特徴・傾向にとどまらず、最近の判事補の特徴・傾向を資料に基づいて把握できていないことである。判事補にとどまらず、その予備軍ともいうべき、任官志望者、司法修習生の特徴・傾向も正確な把握が困難である。前述のように、こうした研究は皆無であり、これから判事補、司法修習生、任官志望者のアンケート調査などにより、若手裁判官の特徴・傾向、その弱点、裁判官としての資質に不足するものなどを明らかにする研究が必要であろう。この点については、注(17)を参照されたい。第二に、積極的裁判官像の点では、まず、改正民事訴訟法はその裁判官像を求める方向に収斂していくのか、そもそも積極的裁判官像は肯定評価できるのか、できるとしてもその下で要求されるべき能力が、コミュニケーション能力だけに焦点をあてていいのか、やはりマネージメント能力にも焦点をあてるべきではないかなどの点がまだまだ議論不足であるということである。これについては、民事訴訟法改正について議論している人達と、改正によって変化する裁判官像と要求されるべき能力について、議論を深めてみたいし、法技術的なことだけでなく、裁判官像や要求されるべき能力という点を議論すると、現在の裁判官にとっては身につまされる話だけに関心が高まるのではないかと秘かに期待したりもする。第三に、外国の裁判官研修の実態調査がまだまだ不十分な点である。ドイツ、フランスについては、一部紹介したが、特にキャリアシステムを採っている国、例えばイタリア、スウエーデン等についても研究が必要であろう。特に、キャリアシステム下では、そのキャリアシステムの弱点を補うためにどうしているかが参考になろう。ただ、まだまだ関心の高まっていない分野だけに、研究書が少ないし、研究者もあまりみかけない。学者や留学裁判官の奮起も期待したいところである。

さて、以上のような、判事補研修のいわば実体面での改革の外に、手続面での改革も不可欠である。具体的には、第一に、研修内容の公開である。二1で述べたように、判事補研修の第一期には、司法研修所報、研修時報を通じて公開されていたのだから、現在でも可能なはずである。また、研修所関係者が研修制度を紹介する場合にも、研修の種類やアウトラインだけでなく、内容や講師、成果等も詳細に明らかにすべきであろう。こうした情報公開は、国民のための裁判官を養成するために、各界から賛否両論の意見を出してもらう大前提であり、判事補研修制度をさらに充実するための手続要件である。第二に、現場からの意見反映システムの整備である。現在、判事補が勤務する裁判所の裁判官が、判事補研修について意見する機会は、新任判事補配属庁実務研究会位しかない。それも、新任判事補について研修所側からの情報伝達が主であり、日程も大して取られていない。このためもあってか、現場の裁判官は、判事補研修について、当事者以外ほとんど無関心であり、現場で議論されることもほとんどない。判事クラスであれば、自分が辿ってきた足跡を顧みながら、現在の判事補の弱点や、あるべき判事補研修について意見が出そうなものである。その意見提出の意欲を刺激するために、判事補研修研究会などといったシステムを考えるべきであろう。第三に、当事者である判事補からの意見反映システム、特に実質的なそれが必要である。現在の判事補研修には、教官が主宰する座談会や懇談会が設定されており、自分が受けた研修について、判事補が感想を述べ合う機会が設けられている。しかしながら、私の経験で言えば、研修を立案し、教える側とされている教官に対して、判事補が批判的見解や建設的意見を述べることはほとんどない。「よかった、よかった」の感想に終始するのが大部分である。受験戦争の勝者に、公式の場で批判的見解や建設的意見を求めるのは無理であるし、批判的見解や建設的意見を述べた場合にそれがどう生かされていくのか全く分からないから、言う意欲もでない。そこで、現在の座談会や懇談会を教官抜きにして、判事補主導のものとし、互選の幹事判事補が出席者の意見を取りまとめ（個人的意見はすべて匿名）、研修所に提出する形の実質的な意見反映システムを提唱したい（昭和二四、二五年に行われた判事補会同を再開するのも手であるが、現在の会同システムでは、座談会や懇談会と同様になってしまう危険がある。）。また、研修所の方で、判事補からの意見を研修時報に載せるなどして他の裁判官の目に触れさせ、関心をもってもらう必要があるし、判事補からの意見を研修内容に反映した時は、同じく研修時報で公表すべきであろう。第四に、外部の人、特に検事、弁護士からの意見反映システムも必要であろう。現行の司法研修所規程によると、裁判官研修の重要事項は最高裁判所が（四条一項）、その他は司法研修所所長が定めることになっている（同条二項本文）。司法修習生の研修内容のうち重要部分は、教官会議の議決が必要なので（同項ただし書）、検事、弁護士出身の教官からの意見反映システムがあるが、裁判官研修の場合はそれがない。司法修習は統一修習で例外だから、裁判官研修とは別だという意見もありえようが、内容的にも法曹一元的な発想が必要なことは前述のとおりであり、手続的にもその発想をとりいれるべきである。具体的には、司法研修所規程を改正するのが望ましいが、現行規程でも、司法研修所所長から、検事、弁護士出身の二部教官や、法務省・最高検、日弁連に諮問するのは許されるであろう。参考までに述べると、かつての司法研修所規則（昭和二二年一二月一日公布）には、司法研修所に、裁判官だけでなく、検察官、弁護士、学識経験者からも参与を選び、参与が、最高裁長官からの諮問に答え、又は重要な事項に意見を述べる制度があった（二条一ないし三項）。第五に、研修制度に任意制を導入することが必要である。判事補が意欲を持つのを制度的に応援する研修制度にするためには、受けたいと希望する研修を原則として受けさせるべきである。現行の研修内容を前提とすると、六年目や九年目に三年目研修の少年事件や執行事件の研修を受けたいという人もいるだろうし、中堅裁判官の研修でいえば、国内特別研究等は、任官年数に関係なく、希望者が出るであろう。もっとも、任意制には、（こんな表現は失礼であるが）最低レベルの維持も必要との批判が当然ありえようから、義務制と組み合わせることもやむをえないかもしれない。

六　最後に

いろいろな文献を調べていると、裁判官研修制度についての議論自体は昔は盛んであり、判事補の関心も高かったようである。議論の中では、裁判官の独立を強調して研修不要論というのもあったようであり、現在でも、個人的にはその意見に賛成される裁判官もおられるのではないかと思う。しかしながら、現在の判事補、及びそれに続く若い世代の現状を直視すると、裁判官の独立からストレートに研修不要論を導いても、観念論のような気がしてならない。即ち、裁判官の独立を行使する具体的人間に着目するなら、それに耐えて職務を行うだけの人間的強さや自信、それに社会的経験といったものが必要であり、それなしに裁判官の独立という原理原則から結論を帰結しても無意味と思われるからである。ただ、研修制度が、現在の若者の弱さに拍車をかけたり、それを利用したりする制度であってはいけないのであって、弱さを克服させ、応援する制度でなければならない。そのためもあって、具体策をいろいろ考えてみた。特に、法律の改正が必要なものは直ちに実現とはいかないので、できるだけ現行法の枠内で考えてみたつもりである。もっとも、こうした改革案はどうしても予算のことでいちゃもんが出やすいのであるが、予算のかからないものから手に着手していくしかないだろう。そうしたいちゃもんより、裁判所が曲がり角にきていることに注目し、二一世紀を担う判事補をどう育てていくかの議論をまきおこすのが重要ではないかと思われる。判事補が国民に信頼される裁判官に育っていかなければ、将来の裁判所が国民に信頼されるはずがないのである。拙い論文なので、建設的批判を頂ければ幸いである。

（1） 改革実施直前の平成二年度の合格者は四九九人、平均年齢二八・六五歳、実施後の平成三年度は合格者六〇五人、平均年齢二八・六四歳、同四年度は、合格者六三〇名、平均年齢二八・二二歳であった。

（2） 小島武司「紛争解決・法的予防における法曹の役割とその養成」（法律時報六〇巻七号）も、法曹養成のあり方を継続的な一つのシステムとして考察されるべきとし、司法試験による選抜、研修所における実務訓練、継続法曹教育が三位一体として揃って初めて、適正な裁判と良質の法的サービスの提供という目標が達成されるとする。そして、三要素のうち、継続教育の価値を再評価することが重要であるとする。

（3）今回の司法試験改革と、法曹養成の問題について、最も論稿が集められているのはジュリスト九八四号だと思われるが、その中には継続教育に触れたものとして、加藤新太郎「継続教育における義務化と理論化」、鈴木正貢「法曹継続教育のあり方」があるものの、いずれも主として弁護士研修に関するものである。

（4）前注のジュリスト中に出てくる裁判官も、司法研修所関係者が多い。

（5）法曹等の再教育について、大学院での取組を紹介したものとして、斉藤博「法曹養成と大学院での役割」（ジュリスト九八四号）がある。

（6）戦前から司法研修所設立一〇年までの歴史は、「司法研修所一〇年史」（司法研修所発行、創立一〇周年記念論文集（下）刑事編末尾資料）に詳しい。

（7）司法研修所報、研修時報四六号までを繙くと意外と面白い記事が多い。司法修習生の瑞々しい感覚の論文、裁判官研修の感想、長官所長会同における研修所所長による判事補研修・裁判官特別研究等に関する報告、所長や高裁長官になるのを出世と思う裁判所内の気風を批判したり、抽象的違憲審査制が必要とする法務省訟務局長——裁判官からの出向者——の判事補研修における講演内容といったものが掲載されている。また、昭和二五年から同二八年にかけて、裁判官の特別研究というものがあり、最高裁判事、高裁長官を除く全裁判官を対象に、新憲法・法律の精神を十分に徹底させる研修が行われたようであるが、それには総司令部（ＧＨＱ）の意向が働いたことなども司法研修所報から分かる。

（8）裁判官懇話会報告「裁判の独立のために」（判例時報社）中に、「裁判官の養成をめぐる若干の問題」として、両制度の報告・議論が掲載されている。

（9）昭和四七年前後は、それまで公表されていた司法の情報が、突然秘密のベールに閉ざされる時期である。例えば、会同、協議会の協議録、執務資料は、このころから「第一説……、第二説……」という抽象的な表示で、内容も結論だけという書き方になり、それまで明示されていた発言者、議論の経過、最高裁事務総局見解がいずれも明示されなくなった。

（10）小倉簡裁判事の担当刑事事件の女性被告人への交際強要事件（昭和五五年）、旭川地裁判事の泥酔、暴行事件（昭和五五年）、東京地裁判事補及び前東京地裁判事の破産管財人からの収賄事件（昭和五六年）等があった。なお、「裁判所一〇〇年史」には、裁判所における昭和後期・平成期の重要事項として、裁判官研修制度の充実が一項目掲げられ、その中で、昭和五七年の専任教官の配属、国内特別研究制度が強調されている。

(11) 司法修習生の分については、研修時報で、当該年度の修習内容が紹介されるだけでなく、各地の司法修習生指導裁判官、検察官、弁護士が集まり、司法修習の内容や問題点を協議した結果である「司法修習生指導担当者協議会協議要録」も掲載される。

(12) 各庁の庁報には、必ずといっていいほど、「研修に参加して」との報告文が掲載される。それだけ、研修の多さを物語っている。

(13) ドイツはすべて任意制であり(木佐茂男『人間の尊厳と司法権』(日本評論社、一九九〇年))、フランスは司法修習終了後八年目までの司法官には義務制で、その後は任意制のようである(西川知一郎「フランスにおける司法官研修制度」司法研修所論集八六巻、一九九一—Ⅱ)。日本は、欠席の場合、研修所長に承認を求めなければならないが、特別な場合以外は承認されず、しかも承認の有無にかかわらず配属庁に通知するとの内部規定がある。

(14) 期日メモは、口頭弁論期日(刑事では公判期日)に手続として何を行うか、例えば、弁論の更新、求釈明、証人採用等が、合議メモでは当該事件の訴訟物、主張事実の整理、事実認定・法律判断上の問題点等が書かれてある。いずれも、実務で成功した事例を司法研修所が研修内容として取り入れたもので、見本のいくつかが新任判事補集中研修で配られ、判事補だけに受け継がれていく秘伝となっている。

(15) 国民の目に触れうる書物では、『孤高の王国』(朝日新聞社、一九九一年)、『検証最高裁判所』(毎日新聞社、一九九一年)、別冊宝島一六九号『裁判ゲーム』(JICC出版局、一九九三年)にいろいろな事例が紹介されている。

(16) 本屋や図書館に行くと、「経営」「社会」「教育」コーナー等には、若者論の本が数多く出版されていることが分かる。政府でも、総務庁青少年対策本部から、毎年「青少年白書」が発行されている。

(17) こうした議論は今まで、研修論としてだけではなく、裁判所論、裁判官論としてもわが国では弱かったと思われる。それは、裁判所を構成する具体的人間に対する研究がわが国ではあまり進んでいないからである。アメリカやドイツでは、こうした研究が盛んであり、前者では「司法行動学」、後者では「裁判官社会学」として立派な学問対象になっている。ウィルヘルム・K・グックは、『西ドイツにおける法曹養成教育と裁判所構成法』(慶応大学法学研究会刊、一九八〇年)の中で、ドイツ裁判官社会学の成果に触れ、「裁判官社会学とは、社会出身階層ならびに教育が裁判官の価値観念ならびに行動様式に影響を与えるか否か、いかなる影響を与えるかという点を研究する学問であり、ほとんどの若い学者の論文は、裁判官の大部分は生家と教育からして保守主義に傾斜する傾向があり、それが——おそらくは無意識的に——下級の階層に対する現実的理解を妨げる、という結論に達している。」という趣旨のことを述べている。わが国でも、裁判官研究として古典と言ってもよいと思われる斎藤秀夫『裁判官論』(一粒社、昭和三八年刊、同五三年増補)の中で、裁判官の法意識を研究する科学を、裁判官心理学と呼び、その発達が必要であると主張されているが、その発刊後わが国で目ぼしい動きはない。ただ、その発刊前に、法律時報編集部が行った「裁判官の希望と意見」と題するアンケート調査結果(法律時報三三巻一号。転所の保障、考課調書制度、裁判官会議の現状、最高裁長官の訓示、最高裁の機構改革、裁判批判等かなりシビアな内容についての裁判官へのアンケート結果である。)、発刊後に札幌弁護士会が行った「司法権独立問題に関するアンケート結果」(法律時報四三巻七号。主に平賀書簡問題と司法権の独立についての裁判官へのアンケート結果である。)が目を引く程度である。本稿は、個々の具体的裁判官の意識ではなく、世代としての具体的裁判官の意識を群として捉えてみて、その問題点に注目しようという主張である。

今後、わが国でも、裁判官の社会学的研究、研修の関係では特に判事補の社会学的研究を進める必要があり、そのデータ提供に判事補を含めた裁判官は協力すべきであろう。それは、自分ないし自分たちの集団の弱点を明らかにし、国民のための裁判官を目指すべき私達の責務である。方法は精神分析だが、同様の発想が前掲斎藤著に紹介されている。当時のアメリカの現職判事であるジェームズ・フランクは、裁判官も人間であり、その裁判には人間的な、心理的な、非合理的な要因が入り込むものであることを分析し、これを通じて裁判の実態を明らかにし、裁判の改善策を提唱した。そして、フランクは、将来裁判官になろうとするものは、自己の偏見を自覚するために、進んで精神分析をうけることを提唱し、偏見の自覚により、偏見が裁判に影響するのをなるべく少なくしうるとした。これは、精神分析の方法により、裁判官が自分の弱点を明らかにすべきとの主張であろう。

(18) 注(13)の西川論文によると、フランスの司法官研修制度ができた一九七二年頃は、自由主義の華やかなりし時代で、司法官に技術の習得を強いるのは好ましくなく、社会をよりよく理解させる啓発研修の思想が支配していたこともあり、研修制度の中身に一般教養的色彩が強いとのこと。そのためもあってか、同論文で紹介されている、例えば、「死」の科目研修では、歴史学者、医師、医学部教授、法医学教授、弁護士、科学技術警察副所長、パリ警視庁薬物研究所長、医師会倫理綱紀委員長、破棄院判事、イエズス会士等多彩な講師が招かれている。また、わが国の「国内特別研修」に該当する院外研修には、集団研修と個別研修があり、前者では、欧州裁判所、破棄院、司法省司法ＯＡ化課、フランス上院・国民議会、コンセイユ＝デタ、憲兵隊、パリ市、パリオペラ、コメディ＝フランセーズ、社会福祉機関の各病院、各種金融機関、各種大企業が、後者では、司法省各局、行政・商事裁判所、労働審判所、執行官、公証人、鑑定人、弁護士、ヨーロッパ評議会・人権裁判所、市役所、国営放送、ラジオ局、通信社等が研修先とされており、わが国の研修先に比べて実に多彩である。

(19) 司法簡素化法やシュツットガルト方式を紹介、解説した本は枚挙に暇がないが、弁論主義の克服により、新しい民事訴訟原理として社会的民事訴訟、協働主義的民事訴訟を説くものとして、ルドルフ・バッサーマン『社会的民事訴訟』(森勇訳、成文堂、一九九〇年)がある。また、バッサーマン裁判官の立場に近いベンダー裁判官と、その説に反対する伝統的な弁論主義の立場からのライポルト教授との興味深い論争を紹介したものとして、吉野正三郎『民事訴訟における裁判官の役割』(成文堂、一九九〇年)がある。これらの本により、ドイツにおける裁判官像の変化が示唆され、その現状は、木佐茂男『人間の尊厳と司法権』(日本評論社)の外、最近では弁護士ないし弁護士会の調査団による報告集等に度々紹介されている。例えば、最近のものとして、日弁連司法シンポジウム運営委員会外国調査団『開かれた司法をめざして〜アメリカ・イギリス・ドイツの司法の現状』(日弁連、一九九二年)、日弁連民事訴訟改正問題委員会ドイツ視察団の座談会「ドイツ民事訴訟の実情〜簡素化法の実施状況とその評価」(日弁連新聞一九九三年二月一日号)がある。

(20) 「管理者的裁判官」については、安達栄司「アメリカ合衆国における審理の充実と訴訟促進の動向(一)、(二)」(民商法雑誌一〇三巻五、六号)、加藤新太郎「管理者的裁判官の光と影」(ジュリスト九五三号)、マリリン・J・バーガー「アメリカ合衆国における裁判官の役割」(ジュリスト九五三号)、大沢秀介『現代型訴訟の日米比較』(弘文堂、一九八八年)に詳しい。こうした著作をまとめると、アメリカの伝統的裁判官像は、当事者主義(アドバーサリー・システム)にのっとった、スポーティング・セオリーにおけるアンパイヤ的裁判官で、訴訟の展開のイニシアチブを専ら当事者に委ね、自らのイニシアチブでは何もしない裁判官であり、写実的には、ストイックで、目隠しをし、剣と天秤を携えた女神テミス像に象徴される裁判官のイメージである。一方、「管理者的裁判官」は、プレトライアル手続という集中証拠調べの準備段階における証拠収集、主張整理、審理の計画において積極的に乗り出し(さらに公共訴訟を中心として判決後の執行段階に乗り出す裁判官もいる。)、訴訟運営に責任を持つ裁判官像であり、目隠しを取った積極的なケースマネージャーと言われる。積極的裁判官がとる具体的訴訟技術は、多種多様であるが、主として、裁判官による訴訟への早期の関与（スケジューリング）と、和解の動機付けを含む柔軟なプレトライアル・カンファレンスの頻繁な利用の点が多くの裁判官に共通している。

こうした裁判官像が生まれてきた背景には、一九六〇年代に事件が増加しすぎて、審理が遅延しすぎた事情があり、裁判所としても、訴訟の進行管理のため、積極的に訴訟指揮をせざるをえなくなってきたことがあるようである。また、こうした事態に対応してか、連邦最高裁のバーガーコート（一九六九年以後）下で、ビジネスないし病院の管理に要求されるマネージメント技術を裁判所の運営に取り入れるという基本的発想の下、専門家であるコート・アドミニストレイター（司法研修所論集六二巻の加藤新太郎「司法運営におけるコート・アドミニストレターの役割」に詳しい。）を養成したり、裁判官に司法管理の行政技術を学ばせる裁判所運営研修所を創設したり、サーキット・エグゼグティブ及び長官補佐官を新設したり、各種の実態調査を行ったことが、管理者的裁判官の後押しとなったようである。そして、一九八三年の連邦民事訴訟規則改正が、裁判官の積極的な訴訟運営、事件管理を定着させることになった。

(21) 管理者的裁判官像の生まれた背景には、公民権運動高揚期における公共訴訟の増加もある。公共訴訟については、マイケル・K・ヤング「アメリカ司法制度の新展開——新しいいわゆる『公共的訴訟』」（ジュリスト七二一号）、小林秀之「アメリカの現代型訴訟とその意義」（判例タイムズ五〇三号）、大沢秀介『現代型訴訟の日米比較』（弘文堂、一九八八年）参照。こうした研究者によく引用されるアメリカのシェイズ論文によると、従来の訴訟では、過去の事実を調べる事実審理を経て、権利の侵害の程度に応じ、かつ一義的な内容の救済がなされ、裁判所は判決後事件に関与しないのに対し、公共訴訟では、将来どのような措置が必要かという点を重要な事実審理とし、救済は補償にとどまらず将来の状況に応じて柔軟な形でなされ、内容は必ずしも一義的ではなく、裁判所は判決後も救済の履行を監督する形で事件に関与するという違いがあり、裁判官像も、右の違いに対応して、従来の訴訟では、中立的な立場から法的判断を下す役割を担うだけのアンパイアにすぎないのに対し、公共訴訟では、事実の認定、法規の解釈の段階を通して、積極的な役割を担い、訴訟を構成、組織、形成しその履行を確保する行動的な存在であるとする。

(22) 小林秀之「民事訴訟法改正とアメリカ法の示唆」（自由と正義一九九二年一二月号）は、法務省民事参事官室の「民事訴訟手続に関する検討事項」と「民事訴訟手続に関する検討事項補足説明」に、アメリカ民訴法、特に、連邦民訴規則が多大な影響を及ぼしていることを指摘し、「わが国の裁判官も今回の改正ではより積極的な事件管理が求められていることは間違いなく、管理者的裁判官をめぐるアメリカの論争を十分かみしめ」る必要を説いている。山田幸彦「民事訴訟改正について考えること」(自由と正義一九九二年一二月号)も、「民事訴訟手続に関する検討事項」に職権主義の強化あるいは裁判所主導型訴訟審理を目指す項目が多く含まれるように思われるとした上で、ドイツにおける協同(働)主義、社会的民事訴訟理論の影響、あるいはアメリカにおける「管理者的裁判官」論の展開などから、職権主義化が世界的潮流であるとの考えがあるのかもしれないとする。

(23) 本稿とは少し観点が異なるが、法適用型の裁判官像の変化を民主主義的な観点から検証し、訴訟主体の参加意欲に呼応しつつ、問題解決のために公正な論争の場を確保していく参加型の裁判制度下での裁判官像への変化を示唆するものとして、棚瀬孝雄「裁判官イメージと司法の正当性(一)(二)」(法学論叢一三〇巻四、五号)がある。

(24) 注(19)の木佐著参照。

(25) 家裁関係だけでなく、フランスでは裁判全体の役割の変容を重視し、裁判官の仕事が対話・管理・援助・交渉等に変わったと主張する議論があるようである。本書第一章の注(16)参照。

(26)「青少年白書」のうち、昭和六〇年度以降の版から、現代の青少年像を捕らえた特徴的な部分を拾っていくと、基本的な志向として、個人志向、趣味に合った暮らし方志向、現状満足、軽さや感覚的な和への希求、金銭重視、自分に対するマイナスイメージ等が、生活の特徴として、睡眠時間の減少、夜型生活、学業・仕事に費やす時間の多さ、家事の時間の減少、自然との触れ合いの減少、マスメディアとの接触時間の多さ、情報利用の巧みさ等が、身体的特徴として、身体的活動面での活力減退、疲労感の広がりと体力の横ばいないし低下等が、人間関係の特徴として、親しい友人は持っているものの、交友関係は同年代で学校中心の比較的狭い範囲の同質集団に偏っており、内容も表面的であること、地域社会とは接触の機会が減少し、社会参加への関心が低く、疎外感や無力感が強くなっていること、多人数での活動が減少し、小学生を除くと、学校や職場以外で団体、サークル、グループに参加している者が少ないこと、先生、上司との人間関係が希薄であること等がそれぞれ挙げられる。「現代の青少年」でも同様の結果が出ているが、特に、団体、サークル、グループへの参加は三割強で、五年ごとの五回の調査で過去最低であることが特徴的である。

他の著書も、大体「青少年白書」に掲げられた要素を分析、強調し、感覚主義や人間関係の希薄さを主張するものが多い。殊に、深谷著は、データを駆使し、総じて現代子供像を、「ギャング集団を持たず、家の中でテレビを見たりマンガを読んだりして子供時代を過ごす。その結果、児童期の成長の節目というべき遊び仲間に属することなく、児童期の心のまま、中学生になる。しかし、中学生になると、学業に追われ、その後高校進学が迫ってくる。そして、高校進学後も、大学進学を目指して勉強が始まるというわけで、学業に関心を集中している間に、第2次反抗期を経験することなく、幼い心を宿したまま、年齢だけは、二〇代に入る。その結果、体と心のアンバランスが起きる。」という風に描き、構造的な問題があるものと把握しているようである。

なお、花山著は、判事補の最大の供給源である東大生を研究した本であるが（ただし、法学部生や司法試験受験生を直接対象にしたものではない。）、東大生の出身家庭の年収が、一九八七年で男子八六二万円、女子九五九万円で、国立大学平均の六〇一万円を大幅に上回ること、そして、一九七〇年ころと比べて格差拡大傾向にあること、東大生の政党支持率は自民党支持が第一位で、しかも法学部に進学する文化一類の学生の自民党支持率が平均を大きく上回ること、文化一類の学生が一年生から司法試験予備校に通い、二重学籍状態にあること等判事補予備軍の面白い生態を紹介している。

（27）　前掲深谷著は、青少年に実体験させる重要性を述べている。本稿とは、少し観点が異なるが、青少年が、メディアの発達により間接的に知る世界が多くなる一方、家事や家庭の仕事に従事する機会が少なくなり、よい高校、よい大学への入学を目指す経済的効率を重視したライフスタイル下で実体験が非常に乏しくなっているとする。このため、メディア等から得た間接体験のみを蓄積させ、先入観を固定化しやすく、時に偏見を作ることになるので、実体験を積ませることが重要と解いている。判事補教育にも何か示唆的である。

（28）　日本弁護士連合会「第一二回司法シンポジウム記録　国民の裁判を受ける権利（三）——法曹のあり方」の基調報告には、裁判官の国内特別研究について、肯定的意見も多いが、研修先が官庁、大企業、渉外法律事務所などに偏り過ぎている、裁判の公正を疑わせる結果をもたらす、行政官庁への派遣は裁判官、行政官の人事交流の端緒となりかねないなどの批判論も載っている。なお、平成五年度国内特別研究の派遣先は、報道機関コースが毎日、日経各新聞社、共同通信社、民間企業短期コースが東レ、三菱商事、ジャスコ、ソニー、さくら銀行、鹿島建設、ライオン、第一勧業銀行、民間長期コースが旭化成、伊藤忠商事、富士ゼロックス、安田火災海上保険である。

（29）　本文二2⑶③イ参照。マネージメント関係の研修は、裁判官が司法行政能力を身に付けることをも目指していると思われる。裁判官研修ではないが、新任所長には、所長研修が最高裁によって開催されているようである。漏れ聞くところでは、最高裁事務総局の各局長等が、各局の担当分野の問題点や方針を説明するのが中心であるとのこと。こうしたマネージメント関係の研修や所長研修の存在は、「司法行政の統制」と評価される場合もあろうが、裁判官の司法行政能力の低下を意味しているともいえるのではなかろうか。

（30） 本文で触れたの臨時司法制度調査会意見書でも、裁判官会議という合議体に司法行政権を与えていることを問題にしている。そして、結論として、「司法行政における指揮命令系統を明確にし、かつ、責任体制を確率するための措置について検討すること」と述べられている。

別表①

昭和63年度新任判事補集中研修

日　　　　　程　　　　　表

月	日	曜	9:00　　12:00	13:30　　17:30	18:30
4	13	水	13:10までに宿舎に集合	オリエンテーション 14:00 開会式 14:20 「研修制度の概要」 司研 ○○教官 14:50 座談会 (自己紹介) 17:20 事務総長訓話	グループ別会食 (甲)
	14	木	「裁判所の組織　機構」 総務局第一課長　○○○○氏	「裁判所職員制度の概要」 人事局長　○○○○氏 人事局任用課長　○○○○氏 17:00	グループ別会食 (乙)
	15	金	「新任判事補諸君へのアドバイスI」 司研　○○教官 司研　○○教官 司研　○○教官	「新任判事補諸君へのアドバイスII」 A班 東京地裁判事　○○○○氏 福岡地裁小倉支部判事補　○○○○氏 司研　○○教官 B班 大阪地裁判事　○○○○氏 岡山地裁判事補　○○○○氏 司研　○○教官 17:00	グループ別会食 (丙)
	16	土	「新任判事補諸君へのアドバイスIII」 A班 大阪地裁判事　○○○○氏 岡山地裁判事補　○○○○氏 司研　○○教官 B班 東京地裁判事　○○○○氏 福岡地裁小倉支部判事補　○○○○氏 司研　○○教官 12:30	グループ別討論 「裁判官に求められるもの」 甲グループ　司研　○○教官 乙グループ　司研　○○教官 丙グループ　司研　○○教官 15:30 15:40 グループ別懇談会 甲グループ 乙グループ 丙グループ (実施要項のとおり)	懇親会
	17	日	9:30 終了式		

別表②

平成３年度新任判事補集中研修

日　　　程　　　表

<table>
<tr><th>月</th><th>日</th><th>曜</th><th colspan="8">実　　施　　内　　容</th></tr>
<tr><td rowspan="4">4</td><td>10</td><td>水</td><td>10：50
までに
宿泊先
に集合</td><td>11：10
オリエンテーション</td><td>11：30
開始式</td><td>12：45
座談会
(自己紹介その1)</td><td>14：30
裁判官の在り方及び研修制度
司　研
○○教官</td><td>15：15
座談会
(自己紹介その2)</td><td>17：00
事務総長訓話</td><td>18：30
グループ別会食
①</td></tr>
<tr><td>11</td><td>木</td><td colspan="3">9：00　10：50
裁判所の組織・機構
総務局第一課長
○○○○氏</td><td colspan="2">11：00　14：10
民事・刑事裁判の現状と課題
司　研
○○教官
○○教官</td><td colspan="2">14：30　17：00
裁判所職員制度の概要
人事局長
○○○○氏
人事局任用課長
○○○○氏</td><td>18：30
グループ別会食
②</td></tr>
<tr><td>12</td><td>金</td><td colspan="7">9：00　17：00
新任判事補諸君へのアドバイス（班別）
（甲班）長野地裁松本支部判事補　○○○○氏
名古屋地裁判事補　○○○○氏
司　研　○○教官
（乙班）新潟地裁判事補　○○○○氏
那覇地裁判事補　○○○○氏
司　研　○○教官
（丙班）大阪地裁判事補　○○○○氏
静岡地裁判事補　○○○○氏
司　研　○○教官</td><td>18：30
懇親パーティー</td></tr>
<tr><td>13</td><td>土</td><td colspan="4">9：00
グループ別座談会
(A)　司研　○○教官
(B)　司研　○○教官
(C)　司研　○○教官
(D)　司研　○○教官
(E)　司研　○○教官</td><td>11：00
終了式</td><td colspan="3"></td></tr>
</table>

別表③

昭和63年度新任判事補実務研究

日　　程　　表

月	日	曜	9：50　12：00	13：00　16：30	
11	21	月	9：30 開始式 9：50 「分かりやすい文章」 国立国語研究所言語計量研究部第二研究室長 ○○○○氏	共同研究I「合議事件と左陪席裁判官」 A班　東京地裁判事補　○○○○氏 B班　福岡地裁判事補　○○○○氏	
	22	火	「裁判官とその他の職員」 書記官研修所長　○○○○氏	15：00 「法令の作成」 内閣法制局参事官 ○○○○氏	15：10　17：00 在外研究報告 民事局付 ○○○○氏
	24	木	「民事事件処理上の諸問題」 民事局第二課長　○○○○氏	保全問題研究 東京地裁判事　○○○○氏	
	25	金	民事ケース研究	○○教官	
	26	土	講演と座談会「私とマラソン」 宮崎沖電気(株)陸上部監督 ○○○○氏		
	28	月	「最近の民事判例の動向」 最高裁調査官 ○○○○氏	グループ別討論　16：30 「判例について」 甲グループ　東京地裁判事 ○○○○氏 乙グループ　大阪地裁判事 ○○○○氏 丙グループ　東京地裁判事 ○○○○氏	17：30 事務総長招宴
	29	火	「刑事事件処理上の諸問題」 刑事局第二課長　○○○○氏	令状問題研究 大阪地裁判事　○○○○氏	
	30	水	刑事ケース研究	○○教官	
12	1	木	12：30までに宿舎に集合	共同研究II　16：30 「裁判官の在り方」 A班　和歌山家裁判事補 ○○○○氏 B班　甲府家裁判事補 ○○○○氏	18：30 懇親会
	2	金	9：00 懇談会		

別表 ④

平成3年度新任判事補実務研究

日　　　　　程　　　　　表

月	日	曜	実務内容		
11	11	月	9：40 開始式 9：50　講演　12：00 「がん診療の現況と医の心」 ㈶癌研究会附属病院 院長　○○○○氏	13：00　16：30 令状問題研究 大阪地裁判事　○　○　○　○　氏	
	12	火	9：50　12：00 国内・在外研究経験者との座談会 東京地裁判事補　○○○○氏 宮崎地裁判事補　○○○○氏	13：00　グループ別討論　16：30 「裁判官の在り方及び司法の将来」 甲………………司　研　○　○　教　官 乙………………司　研　○　○　教　官 丙………………司　研　○　○　教　官	
	13	水	9：50　12：00 民事事件処理上の諸問題 民事局第二課長 ○　○　○　○　氏	13：00　グループ別討論　16：30 「判例について」 A…東京地裁判事　○○○○氏 B…名古屋地裁判事　○○○○氏 C…東京地裁判事　○○○○氏	17：30 総長招宴
	14	木	9：50　16：30 刑　事　ケ　ー　ス　研　究　司　研　○　○　教　官		
	15	金	9：50　12：00 刑事事件処理上の諸問題 刑事局第二課長　○○○○氏	13：00　16：30 保全問題研究 東京地裁判事補　○　○　○　○　氏	
	16	土	9：50　講演　12：00 「裁判官とその他の職員」 書記官研修所長 ○　○　○　○　氏		
	18	月	9：50　16：30 民　事　ケ　ー　ス　研　究　司　研　○　○　教　官		
	19	火	13：00までに宿舎に集合	13：30　共同研究　16：30 「合議事件と左陪席裁判官」 A…大阪地裁判事補　○○○○氏 B…東京地裁判事補　○○○○氏 C…福岡地裁判事補　○○○○氏	懇親会
	20	水	9：00　12：00 懇　談　会		

別表⑤

平成2年度判事補3年実務研究

日　程　表

月	日	曜	実施内容		
10	17	水	9：45 所長 あいさつ	9：50 一般講演 12：00 「世界の地震・日本の地震」 東京大学地震研究所 教授 ○○○○ 氏	13：00 講演と研究 16：30 「少年事件処理の基本問題」 家庭局第二課長 ○○○○ 氏 家庭局第三課長 ○○○○ 氏
	18	木	9：50 共同研究Ⅰ 16：00 「少年保護事件記録研究」 東京家裁判事 ○○○○ 氏 東京家裁総括主任家裁調査官 ○○○○ 氏		
	19	金	9：50 事例研究 12：00 「行政事件処理の基本問題」 最高裁調査官 ○○○○ 氏	13：00 共同研究Ⅱ 16：30 「少年法問題研究」 東京家裁判事 ○○○○ 氏 家庭局付 ○○○○ 氏	
	20	土	9：50 12：00 民事訴訟の当面する諸問題－審理充実と判決書改善を中心として－ 民事局第二課長 ○○○○ 氏		
	22	月	9：50 共同研究Ⅲ-1 12：00 「執行関係事件の処理について」 東京地裁判事 ○○○○ 氏 東京地裁判事補 ○○○○ 氏	13：00 講演とパソコン演習 16：30 「執行事件の配当プログラム使用について」 福島地裁会津若松支部 ○○○○ 氏	
	13	火	9：50 事例研究 12：00 「行政事件処理の基本問題」 最高裁調査官 ○○○○ 氏	13：00 共同研究Ⅲ-2 16：30 「執行関係事件の処理について」 東京地裁判事 ○○○○ 氏 東京地裁判事補 ○○○○ 氏	
	24	水	9：50 共同研究Ⅳ 16：00 「行政事件記録研究」 東京地裁判事 ○○○○ 氏 行政局第二課長 ○○○○ 氏		
	25	木	見学　富士重工業㈱　矢島工場 宿泊　旅館　○○○	16：30 懇親会	
	26	金	9：00 12：00 懇談会		

別表⑥

平成3年度判事補6年中間実務研究

日　程　表

<table>
<tr><th>月</th><th>日</th><th>曜</th><th colspan="4">実　施　内　容</th></tr>
<tr><td rowspan="5">1</td><td>27</td><td>月</td><td>9：40
所長あいさつ</td><td>9：50　12：00
講　演
東京大学理学部教授
○○○○氏</td><td>13：00　15：20
「事件処理上の諸問題」
民事局第一課長
○○○○氏
刑事局第一課長
○○○○氏</td><td>15：30　16：50
「所管事項の説明」
人事局給与課長
○○○○氏</td></tr>
<tr><td>28</td><td>火</td><td colspan="4">9：50　家事事件事例研究　16：30
家庭局第一課長　○○○○氏
横浜家裁横須賀支部判事　○○○○氏</td></tr>
<tr><td>29</td><td>水</td><td colspan="4">9：50　民事問題研究　16：30
東京大学教授　○○○○氏
東京地裁判事　○○○○氏</td></tr>
<tr><td>30</td><td>木</td><td colspan="4">9：50　共同研究Ⅰ　16：30
「民事事件の事実認定と判決書改善」
東京高裁判事　○○○○氏</td></tr>
<tr><td>31</td><td>金</td><td colspan="4">9：50　共同研究Ⅱ　16：30
「刑事事件における事実認定について」
大阪地裁判事　○○○○氏</td></tr>
<tr><td rowspan="4">2</td><td>1</td><td>土</td><td colspan="2">9：50　共同研究Ⅲ　12：00
「部の運営における右陪席の役割」</td><td colspan="2"></td></tr>
<tr><td>3</td><td>月</td><td colspan="4">9：50　刑事問題研究　16：30
東京大学教授　○○○○氏
東京地裁判事　○○○○氏</td></tr>
<tr><td>4</td><td>火</td><td colspan="3">見学先　協和発酵工業(株)　富士工場
宿泊先　○○○ホテル</td><td>18：00
懇親会</td></tr>
<tr><td>5</td><td>水</td><td colspan="2">9：00　12：00
懇談会</td><td colspan="2">最終日は、午前10時30分ころ解散の予定です。</td></tr>
</table>

別表⑦

平成４年度判事補10年最終実務研究

日　　程　　表

<table>
<tr><th>月</th><th>日</th><th>曜</th><th colspan="5">実　施　内　容</th></tr>
<tr><td rowspan="4">9</td><td>1</td><td>火</td><td>9:40
所長あいさつ</td><td>9:50　12:00
講演
「民事紛争解決と裁判官の役割」
東京高裁判事
○○○○氏</td><td>13:00　14:50
座談会
人事局長
○○○○氏
人事局任用課長
○○○○氏</td><td>15:00　17:00
所管事項説明
総務局第一課長
○○○○氏
人事局給与課長
○○○○氏</td><td>17:10
〜
19:00
懇親会</td></tr>
<tr><td>2</td><td>水</td><td colspan="5">9:50　16:50
共同研究Ｉ
「刑事裁判を巡る諸問題」
東京地裁判事　○○○○氏
刑事局第一課長　○○○○氏
司研　○○教官</td></tr>
<tr><td>3</td><td>木</td><td colspan="5">9:50　16:50
共同研究II
「民事裁判を巡る諸問題」
東京地裁判事　○○○○氏
民事局第一課長　○○○○氏
司研　○○教官</td></tr>
<tr><td>4</td><td>金</td><td colspan="2">9:50　12:00
共同研究III
「家事・少年事件を巡る諸問題」
家庭局第一課長
○○○○氏</td><td colspan="2">13:00　16:30
講演と事例研究
筑波大学教授
○○○○氏</td><td>16:50
感想文提出</td></tr>
</table>

別表⑧

第43期新任判事補自庁研鑽（基礎研鑽）日程表

東京地方裁判所

月　日	時　間	行　　　　事	備　　考
(平成３年)			
4.15(月)	9：45−	執務開始式	全員参加
	15：30−	オリエンテーション	全員参加
	17：00−	懇親会	全員参加
4.24(水)	13：00−16：00	証拠保全講義　○○判事	民事部配属者必修
4.25(木)	17：15−	刑事部関係の規程、申合せ、慣行説明会	刑事部配属者必修
5.15(水)	16：00−	令状部説明会(刑事)	刑事部配属者必修
5.16(木)〜6.14(金)		令状部研鑽(刑事第１回)（各自１日）	刑事部配属者必修
6.17(月)〜7.16(火)		令状部研鑽(刑事第２回)（各自１日）	刑事部配属者必修
6.18(火)	17：15−	所長との懇談夕食会(民事)	民事部配属者必修
6.20(木)	17：15−	同上(刑事)	刑事部配属者必修
7.9（火)	15：00−17：00	講義「和解について」　○○判事	民事部配属者必修 刑事部配属者は任意
9.4（水)	13：30−15：30	損害賠償講義　○○判事	民事部配属者必修 刑事部配属者は任意
9.5（木)	16：00−	令状部説明会(民事)	民事部配属者必修
9月〜10月		令状部研鑽(民事第１回)（各自１日）	民事部配属者必修
9.6(金)〜9.7(土)		見学旅行(42期と合同)	全員参加
9.17(火)	14：30−	東京高裁長官講話、講演(講師未定)	全員必修
	(同夜)	同懇親会	全員参加
9月		保全事件講義	全員必修
9月〜10月		保全部研鑽(各自２日)	全員必修
10月下旬		令状問題研究会	刑事部配属者必修
(平成4年)			
3月		研鑽懇談会(民事、刑事に分けて実施)	全員参加
4月		証拠保全講義(44期民事部配属者と合同)	刑事部配属者必修
4月〜10月		証拠保全実務研鑽	刑事部配属者随時
9月		見学旅行(44期と合同)	全員参加
9月〜3月		令状部研鑽(民事第２回)（各自２〜３日）	民事部配属者必修
10月		執行部研鑽(各自１日)	全員必修
10月		開札場見学(各自１日)	全員必修
11月		租税刑事講義、租税部研鑽(各自１日)	希望者のみ
11月		家裁少年部研鑽(各自１日)	希望者のみ
11月〜2月		保全部研鑽(各自４〜５日)	刑事部配属者必修
(平成5年)			
1月〜3月		居残り令状事務研鑽(各自１日)	民事部配属者必修
3月		所長、民事・刑事両代行との座談会、懇親会	全員参加

第三章　裁判所の組織、組織文化の改革のために

一　はじめに――リストラとは何ぞや！

世間では、最近「リストラ」という言葉が大はやりである。「リストラ」とは、リストラクチャリング（restructuring）の略で、技術革新や不況に直面した企業が、生き残りをかけて組織、事業の再構築を図ることである。これは、構造的な不況に悩むアメリカ企業が世界に先駆けて取り組んだものであるが、最近では、わが国でもバブル崩壊後の不況下で取り組む企業が多い。また、繊維や鉄鋼など、長期構造不況の企業が異なる分野の新規事業に進出して、事業分野の再構築を図っている。こうした、リストラに取り組む企業の動機は、技術革新や不況等で従来の組織や事業のままでは企業の存続が危うくなったことに対する危機感であり、対策として、不良採算部門の整理縮小、優良採算部門の拡大、経営組織の改変（事業部制の導入、分社化等）等を採っているが、バブル崩壊後の不況下では人

員整理を行うことも多いので、リストラと言うと人員整理や解雇の代名詞のように扱われる場合もある。このリストラを研究したものに、加賀野忠男、財団法人関西生産性本部外編『リストラクチャリングと組織文化』（白桃書房、一九九三年）という本がある。これは、一九九〇年に行われた関西生産性本部の経営組織調査をもとにした実証的研究であり、調査年代は、バブル崩壊後の不況が始まる前であるから限界があるものの、最近の企業動態を緻密に分析していて非常に興味深い本である。この本を繙くと、第一章の最初に、日本企業の大きな潮流として、次の三つが挙げられている。

(1) 新規事業の育成が重要な経営課題となり、日本の企業は事業構造の再構築（リストラクチャリング）を進めているが、それはまだ完成していないこと。

(2) 組織の構造や機構など目に見えるハードな組織改革から、組織文化や全社的運動など、人の意識に働きかけ、目に見えないソフトな組織にインパクトを及ぼそうという動きが顕著になってきたこと。

(3) ゆとりと新たな分野への挑戦という矛盾した課題が出現し、この二つの矛盾する命題を解決するために、日本の企業は、雇用と人事のさまざまな制度を実験・実践しながら、環境の変化に対して人的資源のマネージメントを適応させていっていること。

要は、新規事業の育成、組織文化の重視、人事制度の改革である。そして、この本は、組織文化を、構成員に共有された価値、規範、信念などの内面的なものと、行動様式、制度、文化的産物などの外面的なものの両方でとらえ、①変化に対する敏感さ（変化敏感型か慎重型か）、②分権管理（分権管理型か調整管理型か）、③漸進主義（漸進型か突出型か）、④スタッフ主導（スタッフ主導型かライン主導型か）の四つを軸にして検討し、経営理念、環境適応、新事業開発、多角化戦略などとの関係を分析している。その結果、リストラと組織文化との間に緊密な関係があることが明らかになったとし、題名まで、その趣旨に沿ったものとしたことを「まえがき」にしるしている。

少し長くなったが、ここまでリストラを紹介すると、局面は全く違うとはいえ、最近の裁判所の動きに似たところを感じないであろうか。第一章で述べたように、最近は、中坊前日弁連会長の言葉を借りれば、司法が「二割司法」の現状にあり、国民のニーズを二割しか満たしておらず、その結果紛争関係者が、ＡＤＲなど裁判外紛争解決手続に逃げ、このまま行けば司法が国民から次第に見捨てられていくのではないかという状況にある。その原因は、裁判所のイメージがお固く近寄り難いものであることのほかに、民事訴訟の解決に時間と金がかかりすぎるという機能不全の問題がある。しかし、そのことに対する危機感は日弁連だけでなく、最高裁を始めとした裁判所全体にもないわけではなく、決して馬耳東風といった状態ではない。だからこそ、企業が不況下に顧客に見捨てられないように組織や事業の再構築を図るが如く、裁判所も、見方によっては事業と言える民事訴訟の改善、再構築に取り組んでいるのである。具体的には、判決書の改善により国民が読みやすく分かりやすいものにしたり、審理充実策を実施して、争点整理をより早くし、整理された争点について集中して証拠調べをする努力をしたり、民事訴訟法改正作業に協力したりといった努力である。もちろん、その一つ一つは、裁判所の手抜きに使われているとか、強権的な訴訟指揮を招いているなどの問題点を孕んでいよう。しかしながら、大きな目、長い目で見れば、国民に利用しやすい裁判所を作るための一里塚に必ずなりうるものと思われる。こうした動きは、新規事業の育成とは言えないまでも、裁判所のリストラと呼んでもいいではなかろうか。もちろん、民事訴訟ほど活発ではないにしても、刑事訴訟の活性化（刑事判決書の改善、取調経過一覧表の活用等）や家庭裁判所の充実（遺産分割調停・審判の迅速処理等）のほか、法廷メモの自由化・裁判報道の限定的許容といった裁判全体にかかわる動きもあり、それらも、対外的な問題の改善という意味で裁判所のリストラと呼んでもいいであろう。ただ、こうした民事訴訟を中心とした裁判所のリストラは、あくまで対外的な面の改革、企業でいえば、事業の改革であり、組織というハード面、組織文化というソフト面の改革を含んでいないのが問題なのである。前記のように、企業においてもリストラと組織文化との間に緊密な関係があるのであるから、裁判所も「事業改革」を進めようと思えば、当然組織内部の問題を改善しなければならないはずである。もちろん、裁判所と企業では、成り立ち、性格、基本的価値・原理、目標とすべき理念など根本的に異なるから、同じ土俵や軸で両者を比較することは全くのナンセンスであるが、「事業改革」のために組織内部の問題を改善しなければならないという一般論は十分共通すると思われる。もっとも、裁判所では数年前から連続して簡裁と支部の統廃合を行ったが、それは人的・物的資源を集約し、需要の高いところに優先して回そうという政策で、一応ハード面での組織改革であるが、民事訴訟等の改革とは大して関連性を有しておらず、国民に利用しやすい裁判所、国民に信頼される裁判所を作るための改革としては必ずしも積極評価ばかりできるわけではない。では、国民に利用しやすい裁判所にするには、いかなる組織改革、組織文化改革が必要なのであろうか。

二　裁判所内部のリストラはどうあるべきか

民事訴訟の改革の面からいうと、まず組織面での改革として考えられるのは、裁判官、書記官、事務官を大幅に増やすことである。増やせば、早期に弁論や証拠調期日が入ることは確実で、裁判所の機能不全は大幅に改善できる。人員削減や解雇を伴いがちの企業のリストラとは正反対になるが、裁判所の機能回復のためには是非とも必要である。これは、日弁連が繰り返して主張していることであり、私たち裁判官も大いに賛成である。しかしながら、人的・物的資源の拡充は、予算の獲得という面での困難があり、なかなか実現しない。かといって、民事訴訟の改革そのものは裁判所の機能回復のために進めていかざるをえないであろう。それをストップさせることは司法の自殺行為といった感じすらする御時世だからである。そうすると、人的物的資源の拡充がないのに、民事訴訟の改革をやらねばならないということで、現在の担当裁判官、書記官、事務官に負担が覆いかぶさることは目に見えている。実際、民事訴訟の審理充実策という改革案は、弁護士会との一応の協議を経て、全国の裁判所で進められているが、その実施に熱心であればあるほど、担当裁判官等の負担は大きくなっているのが実情である。ここで問題は、特に裁判官として、人的・物的資源の拡充ができれば改革をやる、言い変えれば、できるまでは改革はやらないという立場（「待機派」）をとるか、改革をやってみてどうしても必要だからといって人的・物的資源の拡充を要求するという立場（「先行派」）をとるかということである。しかし、失礼を顧みずに言わせていただくと、現実の裁判官の多くはそのどちらでもないように思われる。一応改革らしきことはやってみるが、必ずしも真剣ではなく、人的・物的資源の拡充については特に触れないという立場である。実は、待機派も先行派も、民事訴訟の改革については、それなりに真剣で、条件整備を重視すれば待機派になり、情熱が先走り犠牲を厭わなければ先行派になる。形は違うけれど、いずれも支持しうる立場であり、実質改革派である。もちろん、待機を口実にして改革をやらない人を除くのはもちろんであるが……。しかし、現実の裁判官の多くは、実質改革派ではなく、形式改革派であり、民事訴訟の現状にどれだけ危機感をもっているか、審理充実策についてどれだけ必要性を感じているか、内容についてどれだけ真剣に考えているか甚だ心もとない。それ故、現実の裁判官の多くは、審理充実策について必要不可欠な人的・物的資源の拡充についても、特に触れずに避けて通るのではないかと思われる。

民事訴訟の改革だけでなく、刑事訴訟の改革、家庭裁判所の充実や、法廷メモの自由化・裁判報道の限定的許容といった裁判全体にかかわる動き等についても、現場の裁判官がとっている立場はよく似ているように思われる。要は、「形だけ従っている」という立場である。例えば、法廷メモを認めた最高裁大法廷判決（平成元年三月八日）は、下級審に波紋を投げかけ、同判決当日から、全国一斉にメモを認める扱いとなった。しかし、現場の裁判官は、今でもメモ禁止の方がいいと思っている人が多いと思われ、法廷でのワープロ使用、録音などメモの一歩先のものに対して、過剰な反応（「絶対禁止！」）をすることが多い。[1]私は、裁判所にいて、裁判官が何故「形だけ従っている」という態度をとるのか常々疑問に思っている。それは長い裁判所の歴史の中で培われてきたもので、簡単には原因を明らかにすることはできないであろうが、任地、昇給、昇進等の裁判官人事制度が関係していることは間違いない。現在の各種改革案は、現場の裁判官の首根っこを人事制度等で抑えている「当局」から、会同・協議会、法曹会出版物等を通して垂範されている。首根っこを抑えられた現場の裁判官がそれを否定したり、反対したりできるはずがないのは当然である。ただ、人事制度は最重要要素であっても、決してすべてではないと思われる。以前に比べると、任地や職務で希望が通りやすくなったという声はよく聞くし、「当局」からあまり良く見られていないと思われていた裁判官が、昇進したりする事例を聞く御時世であるにもかかわらず、「形だけ従っている」という多くの裁判官の態度はひどくなりこそすれ、決して変化していないと思われる。これは、現在の裁判所の組織及び組織文化が、裁判所や裁判官の間に上下関係や序列関係を付けすぎ、裁判官の日常の思考、行動様式を、上下関係や序列関係に従順なものにしすぎているためではなかろうか。そのため、裁判官個人の本音や信念といったものが思考、行動様式の基準にならず、上下関係や序列関係が基準になるため、内容に関係なく「形だけ従っている」という現象が生まれているのではなかろうか。内容がいいのか悪いのか、内容的にさらに発展させられないか、目的はいいにしても別の方法がありえないのかという肝心の議論がすっ飛ばされて、「当局」の改革案実施のどうでもいい技術的細目が議論されるという実情を生んでいるのではないか。これでは、裁判所全体、特に下級裁判所に活力が生まれようはずがない。そうであるから、裁判官人事という最重要要素（それは、別に論稿をまとめなければならないであろう。）だけでなく、裁判所や裁判官の間に上下関係や序列関係を付ける裁判所の組織及び組織文化すべてを考えなおす必要があると思われる。そうしないと、どんなに「当局」が改革案を示しても、現場ではその輪郭をなぞるだけの反応に終わり、その真の必要性やあるべき内容、実現のための具体的条件に思い至ることさえできず、まして「当局」案を超える改革案を提示することなどできるはずがないのである。そして、それができないことこそ、民事訴訟の改革を始めとした日本の裁判所における「司法改革」の悲劇とも言うべきであろう。

そこで、裁判所内部のリストラは、裁判所や裁判官の間に上下関係や序列関係を付ける裁判所の組織及び組織文化を根本的に変えていくことこそ目的とされなければならない。裁判所内部の明文化された規則や制度だけでなく、いやむしろ明文化されていない慣習や行動様式こそ、裁判官の日常に影響するものとして、そしてその積み重ねによって動かしがたい裁判官の態度を決定していくものとして、改革の対象とされなければならない。その改革は、ある意味で非常に困難であるが、法律や規則の変更を伴わないだけあって、裁判官集団の勇気さえあれば、明文化された規則や制度の改革よりもかえって容易である。もちろん、人事制度の改革も必要不可欠であるが、それに加えて、こうした明文化されていない慣習や行動様式の改革を進めていくことが、現場の裁判官の「形だけ従っている」という態度を反省させ、民事訴訟を始めとした種々の改革に対する真剣さと情熱を回復させることになると思われる。そして、それが「事業改革」たるべき民事訴訟等の改革の人的バックボーンとなるのである。なお、以下では、最高裁、高裁とは異なり、裁判官の多数が所属し、私も所属している地方・家庭裁判所の視点を中心にしながら改革案を考えてみたい。

三　ここを変えてみよう！

1　最高裁と下級裁判所の関係

(1)　憲法週間時における最高裁判事の地方視察

視察そのものに意義がないわけではない。しかし、下級裁判所裁判官との座談会で、所長や上席裁判官が、事前に、出席者・発言者を指名したり、発言内容を記した原稿を提出させてチェックするといったことを行っている庁が、少なからず存在すると聞いている。最高裁判事に失礼のならないように、直訴のようなことがないようにとの理屈であろうが、現場の裁判官に過度の萎縮的効果を与えるし、最高裁判事に対する必要以上の遜った態度や意識を生み出しかねず、好ましくない。また、視察は、最高裁判事が下級裁判所・裁判官の生の姿を見、生の声を聞くの目的だろうから、あまり準備しすぎて、フィルターを通した姿や声を最高裁判事に伝えても意味がないと思われる。

これからは、発言者の指名や発言内容のチェックといったことはやめ、自由討論形式にし、時には直訴みたいなことがあっても仕方ない位に構えておくべきである。現場の裁判官としては、最高裁に意見する公的なルートは現在のところ皆無なので、こうした機会くらい認めてよいはずである。当該直訴が、出席者の共感を得るようなものなら、最高裁判事に伝える意味は大きいし、当該直訴があまりに個人的すぎて、かつ独善的であれば自然淘汰され、出席者の支持を得られないであろう。弊害をあまり気にする必要はないのである。

(2) 会同・協議会

会同・協議会については弁護士会等から批判が多い。その主たるものは、最高裁事務総局によるテーマ設定、会同・協議会録の秘密性、具体的・継続事件の協議、最高裁事務総局による意見のリードなどに対する批判であり、[2]会同・協議会が具体的事件や裁判官の統制に使われているとの意見が根強い。その意見の当否についてはあえてここでは論じないが、[3]実際に、私自身が会同・協議会[4]に何回か出てみると、率直に言って各会同・協議会に共通の問題点を感じることが多い。それを一言で言うと、会同・協議会の討論は極めて不活発で、時にお通夜のような雰囲気を感じる時さえあるという問題点である。事実として具体的に列挙すると、例えば、出席者が積極的に意見を言う場面が少なく、議長から指名する場合が多いこと、特に、判事補からの意見が少ないこと、議論を戦わせる場面がほとんどなく、報告会的な感じを受けることが多いこと、その結果、テニスでいうラリーはほとんどなく、サーブで終わってしまうこと、出席者の個人的意見はあまり出ず、所属庁で検討してまとめてきた意見が多く、その結果、検討してきていないことには「庁として検討していない」などという返答がかなり多いこと、出席者は、他庁の意見はもちろん、最後の最高裁係官の説明時には克明にメモを取っていることなどの事実が次から次へと思い浮かぶ。これだけでも、大体の雰囲気は分かってもらえるのではないかと思う。最高裁は、会同・協議会について批判されると、常々「会同・協議会は『情報交換の研究会』『自由な意見交換の場』である」という弁明をするが、その本来的性格の点は別にして、実態にあまり則していないように思われる。こうした不活発な討論実態の原因には、背景事情のほか、出席者の選定・性格、議長の選出・運営方法、テーマ設定、提出問題の取捨選択、最高裁係官の発言等会同・協議会固有の問題も数多くあると思われ、最初に述べた弁護士会等の批判も考え合わせると、会同・協議会はいっそ廃止した方がいいという意見も十分成り立ちうるものであろう。しかし一方で、「情報交換の研究会」「自由な意見交換の場」であることを実質化するための提案をしていくという意見もありえよう。前者は結論として明快であるが、会同・協議会が果たしてきた役割が必ずしもマイナス面ばかりとも限らず、新しい訴訟類型への対応や、法や執務慣例における空白部分を埋めてきたことといった積極的意義もあることからすると、即座に賛成しがたい面もある。むしろ、積極的意義を残しながら、マイナス面を改善していく提案、すなわち後者の意見の方がむしろ前向きな意見ではないかと思われる。

そこで、改善案であるが、現在多数行われている会同・協議会を念頭におき、とりあえず、以下の提案をしてみたい。

① 会同員・協議員は、希望制を原則とする。これは、中央であれ、ブロック別であれいずれも同じである。現在は、会同員・協議員のうち希望して出席している人が少なく、所長や総括裁判官による指名や輪番制で出席している人が多すぎる。「情報交換の研究会」「自由な意見交換の場」とするなら、指名による義務的参加ではなく、希望制にするのが最低限の要請である。

② 会同・協議員以外の参列者をできるだけ少なくする。例えば、現在、ブロック別会同・協議会には各庁一人の出席者のほかに、参列者として、高裁長官、高裁事務局長、高裁管内の何人かの所長、高裁総括（議長）、最高裁事務総局担当部局課長、局付、係長など多数の人が参加する。もちろん、議長が、高裁長官、高裁事務局長、高裁管内の何人かの所長等を指名することはまずないが、司法行政上の地位にある人の参列はできるだけ少なくする方が、現場の裁判官をリラックスさせ、「情報交換の研究会」「自由な意見交換の場」を実質的に保障することになると思われる。

③　最高裁事務総局の各局は、テーマ設定を控えるべきである。現在、後記「書簡」の形で、最高裁事務総局が行っているテーマ設定は、「情報交換の研究会」「自由な意見交換の場」を保障するのにマイナスである。それらを保障するためには、まず出席者の問題意識に最もあったところを議論すべきであって、「当局」の問題意識で枠付けや線引きをすべきではあるまい。もっとも、現在のテーマ設定は、会同・協議会全般にわたるものであるから好ましくないが、最高裁事務総局の各局で具体的な提出問題を一つ、二つ出すのは問題あるまい。

④　提出問題は取捨選択をしない。会同員・協議員が、関心のある問題を出していても、事前に「取下げ」勧告を受けることがあるという話をちらほら耳にするし、そうした経験をした裁判官を実際に知っている。これは好ましくない。「情報交換の研究会」「自由な意見交換の場」とするなら、参加者が出した問題はどんなものでも大事にすべきであり、特に、「こんな問題を出したら、取り上げられず恥をかくかもしれない」という気持ちを出席裁判官に持たせないようにするのが、実質的な「情報交換の研究会」「自由な意見交換の場」を保障すると思われる。もちろん、問題の設定の仕方がピンボケだったり、問題の前提に誤解があったりする場合もあろうが、それは会同・協議会の議論の結果に任せるのが妥当である。

⑤　議長は出席者の互選とする。「情報交換の研究会」「自由な意見交換の場」を目指すなら当然のことである。提出問題は、会同・協議会の何か月も前から分かるのであるから、問題について準備してきた出席者なら、誰でも議長になれるはずである。出席者にその位の意欲と能力がなければ、「情報交換の研究会」「自由な意見交換の場」を実質的に保障していくことはできないであろう。

⑥　挙手の上での意見がでない場合は、判事補が出席している庁から指名するよう努める必要がある（合議で左陪席から発言させるのと同じ要領である。）。また、小庁と大庁では、小庁優先である。これらは、経験の浅い判事補や事例の少ない小庁を萎縮させない技術的工夫である。

⑦　会同員・協議員に、各庁の代表者的性格がでないようにする。会同員・協議員が所属庁の他の裁判官に個人

的に意見や実情を聞きに回り、それも参考にしながら会同・協議会当日に意見を言うのは自由であろうが、それを越えて所属庁の代表者であり、所属庁の意見をまとめて言わなければならないとすると、会場での議論が極めて不活発になり（所属庁でメモしてきたものを棒読みしている合同員・協議員を数多く見かけた。）、個人的意見を言わなくなる傾向がある。特に、所属庁で検討してこなかったり、検討しても結論が出なかった問題点について、「庁として検討してきていない」「結論がでていない」などという返答で議論に参加してこない合同員・協議員が多数いて、議論のラリーが行われない一つの原因になっている。また、会同員・協議員がそれらの言葉を弁解に用い、自分の意見を言わない原因にもなっている。これは、特に改善する必要があり、出席者はあくまで、個人の立場で参加することを明確にすべきである。

⑧　会同員・協議員は、配属庁に書面で報告する義務がないようにする。現在、会同・協議会の結果報告書なるものが出席者によって作成され、配属庁の長官、所長の手を経て、配属庁管内裁判所の裁判官の手元に回覧されるのが普通である。しかし、このために、出席者は会同・協議会の場では必死にメモを取っており、メモに熱心な人ほどなかなか議論に参加しないのが現状である。当日の協議会そのものが充実するのが第一目標であり、報告が重要とされるのは本末転倒であるから、書面報告は廃止すべきである。もし、報告が必要なら、裁判官会議の場で口頭で感想等を述べれば十分であり、記録して残す必要がある場合は、最高裁の係官がまとめ、出席者の了解を得て書面化すべきであろう。最高裁事務総局の本来的役割は、現場の裁判を側面から支えることであるから、このような事務的役割は本来果たすことが期待されていると言える。

⑨　最高裁係官の発言は、情報提供に徹するべきである。(5) 最高裁には、全国の裁判例や最新裁判例が最も集積されているし、他の資料の充実や国会図書館との連携によって、情報が最も早くかつ豊富に集められている。それらを会同・協議会の場で提供するのは大事であるが、それを越えて、特に具体的事件を念頭に置いた問題で、結論ないし結論めいたことを言うのは批判されてしかるべきであろう。「情報交換の研究会」「自由な意見交換の場」を目

指すなら、現場裁判官の討論こそが重要なのであって、事務総局担当部局の統一見解（いわゆる「局見解」）など本来不要だからである。最高裁係官は、意見を言うより聞くほうが大事なのである。現場のニーズを的確につかみ、裁判を側面から支えるために、どのような人的・物的整備をすればよいか、どのような情報を集積し、現場に提供したらいいか等、予算要求、規則制定、資料収集等の面での政策立案に会同・協議会の意見を参考にすればよいのである。

⑩　⑨までの提案とは、少し視点が異なるが、会同員・協議員は、事前に問題を提出する場合、できるだけ一般論の問題に昇華させるべきであろう。生の具体的事件そのものを問題として提出するのは、裁判統制の批判を受けるし、合議の秘密保持（裁判所法七五条一項本文）の問題もあるからである。現在、特に、労働関係民事や行政関係の会同・協議会では、ほとんど具体的係属事件が提出問題となっている。ただ、これは他の改善案の実効性と相関関係にあり、他の改善案で「情報交換の研究会」「自由な意見交換の場」が実質的に保障されるなら、さほど問題にしなくてもよいかもしれない。

(3)　「書簡」の乱発

最高裁事務総局から、下級裁判所に送られてくる文書は数多い。「依命通達」、「通達」、「通知」、「照会」の表示のあるものは、司法行政上の明確な権限に基づくか、裁判所間の共助的発想で出されるのであろうが、そうした表示がなく、「最高裁事務総局〇〇局長」から、「〇〇長官、〇〇所長殿」としか書かれておらず、題名や文書の性格に一切触れない文書が最近とみに多くなっている。これらは、通称「書簡」と呼ばれているが、文書を発する根拠、文書の性格、効力等は一切不明である。(6) しかし、内容は、極めて重要なものが多い。ここ、二、三年でいうと、会同・協議会について「最高裁事務総局の刑事、民事等の各局が立てたテーマを中心に協議するので、テーマに関する協議問題を提出して欲しい」旨の伝達、国選弁護人に対する記録謄写費用の支払基準の統一についての希望（特定の大庁の各部の了解事項が添付されている）、法廷内カメラ撮影運用基準の改定と各記者クラブとの協議依頼、勾留延長判断に関する執務体制についての要望[7]、宿直廃止庁における令状執務体制についての注意、外国人刑事事件における起訴状謄本送達時の添付説明文の送付（東京地方裁判所の説明分が添付）、法律扶助協会による刑事被疑者弁護人援助事業や弁護士会による弁護人推薦制度についての周知・教示についての方針説明（「東京地裁の対応が適切であり、それを参考にして対応してほしい」旨）、刑事新様式判決書の写し送付依頼、その集積後は新様式判決書の問題事例と東京高裁・地裁・家裁協議会における新様式判決書についての指摘の伝達（「これら指摘は、第一審で刑事事件を担当する裁判官にとって、有意義と思われますので、その内容を周知されますよう」）、当番弁護士制度の被疑者への周知方について単位弁護士会との協議及び説明文の裁判所掲示の各依頼（「刑事局では……説明文どおりの対応が確実になし得る態勢づくりができているところ―弁護士会―については、別紙第1のような説明文を掲示することに踏み切っても差し支えないとの結論に達しました」）、民事におけるラウンドテーブル使用要領の作成依頼等々。実に多岐であり、かつ、新聞紙上を賑わす問題や、弁護士会が関心を持ちそうな事項が多い。もちろん、裁判の技術的な向上や刑事における被疑者の人権のために好ましい事項もあるが、裁判官の独立や各裁判所の権限に触れそうな事項も少なくない。また、東京地裁の取扱事例ばかりを「適切」として送付してくるが、他庁のものはほとんどお目にかからない。最大の問題は、こうした「書簡」が出ると、文書の根拠、性格、効力等がはっきりしないのに、内容が重要事項で、かつ最高裁事務総局の各局長名なので、下級裁判所は従わざるをえない雰囲気になっていることである。実際、「書簡」と異なる方針をとる下級裁判所はまずないであろうし、マスコミに何らかの問題が出たときには、一定の方針が示された「書簡」を渇望する雰囲気さえ生じる下級裁判所もある。そもそも、根拠、性格、効力等がはっきりしない「書簡」なるものを出すことは好ましいのであろうか。違法の問題は生じないのであろうか。前記のように、内容として好ましい事項もあるが、そうでないものとの一線をどこに画すべきであろうか。現在は、それがないために何でもかんでも「書簡」といった感じさえあるのである。私は、根拠、性格、効力等がはっきりしないものであるから、「外部に公表しても、裁判官の独立や各裁判所の権限として問題にならない事項」という基準をつくり、それに合致したもののみ「書簡」としての発行を認め、効力は参考事項の伝達であって拘束力はないものとすべきと考える。そして、発行の際は、必ず裁判所時報や官報を通じて公表すべきものと考える。

(4) 取扱注意「上告審からみた下級審の審理、裁判上の留意事項」

これは、毎年一回最高裁調査官室から下級裁判所に配付されるものである。具体的には六月に行われる長官・所長会同の際に配られるようである。頭書には、「この資料は、最高裁判所に上訴された事件の調査に当たり、下級審において更に慎重な配慮をすることが望ましいと考えられる事項等を調査官室の気付いた範囲で取りまとめたものである。」とある。内容は、民事・行政関係と刑事関係に分かれ、総じて審理手続や判決の形式ミス、一義的な法律や規則についての違反などの指摘であり、暗に「こんな低レベルの間違いをしないで欲しい」と述べるかのようである。このため、ほとんどは裁判統制といった大げさな効果や問題はないであろうが、最高裁の判例に反していることを指摘する微妙な内容を含んでいる場合もある（ただ、その判例も手続的問題に関する場合とか、争いのあまりない分野に関するものが多い。）。もちろん最高裁調査官室の裁判の独立への配慮は感じられるが、こうした文書を発行し、下級裁判所に配付する権限は最高裁調査官にはないのではなかろうか（裁判所法五七条二項参照）。最高裁調査官は、言うまでもなく、最高裁にかかっている事件の調査のために置かれているのであって、下級裁判所への指導権限まではどんなレベルであっても持っていないはずだからである。その意味で、最高裁調査官が執筆し、法曹会から出版されている「判例解説」にも同様の問題があろう。なお、本来は、後記3の中で書くべきであろうが、高裁が、地裁・家裁等に向けて、「控訴審から見た一審の審理、裁判上の留意事項」という類のものを発行する場合がある。これなど、最高裁調査官室版への悪のりとしか思えず、同様の問題を含んでいる。

しかしながら、こうした「留意事項」は、審理手続や判決の形式ミス、一義的な法律や規則についての違反など、それを指摘しても裁判統制とは関係のないものについて、下級審で早期に是正されるべくするのが当事者のためであり、訴訟経済にも適う（こんな問題にまで三審制が機能するのは本来無駄である。）という実質的な理由によって是認することもできないわけではない。私もこれ位はいいのではないかと思うのだが、それなら、弁護士や検察官にも情報を流すのが筋であるし、当事者からも下級審の監視をしてもらって、形式ミス等指摘してもらう方が訴訟経済により適うであろう。さらに、こうした情報を公開することにより、陰湿な裁判統制のイメージをなくすことができるし、最高裁調査官室も公開を前提にすれば、今以上に裁判の独立への配慮をして文書を作成するのではなかろうか（屋上屋を重ねることになっても、問題が問題だけにかまわないはずである。）。「判例解説」が「留意事項」に比し、より実質的内容に踏み込んでいても、あくまで「解説」の性格を失わず、調査官の見解を打ち出さない担保となっているのは、一般販売があることだと思えるのである。なお、公開制の下で、右「留意事項」の逆として、「下級審からみた上告審の審理、裁判上の留意事項」「一審からみた控訴審の審理、裁判上の留意事項」というものを発行すれば、控訴審、上告審の形式ミスを下級裁判所から監視できて訴訟経済にさらに適うし、過誤確定判決を防止できよう。もしこれが許されないなら、現在の「留意事項」も許されないのではなかろうか。

(5) 司法改革について公的ルートと権威の利用

第一章でも触れたが、現在は、日弁連だけでなく、最高裁や法務省からも色々な司法改革案が出てくる状況である。最高裁を始めとした裁判所の司法改革提案の場合、その一つ一つの内容は、賛成できるものであっても、公的ルートと権威の利用が常に行われ、有無を言わさぬ布陣を敷いていることの問題がある。この点は、後記3「地方・家庭裁判所相互の関係」とも関係するが、例えば、民事判決書の改善を取り上げてみよう。この改善は、一般に、平成二年一月に東京高等・地方裁判所及び大阪高等・地方裁判所両民事判決書改善委員会から出された「民事判決書の新しい様式について」と題する共同提言をもって嚆矢とするようであるが[8]、そもそも、その前年六月の長官所長会同における最高裁長官の訓示で「判決書についても、国民の目から見て分かりやすいものにするため、思い切った改善を図ることが大切であります。」（平成元年六月一五日付裁判所時報一〇〇四号）と触れられ、同月八日の朝日新聞夕刊に東京と大阪の改善委員会の取組みが指摘されている。そして、下級裁判所では、その共同提言が出る半年も前から、東京高等・地方裁判所民事判決書改善委員会の「民事判決書改善の基本構想」、大阪高等・地方裁判所民事判決書改善委員会の「民事判決書改善について」及び新様式判決書モデル案が流通していたところがある。これは、裁判官同士の私的なやり取りで流通していたのではなく、しかるべき公的なルートを通じて流通していたようである。また、司法研修所における平成元年度の民事実務研究会では、共同研究として「民事判決書の改善策について」を取り上げ、共同提言の出る前から、研究員に未公開の新様式判決書モデル案を配付し、討議問題及び意見書、さらに新様式構想に沿った判決書案（応用モデル）の提出を求めている。さらに、平成元年秋に行われた新任判事補実務研究や判事補一〇年最終実務研究では、最高裁事務総局民事局課長によって、判決書の改善の必要性が説明され、その他各地の新任判事補基礎研鑽で判決書改善の動きが説明されたところもある。このように、下級裁判所では、共同提言の前から、すでに公的なルートを通じて情報伝達がなされ、地ならしが行われていたのであり、先を見越して実践する裁判官までおり、提言が行われた時には決して突飛な印象を受けなかったのである。また、この共同提言が、東京と大阪の各高等・地方裁判所の共同提言の形が取られたのも特徴的で、後記3(1)の序列、言い換えれば実務的権威が見事に用いられ[9]、影響力の大きいものとなった（もっとも、下級裁判所裁判官のほとんどは、これが東京と大阪の高等・地方裁判所の有志裁判官によるものとは誰も思っていない。東京の委員長は、当時の東京地裁所長であるし、オブザーバーには、最高裁事務総局民事局長、課長、局付、司法研修所教官等が入っている上、前記及び後記の事情により最高裁が全面的にバックアップ、というより主導していたとの印象があるからである。その意味では、最高裁と、東京と大阪の各高等・地方裁判所の二重、三重の権威が用いられた。なお、こうした権威が用いられたのに、東京と大阪の高等・地方裁判所では、裁判官会議や民事部会等正式の会議で委員会設立が討論・議決されたわけではないようである。）。さらに、共同提言後の事情であるが、最高裁事務総局民事局は、提言直後と言っても過言ではない平成二年四月に、全国の地方裁判所に新様式判決書の送付を依頼し、同年五月末日までに言渡しのあった三〇〇通を超える新様式判決書を収集し、早くも同年九月に最高裁事務総局・民事裁判資料第一八九号として、新しい様式による民事判決書集（第一集）を刊行して全国の裁判所に配付し（法曹会からの頒布は、平成三年二月）、その後も平成三年二月に最高裁事務総局・民事裁判資料第一九二号（第二集）、平成四年一月に同第一九九号（第三集）を刊行した。そして、平成二年秋に行われた民事事件ブロック協議会では、民事判決書改善についての問題が大々的に取り上げられ、協議会で割かれた時間も多かった。[10] 判事補研修でもすぐに取り上げられたことは、第二章で触れたところであり、司法修習生の修習にも、これまた早くも平成二年四月から（四四期司法修習生前期修習）すでに新様式判決書の指導が取り入れられている。[11] なお、下級裁判所のいくつかでは、共同提言発表のころから、新様式判決書の統計を取るようになり、判決書全体に占める新様式判決書の率について、各民事部、各裁判官同士で競争のようになったと聞いている。また、率が低い部の総括裁判官は上から叱責されたという話も漏れ聞くことがあった。

こうした一連の動きを下級裁判所の中で眺めていると、反対論があっても強引に押し通す布陣を感じざるをえず、下級裁判所裁判官は結論の承諾のみを要求されているようである。[12] 言わば錦の御旗を持った斥候から本隊までが一挙にやってきたので、防御の機会もなく、白旗を振って官軍を受け入れるみたいな立場である。私個人は、今回の判決書改善の趣旨には大賛成であるが、今まで旧様式に慣れてきた裁判官や弁護士から不安や反対が当然出るであろうし、そうした不安や反対には合理的な理由もあるように思えるのである。特に、当事者に分かりやすい判決書ではなく、手抜判決書に使われるという不安を持たれるのは当然であろう。それを克服していくには、新様式判決書にさらに工夫を重ね、当事者に満足いくような形にしていく努力と、熱意ある充実した審理を行い、それを新様式判決書に結実させる実践が必要であり、そのために一定の時間が必要であると思われる。しかし、共同提言の前後を通じて、公的ルート（最高裁の送付依頼による事例収集、裁判資料の刊行、協議会・研修・修習の内容への採用も含む。）と権威の利用が最大限行われ、裁判所内で不安や反対論を出せる雰囲気は余りなく、唯一、高裁裁判官が、控訴審での事務量増加等の理由で反対論を述べたにとどまり、地裁段階ではあっという間に定着したといってよい。もし仮に、盛岡や熊本の地方裁判所所属の判決書改善有志裁判官による共同提言で、公的ルートを使っての流布がなされず、ただ雑誌への投稿と、それに基づくねばり強い努力と実践のみをもってしたら、現実のようにこんなにも早く定着しなかったであろう。ただ、そうした方法を用いたなら、逆に、真に新様式の趣旨を理解した裁判官のみが徐々に採用していったであろうから、手抜判決書に使われるという不安を弁護士等に持たれなかったのではないかと思われる。

正直言って、改革案の内容自体ではなく、公的ルートと権威の利用によって司法改革を定着させるのは好ましくない。そこには、実質的な反論権の保障がなく、自分の頭と心で趣旨を咀嚼していく過程がなく、従わざるをえないとの結論が先に出てしまうからである。そして、従わざるをえないものであるから、細目的・技術的な事項に気をとられることはあっても、司法改革の提案を本質的なところでさらに発展して良いものにしようとの発想と熱意は現場の裁判官になかなか出てこないのである。本稿の総論部分と重なるが、その方式によって生まれるのは、司法改革に「形だけ従っている」という下級裁判所裁判官の現状にしかすぎないのである。この点を改善しようとするなら、司法改革案の定着について一方的に公的ルートと権威を利用することを考え直すべきである。例えば、もし仮に、民事の判決書を改善しようという熱意のある裁判官がいるなら、個人か、有志（学者や弁護士を入れてもいいであろう。）で作った研究会か、さらには所属庁で支持者が多ければ、所属庁の裁判官会議か民事部会という正式な機関で設置を討論・議決した委員会で、それぞれ研究し、個人名、研究会名、〇〇裁判所民事判決書改善委員会名で雑誌に投稿すればよい。そして、趣旨に賛同して実践してくれる裁判官から、新様式判決書を送付してもらい、研究母体で集約して発表すればよい。もちろん、研究母体やそのメンバーが、会同や協議会、それに司法研修所での民事実務研究会等で、民事局や研修所指定のテーマになっていないのに、敢えて新様式判決書の問題を取り上げ、果敢に他の庁、他の裁判官に問題提起していくのは大いに結構である。その過程で、反対の趣旨の意見や論文も出るだろうし、趣旨をさらに進める論文や判決書も出るであろう。そうした中で、新様式のあるべき姿がジグザグの中から練り上げられていくと思われる。そして、こうした方法こそが、現場の裁判官に真に判決書における司法改革の趣旨を納得・定着させ、さらには趣旨を常に発展させる契機を孕ませることになり、この種の改革の「王道」とも言えるのではなかろうか。[13]

(6) 事件報告制度等

裁判所には、最高裁に対する様々な報告制度がある。判決書の送付や事件経過報告、それに新聞記事まで送れとの最高裁事務総長、各局長名の様々な通達が出されている。長期未済事件報告制度や毎月の処理件数報告制度のように、訴訟促進と関係のある報告制度もある。民事では、行政、労働、人身保護事件等で要報告事件が多く、記録の表紙に「要報告」と書かれてあって、私も任官当初はそれを見るだけでぎくりとしたものである。

こうした制度は、規則制定、予算獲得、資料整備等のための資料の収集制度として、最高裁として是非とも必要であるというのは理解できる。しかし、下級裁判所で見るかぎり、その範囲があまりに広くなりすぎているのではなかろうか。私も、つい先だって刑事事件で、求刑より少し重い量刑をした（ただし、執行猶予付き）事例で、最高裁に報告が必要だという話を聞いたが、こんなことまで報告するのかと唖然とした覚えがある。そして同種の話は枚挙に暇がなく、根拠は通達という形式に限らないようであるが、下級裁判所の専権である事務処理規定・要領の改定から、各裁判所内部の親睦や情報伝達を現在では主たる目的としていると思われる庁報まで、[14] ありとあらゆるものが報告の対象になっている。これはあまりに行き過ぎであり、下級裁判所やその裁判官にいろいろな面で萎縮的効果を与えるのは目に見えている。一つだけ例にとると、各庁に「裁判官申合せ」というものがあり、本来事務処理規定・要領で決めたほうがよいものも入っているようであるが、事務処理規定・要領で決めると最高裁に報告が必要ということで、萎縮的効果によってこの形がいびつに利用されてきたようである。なお、「裁判官申合せ」には、訴訟指揮・法廷警察権等裁判官の独立にかかわる事項でも使われるといった問題もある。いずれにしても、「裁判官申合せ」だと、申合せに参加していなかった裁判官、特に転勤により新たに補職された裁判官に拘束力が及ぶのか疑問であり、萎縮的効果によっていびつな形を発達させたためにかえって問題が多くなってしまっている。こうした問題を増やさないためにも、今後は、規則制定、予算獲得、資料整備等のための資料の収集など、必要最小限の範囲に報告制度を縮小すべきである。

(7) レファランス（照会）制度

レファランス（照会）制度は、各地の裁判官から問い合わせのあったテーマについて最高裁事務総局の各局が資料を集めて提供する仕組で、朝日新聞社刊『孤高の王国』で紹介された制度である。私自身はこの制度を利用したことがないので実態は分からないが、『孤高の王国』によると、単なる資料提供にとどまらず、質問項目について各局内で協議した結果も、参考として回答しているとのことである。

この制度は、本来、裁判官の独立が何の心配もいらなければ非常に有効な制度であろう。しかし、各局の協議結果まで回答されているというのが本当なら由々しき問題であり、最高裁事務総局としては「李下に冠を正さず」の精神で、資料提供に徹すべきではなかろうか。また、何年か前の新任判事補集中研修で、「事件処理について、分からないことがあれば、最高裁に何でも聞いてください。」とのアドバイスがなされたことがあるが、こうしたアドバイスは、レファランス（照会）制度に誤解を与えるものであり、ただでさえ正解思考の新任判事補に、その独立の気概を失わせる危険がある。同様のアドバイスは、会同・協議会でも時々耳にすることで、実際、事件で分からないことがあると、最高裁に直ぐに電話を架ける若手裁判官が実在するのであり、その現状を憂慮すべきであろう。右のような不用意な発言は、二度としてはいけないのであって、発言の背後にある精神もよく考え直す必要があるのではなかろうか。

(8) 最高裁上告事件係属一覧表配付

最高裁から、上告事件係属一覧表が下級裁判所に配付されることがある。定まった時期に必ず配付されるものでもないようだが、その目的はよくわからない。どこが争点になっているかも書かれているから、同種事件があった際に、最高裁にも係属事件があるので、その判断を待てという趣旨かもしれない。

しかしながら、最高裁の判断がもし仮に法的ないし事実上の拘束力をもっていたとしても、あくまで判断後のことであって、判断前には当然そうした効力はないはずである。しかも、最高裁の審理の進行は、下級裁判所では予想しがたく、時には何年も寝かせてある事件もあるから、最高裁の判断待ちにすることは不可能であり、当事者にも説明がつかないであろう。そして、そもそも、最高裁の判断前でも、その意向を下級裁判所裁判官に気にさせるような制度は無くすべきであって、最高裁上告事件係属一覧表の配付は百害あって一利なしであるので、今後は廃止すべきである。

(9) 外国留学・出張

司法の化石化を防ぐためか、はたまた外国司法の実情を日本の司法改革に生かすためか分からないが、最近最高裁の派遣する裁判官、書記官、事務官の外国留学・出張が盛んである。特に裁判官のそれが顕著で、昭和六〇年度は、判事補在外特別研究、同海外留学、長期在外研究（人事院）の留学が八名、司法事情視察、司法事情研究等海外出張が一三名であったのに、平成三年度は、留学一四名、海外出張六一名、同四年度（予定）は、留学一五名、海外出張七〇名位ということで、人員的に激増しており、予算も三倍近くに跳ね上がっている。もちろん、最高裁事務総局・民事裁判資料第二〇四号「外国の民事訴訟の審理に関する参考資料」（法曹会からも出版がされている。）のように留学等の成果が明確に現れる場合もあるが、そうでない場合でも、裁判官にカルチャーショックを与えることは間違いなく、目に見えない成果は徐々に上がっていると思われ、裁判所全体として好ましい制度の拡充と言える。

ただ、外国留学の方は、選抜試験があり、一応機会均等の形は保たれているが、外国出張は、希望が一切聞かれず指名制になっている問題がある。指名が来る裁判官と来ない裁判官に乖離が生じるのは当然であり、まだまだ裁判官全体からみると指名される裁判官の方が圧倒的に少ないのだから、妙な序列、エリート・ノンエリート意識を生み出しかねない。また、外国留学の経験があるのに再び外国出張に指名される裁判官が生じたり、外国留学後に官庁出向、最高裁事務総局勤務等に就く裁判官が多いことからすると、留学が特に最高裁勤務になることを始めとした出世の登竜門のようにとらえられがちになる。制度の拡充自体は好ましいのだから、今後は、制度の利用を希望制にし、かつ機会均等で平等な運用を心掛けるべきである。また、他の勤務地・部署と連動させない運用にすべきであろう。

2　高等裁判所と地方・家庭裁判所の関係

(1)　高裁長官の「御巡行」

高裁長官は、高齢であるにもかかわらず、高裁管内の本庁、支部巡りを視察の名の下に数多くこなし、定年退官の時には、管内を一回りしているという場合が多い。高裁長官にしてみれば、管内裁判所を直接見ることで何らかの意義を感じるかもしれないが、受け入れる庁の労力たるや大変なものである。まず、何か月も前から、受け入れる庁の事務局総務課、庶務課などによって長官の視察日程表が作成され、そこには長官が最寄りの駅に着く時間から一〇分、一五分刻みのスケジュールがびっしり決められている。また、その中には、長官を駅に迎えに行く職員は誰か、送迎の車は駅のどこにつけるか、車の座席順はどうするか（事務局長や秘書が随行する場合が多い）、車が庁に着いたとき誰が出迎えるか、所長・支部長室には誰が案内するか、所長・支部長室でお茶とおしぼりを誰が何時ごろ出すのか、茶菓子は何にするのか、庁舎案内は誰がするのか、どこに案内するのか、昼食会は誰が出るのか、座席順はどうするのかなどがびっしり書き込まれている。庁内案内の予行演習までやる庁もあって、見苦しい荷物があったりすると撤去されたりする。総務課、庶務課の職員は、当日だけでなく、その前は準備にかなりの時間を割かれ、日常の仕事が渋滞しかねないし、裁判官は、同じ下級裁判所裁判官の視察にここまで手間隙をかけられ、自分との待遇の違いに唖然としたりするのである。まさに、「御巡行」の名に等しい実態である。

しかし、こんなにも労力をかけて、どのような成果があるのかさっぱり分からない。高裁長官の「御巡行」故に執務体制が改善されたとの話も聞いたことがない。しかも、現在の歓迎体制は、高裁長官を「神格化」しているとまでは言いすぎかもしれないが、ばか丁寧すぎると思われる。これは、対等平等たるべき裁判官社会にとってもマイナスになりこそすれ、決してプラスにはならないと思われる。効果からみれば、全面廃止し、余力を別方面に向けた方が裁判官社会だけでなく、裁判所全体のためではなかろうか。もし仮に、廃止しないで残すのであれば、簡素化や省力化を徹底的に図るべきであり、実質も、裁判官や職員から本音の意見を聞き、執務体制を改善するためのものと明確に位置付けるべきであり、その成果をチェックする機構も必要である（選挙制度はその最たるものである。）。このため、前記1(1)と同じく、直訴があっても本来仕方がないし、もしそれを受け止める度量と勇気がなければ、高裁長官の方から御巡行を辞退すべきではなかろうか。

(2) 長官詣で

高裁によって違いがあるようだが、正月に高裁管内の裁判官、特に所長や総括裁判官を中心として長官宅に伺う慣行があるところがある。地裁によっては、所長詣でがあるところもある。日本的慣行かもしれないが、虚礼の最たるものであり、行かない者はチェックされているという噂が立つ位であるから、裁判官対等・独立の雰囲気にとって好ましくないであろう。そもそも、正月から裁判所の人事の序列を見せつけるのは、裁判官の序列意識に拍車をかけることになる。正月から駆り出される職員の労働条件からも問題である。現代は、個人主義の時代であり、正月等は家族団欒が一番大事な時期である。虚礼によってそのような団欒を奪うべきではないし、そもそも、長官宿舎の近くに各裁判官が必ずしも居を構えているわけではないから、負担も大きい。一律廃止すべきであろう。なお、裁判所は、日本の他の組織に比べて虚礼が少ない世界であり、中元、歳暮の慣習はなく、同一高裁管内であれば年賀状、暑中見舞状も廃止していることが多いのだから、長官詣でくらいすぐに廃止できるはずである。

3　地方・家庭裁判所相互の関係

(1)　序列？

地方・家庭裁判所相互間には、本来序列はないはずであり、憲法、裁判所法等裁判所関係の法令を繙いても、どこにも事物管轄を同じくする裁判所相互の上下関係や順位付けを規定するものはない[15]。しかしながら、現実には、序列が確実に存在する。裁判所が発行する文書、例えば最高裁事務総局が月二回発行する「裁判所時報」には、人事異動（当然ながら、三月、四月が多い。）、下級審裁判所の長官・所長・事務局長・事務局次長一覧表（一月一日号と六月一日号に掲載）等が掲載されるが、そこでは、地方・家庭裁判所の記載は必ず次の順番である。まず、高裁単位で東京、大阪、名古屋、広島、福岡、仙台、札幌、高松の順で、次に、高裁管内で、例えば、東京高裁管内なら、東京、横浜、浦和、千葉、水戸、宇都宮、前橋、静岡、甲府、新潟の順である。この順番は絶対的であり、会同・協議会や判事補研修における座席順から、共済組合手帳の裁判所別住所一覧表、法曹会の職員録に至るまで、すべて前記の順番である。このため、私の所属する大阪の裁判所は、どんな会議でも文書でも常に新潟の次であり、大阪高裁管内では第一の順番となり、名古屋高裁や広島高裁管内の裁判所より、常に順番が先となる。松山の裁判所は、高松高裁管内でも最後の順番なので、全国の裁判所のなかでも、常に最後に位置付けられることになる。こうした順番は、歴史的には、裁判所設置年代の前後によるものらしいが、裁判所人事がこうした順番を格付けとして考えながら行われている節が窺えることや、裁判所内で「改革」が叫ばれるとき、例えば民事の判決書改善の時のように東京と大阪の各裁判所における共同提言の形を取っての権威付けが行われたことなどからすると、決して軽視できない。序列が裁判官の意識に反映してしまうからである。例えば、順位が上の裁判所、特に大庁が採った方針や意見には意識的か無意識にか受け入れてしまう素地となりやすいのである。実際、高裁判決なら東京高裁の判決が、地裁判決なら東京地裁の判決がそれぞれ他より格が上と思っている裁判官も実際いるのである。

もちろん、大きな裁判所には専門部があり、同種事件を多数扱って経験豊富なことからすると、特定の分野では、大きな裁判所が実務上事実上の影響力を持つことは仕方がないであろう。しかし、それはあくまで、受け入れる側の任意の受容があることが前提であり、法的にはあくまで各裁判所が独立して平等でなければならない。少なくとも事実上の影響力が、経験や知識、及びそれを基礎とした論理性、社会的妥当性といった実質的な理由に基づくことを形式面で保障しなければならないのである。そのためには、無用な序列化は廃止すべきであり、前記のような順番は、裁判所時報の記載も、会同・協議会の席順もすべて北海道の裁判所から九州の裁判所にかけて地域順にするのが妥当である。これが最も形式的で、世間の常識に適うのではないだろうか。

(2) パイプ

よく言われることだが、最高裁事務総局、司法研修所、中央官庁（研修や人事交流で）等と東京地裁の間をぐるぐる回っているエリートコースに乗ったと指摘される裁判官がいる。時には、そのことを鼻にかける裁判官もいる。本稿は、人事そのものの問題を取り上げることを目的としていないので、エリートコースの存否や是非を論じるつもりはないが、最高裁事務総局を経験した裁判官が東京地裁に多いことは確かである。このため、最高裁事務総局と東京地裁は一体と思い、最高裁事務総局から新しい司法政策が垂範されてくると、事前に東京地裁と相談して決めたのだろうと思う地方庁配属の裁判官は多い。漏れ聞くところでは、東京地裁で、何らかの問題がある時に最高裁事務総局に直で電話を架け、相談・協議している裁判官の姿が目に付くようである。その相談・協議内容は、後々会同・協議会のテーマや、書簡の形で明確な司法政策として結実していくのだから、最高裁事務総局と東京地裁が一体と思われてもやむをえないところがある。

こうした人的パイプの濃さ自体や、そうしたパイプを使おう、それに頼ろうとする裁判官の意識は問題である。さらに、一番問題なのは、こうしたパイプを持っている裁判官、そしてそうした裁判官が多い東京地方裁判所が、最も影響力を発揮できる、その意味で格も上と思われている裁判所全体の雰囲気であり、そうしたパイプを持たない地方の裁判官や裁判所に卑下的意識を持たせかねない現状である。これでは、判決や司法政策の内容自体ではなくて、パイプの濃さによってそれらに賛成するかどうかが決められかねない。この事態は、前記1(3)で述べた書簡に、東京地裁の取扱事例ばかりが添付されている事実により一層進行している。今後は、パイプの利用に慣れた裁判官も、それを使うことは差し控えるべきであろう。特に、新任判事補や初めて東京地裁に配属された裁判官に、何の気なしにパイプを見せつけるような態度が、裁判所相互に序列があるとの意識を植え込み、決して好ましくないことを認識すべきである。もちろん、陰でパイプを使うことも許されないことは当然である。

4　地方・家庭裁判所内部の関係

(1)　裁判官会議・常任委員会の権限

裁判官会議の形骸化が言われて久しい。その主たる原因が、裁判官会議から所長、常任委員会への権限委譲にあると言われるが、それもそのとおりであろう。実際、多くの裁判所では、裁判事務の分配、裁判官の配置、開廷日割等を除き、ほとんどすべての権限を、所長、常任委員会へ権限委譲している。その結果、裁判官の対等・平等も形骸化し、所長、総括裁判官等とヒラの裁判官との間に序列が生じていることは否定できないであろう。もっとも、最近は、所長に形式上はともかく、実質的な権限がさしてあるとは、大方の裁判官は思っていないのではなかろうか。前記1(3)で述べた最高裁からの通達、通知、書簡等数多くの文書の送付、新任所長研修(最高裁事務総局の各局長によって局の方針説明がなされるのが実質的な内容である。)、年一度の長官・所長会同、年に数度の高裁管内所長協議会など、最高裁で決められた方針は繰り返し繰り返し下級裁判所所長に伝えられるし、所長人事の問題とも絡み、所長が実質的に司法行政上重要な意思決定をしているとはほとんど思われないからである。このため、問題が生じた場合「最高裁に電話して聞いてみたら、……ということだった」と臆面もなく明かす所長まで実在する。今や、所長も情けない存在である。しかし、それでも、裁判所内の所長を始めとした序列はしっかりしていて、裁判官会議で所長提案に質問、反対する裁判官は皆無であり、そもそも、会議の形骸化に慣れきってしまい、司法行政に対する関心も能力も失っているのが現状である。所長、上席裁判官（所長代行）以外から、裁判官会議に提案がなされた事例など聞いたことがないし、裁判官会議の決議事項が裁判官の間で話題になることもない。会議も、しいんと静まりかえり、所長提案を聞いて多くの裁判官が下を向いてうなづき、たまに質問でもあると「ハプニング」と捉えられる現実である（朝日新聞社『孤高の王国』一二三頁以下）。これでは、裁判官が所長を始めとした他の裁判官すべてを対等・平等と思い、意見を戦わせることなどできるはずがない。また、自分の裁判以外の裁判所の現状に目を向けることも困難であるし、司法改革に自分なりの意見を持っていこうとするのはなおさら不可能に近い。ひどい裁判官になると、裁判官会議の意義や趣旨を無視し、裁判官会議など廃止してしまえと本音を漏らす人もいる。

そこで、裁判官一人一人に、所長以下すべての裁判官と対等・平等であると実感してもらい、かつ自分の裁判以外の裁判所の現状に目を向け、裁判所のあるべき姿を考えてもらうためには、裁判官会議の復権、活性化がどうしても必要である。誰でも、会議の構成員として、形式上も実質上も自分達に権限と責任があり、自分達の意思が役職者と同じように施策に反映しうると感じるなら、他の裁判官も、特に役職者に負けまいとして対等・平等に自己の意見を言うであろうし、会議の議題、すなわち裁判所全体のことに関心を持たざるをえないからである。しかし、単純に、所長、常任委員会から裁判官会議への権限再委譲、つまり権限を元に戻すだけでは問題は解決しないであろう。一つは所長に実質的権限がないので、権限再委譲をしても、実質的に裁判官会議が受け取る権限が大してないのではないかということ、もう一つは、司法行政に対する関心も能力も失い、自分の裁判の仕事だけで手一杯で他に手を回したくないと思っている裁判官達に、権限再委譲をしても迷惑がられるだけであること、の二点があるからである。最初の点は、最高裁と下級裁判所の関係が考え直されるべきであり、具体的には例えば前記1で述べたような点が改善されるべきである。次の点は、裁判官の加重負担にならないように、しかし全体としても、個人としても、裁判官が司法行政に関与できる形を取ることによって解決すべきであろう。その意味で、所長、常任委員会に委譲した権限を元どおり裁判官会議に全部戻すことは、裁判官の加重負担となるので、第二章で述べたように、現在の常任委員会を分割して専門委員会の形にし、実質的権限は専門委員会に与えるのが現実的である。これだと、加重負担にならない形で、裁判官が司法行政に直接関与できるし、関与人員も現在より飛躍的に多くなるはずである。⒃

(2) 常任委員会委員ほか各種委員、係の担当裁判官選出方法

現在、各裁判所には各種の委員や係が置かれている。例えば、常任委員会委員、司法修習生指導係、新任判事補研鑽係、図書・資料係、広報係など内部的な委員・係と、第一審強化方策地方協議会委員、弁護士会の懲戒委員会委員等外部機関の委員ないし外部機関と関係のある委員がある。これらは、常任委員会委員を除き、司法行政上の意思決定を行うものではなく、(1)で述べた専門委員会とは異なるものである。しかしながら、常任委員会委員は当然としても、その他の委員でも、司法修習生指導係、新任判事補研鑽係などは影響力が大きいし、第一審強化方策地方協議会委員、弁護士会の懲戒委員会委員等はある意味で裁判所を代表する意味もあるから、やりがいのある委員である。しかしながら、こうした委員・係の選出には問題が多い。まず、常任委員会委員は、事務処理規定で委員が当然に決まる庁もあれば、選挙での選出が必要な庁もある。前者は小庁に多く、後者は大庁に多いようであるが、前者では、常任委員を役職に応じて固定化させるし、後者でも、立候補制で立候補の演説等があればよいが、実際はそうではないので、役職者（総括裁判官）や期が上の裁判官に自然と票が集まることになり、やはり常任委員を固定化させる危険がある。また、常任委員会委員以外の各種委員・係は、所長や上席裁判官の指名・根回しや、慣行による場合が多く、特に指名・根回しによる場合は、勤務評定がいいとか、出世コースに乗ったとかに受け取られる場合が多いし、裁判官会議や民事・刑事の各部会等で決定される時に、事実上決定されていて、希望者があっても異論を差し挟めない場合がほとんどである。こうした委員・係の選出方法は、希望とそれへの信任ではなく、地位、指名、慣行を基本とすることになり、結果として裁判所内の序列関係を増幅する危険があって好ましくない。

こうした事態を改善するためには、常任委員会委員の選出について、事務処理規定で委員が当然に決まる庁では、事務処理規定を改善し、まず希望者を募ることを前提としなければならない。そして、希望者がいる場合はその者に、複数いる場合は選挙制に、全くいない場合にはじめて当然決まる形にすべきであろう。選挙で選任する庁では、立候補制を採り、やりたい人同士が立候補演説を裁判官会議でするよう制度化すべきである。そして、開票はもちろん裁判官会議の場で行い、結果は必ず裁判官会議の場で公表すべきであろう。次に、常任委員会委員以外の各種委員・係は、希望を出せることが大前提となる。そして、これも複数の希望者があれば、選挙するようにすべきである。なお、(1)の方向での改革が行われる場合でも、専門委員会委員の選任について、同じことが当てはまるであろう。

(3) 裁判官会議、常任委員会の運営方法

事務処理規定や裁判官会議規程等で、裁判官会議や常任委員会の運営方法が詳細に決まっている庁はほとんどないであろう。しかし、実際の運営方法にはひとつのパターンがある。例えば、事務分配規定を改正したり、裁判官の配置を変更しようとする場合、所長や上席裁判官が事前に案を練り、それについて、利害関係を持つ裁判官やその裁判官が所属する部の総括裁判官に根回しが行われ、総括会議で相談がなされた上で、常任委員会へ、そして裁判官会議へと上程されるのが通例である。このため、裁判官会議は当然として、常任委員会でさえも、議案についても実質審議をせず、ただ既に実質的に決定されたことの報告を聞く会となっている場合が往々にしてあり、議案の提出、説明、質疑応答なしの議決というパターンが存在するのである。これでは、常任委員会や裁判官会議の権限事項でさえ、会議が形骸化し、参加裁判官の意欲を削ぎ、無関心に拍車をかけることになるだろう。そして、そもそも、そうした司法行政上の意思決定は、公開の場で行われるものではなく、役職者の密室の場で行われるのが当たり前で、口を挟むべきではないのだという感覚を裁判官の中に蔓延させることになり、結局序列意識に拍車をかける原因になる。個別的根回しを全てにわたって否定するものではないが、例えば、裁判官の配置の変更では、案

の対象となっている裁判官の外に、別の裁判官が欠けたポストへの配置を望んでいるかもしれず、また、兼務でもよいから欠けたポストの仕事をしたいという裁判官もいるかもしれないが、個別的根回しでは、こうした希望が吸収される保障はない。希望が出せないなら、自分たちが決めるという感覚は育たないであろう。また、民事部会や刑事部会という民事部裁判官全員、刑事部裁判官全員の公的機関に事前に諮るのならまだしも、総括会議という非公式な会議、これは昼食会という形で行われることも多いが、こうした機関に任せるのは適正手続とは言えないのではなかろうか。少し話は変わるが、折しも、政治の世界では、国会法で正式に定められた議院運営委員会（国会法四一条二項一九号、三項一六号）ではなく、各党の非公式の協議の場である国会対策委員長会議で国会の運営が決められることに批判が大きくなっている。非公式の不透明な場で決められると、希望は言えないし、何が話し合われているのか分からないしといった問題が当然生じるのであり、これはひとり政治の世界だけの問題ではないと思われる。これからは、会議の運営方法をできるだけ透明にすべきであり、公式の場で討論できる形に持って行くべきである。例えば、前記の裁判官の配置変更の事例では、ポストが空くことが判明した直近の常任委員会や裁判官会議で、ポストが空くから配置の変更が必要である旨の説明がなされ、個々の裁判官からの希望が出せるようにし、複数の者からの希望や全体の事務分配との関係を調整し、討論をした上で、次の常任委員会や裁判官会議で決定するようにすべきであろう。もちろん、決定ができなければ継続審議を繰り返し、根回しや、会議外での実質上の決定といった方法は避けるべきである。なお、この運営方法の問題は、(1)、(2)の問題が解決しても残る問題であり、また、(1)、(2)の問題が解決しなくても、せめてこれだけでも解決すれば会議の活性化と、裁判官の司法行政への関心を呼び戻す契機になりうる問題である。

(4)　休暇承認申請、旅行届、外国旅行承認申請

裁判官が年次、病気、特別の各休暇を取る時や、外国旅行をする時は、所長に承認申請を出して承認を受けなければならず、一泊以上の私事の国内旅行をする時は、所長に旅行届が必要である。休暇の承認申請や外国旅行承認

申請には、事由を明らかにしなければならず、さらに後者では、旅行先、目的、同行者、日程も事細かに記載しなければならない。外国、国内共旅行は、休暇を取っても承認申請や届が必要であり、平成三年一月までは、外国旅行には最高裁長官の承認が必要であった。こうした制度が、導入されたのはそんなに古いことではなく、昭和五一年ころからである。それまでは、裁判官の地位や仕事の特殊性に鑑み、裁判官に勤務時間や休暇の概念はなく、休暇承認申請、旅行届等の制度もなかったと聞いている。地位や仕事の特殊性の点は、国家公務員法が裁判官に適用・準用されておらず（一般職員は、裁判所職員臨時措置法で準用されている。）、服務規律がほとんど裁判所法にしか規定されていないことからも明らかである。[17]このため、休暇については、最高裁の「裁判官及び秘書官の休暇に関する規程」で、「一般職の職員の給与等に関する法律」で定める裁判官以外の裁判所職員の年次休暇等の「例による」とし、旅行については、高裁長官の事務打合せによる申合せで取り決めるといういずれも非常に変則的な形を取らざるをえなかった。その形自体に無理を感じるし、国法体系上整合性を有しないのではないかと思われる。

こうした裁判官への規制は、裁判官の対等・平等意識にとってマイナスである。休暇や旅行などというものは、最も私的なものなのに、本来同僚中の首席にしかすぎない所長から一々承認を得たり、所長に届をしなければならないのは煩わしいだけでなく、私事まで管理されているという意識を各裁判官に醸成しかねないからである。そして、さらに進んで、現在では、裁判官が管理に慣れきってしまい、特に私達若い裁判官が疑問さえ持たず、その意識は確実にサラリーマン化していると思われる。仕事との抵触や緊急事態への対応は、本来裁判官が自分で管理すべき問題であり、自己管理ができない場合は分限や弾劾裁判で責任を問われるのが筋である。そもそも、自己管理したから怠けられるほど裁判官の仕事は軽くはない。しかし、自己管理を信用せず、根拠のない規制をするのは、別の思惑でもあるのかと勘繰りたくなる。そして、自己管理を信用しないことは、三権の一翼を担う人間全体をサラリーマン化させ、司法の地位を確実に低下させる。こんな規制は、判事補研修等でよく説明される「近代的勤務体系」なんかでは決してないことに、もうそろそろ気づくべきであろう。三権のうち他の権力を行使する国会議員や内閣総理大臣、国務大臣が休暇承認申請、旅行届が必要などという話は聞いたことがないではないか。いますぐ、撤廃すべき規制である。

(5) 呼称

現在、裁判官同士でも、「長官」「所長」「上席」「部長」といった役職名で呼ぶことが当たり前になっている。役職が付いていない人同士では、「さん」付けが多いであろう。ただ、司法行政に関与した人の中には、期や年齢が下の裁判官に対して、「君」付けをしたり、呼びつけをしたりする裁判官も見受ける。こうした呼称の中には法的な根拠のないものもあるが(例えば「部長」。法的には、「総括」であろう。)、要は、法的に根拠のないものはもちろん、根拠のあるものでも、対等・平等な裁判官同士に日常の呼称のレベルで序列をつけるのは好ましくないということである。朝の出勤時間、エレベーターに乗る順番、官用車の座席表等つまらないことにも同質の問題がある。呼称の点では、裁判官独立や対等といった原理とは関係のない民間企業が、最近風通しのいい組織作りのために、特に平成不況以後「さん」付け運動を展開していることが参考になる。労務行政研究所の平成三年調査(全国二八四〇社対象)によると、役職者を「さん」付けで呼んでいる企業は、全体の一六・五パーセントに達し、業種も幅広く、ここ五、六年で導入した企業が多いとのことである。経済同友会も、昭和六二年三月に企業体質の変革のために「さん」付けを提言し、大企業では、資生堂、花王、第一勧業銀行などが導入しているようである[18]。裁判所の場合は、裁判官独立や対等といった原理があるのだから、企業よりもなおさら「さん」付けする必要が高い。なお、裁判官と一般職員の間には、裁判官独立や対等の問題はなく、企業の上司と部下と同種の関係となるが、この場合でも、風通しのいい組織づくりという企業の改善精神を参考にして、「さん」付けにする方が望ましい[19]。

(6) 「優秀」「できる」

この二つは、裁判官を評価する時に使われる裁判所内部の言葉である。そして、裁判官の自尊心を最もくすぐる言葉である。弁護士や検事が使うのはほとんど聞いたことがない。私は、任官して裁判官社会の中に入ってみて、この二つの言葉に非常な違和感を覚えた。それは、世代的に、この二つの言葉を、高校生や浪人生が使っているのを何度も聞いていたからである。つまり、裁判官というのは、高校生や浪人生と同じ言葉で人を評価するのかと思ってびっくりしたのである。特に、裁判官を一〇年も二〇年もやっている先輩同士が、お互いのいない所で、私のような若い裁判官に向かって、お互いを評して「あの〇〇さんは、できるからな。」と言っているのを聞くと、長い裁判官生活においてその人の人間的評価はどうなっているのかなと考え込んでしまう。そして、受験生に近い若い裁判官ほど、この言葉に敏感で、「〇〇部長は、△△君はできると言っていたよ。」という話題が飲み会を賑わしたりする。

もっとも、この二つの言葉が、裁判官の幅広い能力を評価して使われているなら何の問題もない。しかし、現実はどうであろうか。例えば、ドイツのバイエルン州のある裁判官の勤務評定を紹介した木佐茂男『人間の尊厳と司法権』（日本評論社刊）一三八頁以下には、勤務評定書に、仕事に関する基本姿勢、専門的能力（刑事事件については、「法的に十分考え抜かれているだけではなく、各事件の人間的、社会的、経済的側面をも考慮している。」、一般的に「他人の考えを自分のものとすることなく、自分で批判的に吟味している。」）、健康、口頭報告の仕方、口頭弁論・公判での当事者・証人等への質問の仕方、どのように法的討論の努力をしているか、事務職員への接し方、当事者・弁護士への接し方、職業組織での活動、市の地区住民委員会での役員活動などが、裁判官の能力を示すものとして書かれているとあるが、わが国の「優秀」「できる」という言葉には、そのうちどれだけの意味が入っているのだろうか。私の感じたところでは、専門的能力のうち、細かな技術を含めた判決起案能力と、迅速事務処理能力位しか入っていないような気がしてならない。杞憂に終われば幸いだが、大して中身のない評価言葉が、若い裁判官に妙なエリート意識と、ノンエリート意識、つまり序列意識を植えつけないであろうか。今後この言葉を使うのは慎重でありたいし、もし裁判官を評価したいなら、もっと具体的で豊かな中身を有する言葉を用いるべきではないかと思う。

(7) 裁判官グッズにおける過度の形式的画一性

法曹を象徴するグッズに風呂敷がある。これは、事件毎に厚さの異なる記録を持ち運ぶのに便利であるという合理的な理由があって、現在でも裁判官だけでなく法曹全体に利用されている。ただ、最近は、鞄や紙袋（表紙が見えないように覆いを被せる。）を利用する人も多くなっており、以前ほど法曹の象徴でもないようである。ところで、風呂敷以外にも、大した理由もないのに「裁判官だから」「公務員だから」などという根拠で、過度に画一的になっている裁判官の持物（グッズ）がある。例えば、名刺、判子、挨拶状の類である。名刺は、縦書きで、所属庁、官名（判事、判事補等）、名前しか書いておらず、所属庁の郵便番号・住所・電話番号、所属庁内での配属場所（民事○○部、刑事○○部等）・内線番号、自宅の住所・電話番号等一切書いていない。横書きやローマ字表記のもの、それからマークや絵柄が入ったものもまず見かけない。判子は、丸形直径一三ミリメートルがほとんどで、新任判事補の任官説明会や研修の際にも「普通は丸形直径一三ミリメートル」という「指導」がなされている。挨拶状、特に転勤の際のそれは、紋切り型の文面で、「謹啓　陽春の候ますますご清祥のこととお慶び申し上げます。さて、私こと、このたび○○裁判所勤務を命ぜられ、過日着任いたしました。△△裁判所在勤中は、公私にわたり格別のご厚情を賜りまことにありがとうございました。今後とも一層の御指導御鞭撻の程をお願い申し上げます。まずは御礼かたがた御挨拶申し上げます。」というパターンがほぼ九九パーセントを占める。もっとも、これは検察官も含めた公務員一般の形式のようであり、裁判官に特有のものではないが、意に反する転所を拒否できる身分保障がある裁判官が（裁判所法四八条）、辞令内容どおりに「命ぜられ」という文言を誰もかれも疑問なしに使うのはいかがなものであろうか。

そのような類のことはささいなことで、どうでもいいではないか、と言うなかれ。ささいなことでも、その背後にある体質や哲学が見え隠れするからである。例えば、名刺であるが、所属庁の住所や電話番号は公知のことであって記載するまでもなく、自宅の住所や電話番号はうらみを買いやすい仕事の性質上書かないほうがいいなどというもっともらしい理由がないではない。しかし、別の視点から言うと、所属庁の住所や電話番号を記載しないのは、受け取った者の都合を全く考えない態度であり、公知のことを知らないなら自分で調べろという傲慢とも言える態度ではなかろうか。自宅の住所や電話番号を記載しないのは、個人的な交際をシャットアウトする態度であり、記載を必要とする程の人間関係の広がりを持たないことを意味する。いずれも、裁判官の体質や哲学が見え隠れしていると思われる。ただ、最も問題なのは、そうした体質や哲学が無意識に当然のように継承されていく裁判官社会の特性であり、名刺の形式等の些細なことでも、旧慣に反する態度をとることに心理的な抵抗すら生じる現状である。例えば、名刺に全く情報が盛り込まれていないことについて、任官当初は疑問をもったとしても、だんだんそれがあたりまえだと思うようになる。そして、どんなトラブルをも避けるために、当事者や被告人に裁判官個人の名前を積極的に明かすことはしないものだという感覚になっていく。その結果、裁判所、法務省、検察庁関係の内部的名簿・住所録である『職員録』(法曹会刊)にも、だれかから情報が漏れるかもしれないと思い、自宅住所は裁判所の住所にする裁判官が多くなっていく。どこかで、やりすぎだなと感じても、それに反することに大変な抵抗感が生じていくのである。そんなことは、個人の精神的強さの問題だと言われる方が必ずおられると思うが、前記のようにほとんどの裁判官が画一化していく事例が多いことに鑑みると、個人の問題ですまされることではなく、組織の問題と思わざるをえないのである。そして、こんな些細なことで、自己主張したり個性を発揮することを許容できない組織が、最高裁判例に挑戦したり、違憲審査権を積極的に行使したりなどという雰囲気を生み出すことは難しく、さらに、司法行政面を含めた司法全般の改革を主張していく風潮を作るのはなおさら困難なのである。

こうした現状を前提にすると、これからの時代は、些細なことで、裁判所の常識や裁判官の常識といったものをできるだけ作らない組織文化を培う必要がある。それが、組織の風通しを良くし、組織の許容性といったものを大きくする第一歩と考える。グッズだけでなく、服装、メガネ、髭、髪形等も同様であり、程度が行き過ぎて当事者の信頼を失うことがあれば、それは当該裁判官個人の問題であり、その是正は個人の良識に委ねるべき事項である。

もちろん、前述のように、些細なことにも体質や哲学が反映するから、改善はそんなに容易ではないが、少なくとも、些細なことで自己主張したり個性を発揮する裁判官がいれば、周囲の裁判官がそれを揶揄したり、けなしたり、ましてそれで人格評価したりすることのないように努めたいものである。そして、まず何よりも、裁判官個人が、自分から些細なことで自己主張してみることが大切である。因みに、私は、この春から、名刺を二種類作り、一つには、縦書きで、所属庁、官名（判事補）、名前、所属庁の郵便番号・住所・電話番号を、もう一つには、横書きで、右に加えて自宅の郵便番号・住所・電話番号を記載し、いずれの名刺にも、勤務地である堺生まれの詩人である与謝野晶子が、故郷堺を歌った次の歌を一つずつ裏面に記している。

「海恋し潮の遠鳴りかぞへては　少女となりし父母（ちちはは）の家」

「ふる里の和泉の山をきはやかに　うけし海より朝風ぞ吹く」

こんなつまらないことでも司法改革の一環である。法曹の皆さん、特に現職裁判官の皆さん、あなたもいかがですか。

四　リストラを越えて

こうしたリストラ作戦が一つ一つ実行されて行けば、裁判所内は随分風通しが良くなるであろう。下級裁判所やその裁判官は、無用な上下関係や序列関係を現在ほど気にしなくてもよくなるであろう。その意味で、裁判所のリストラの本質は、人員削減ではなく、無用な拘束力の削減なのである。もちろん、些細な改革であっても、実現にはかなりの困難が伴うが、拘束を受けている当事者たる下級裁判所の裁判官の奮起が望まれる。何度も述べたが、現代のように司法改革が叫ばれる時代に、下級裁判所の裁判官が奮起しなければ、「事業改革」の人的バックボーンは構築されない。それは、「仏造って魂入れず」のことわざどおりであり、司法改革を悲劇に終わらせない努力こそが今後必要なのである。

ところで、裁判所のリストラ作戦は、「事業改革」、さらに「司法改革」全般に魂を入れる必要条件ではあるが、その本質は、右のように無用な拘束力の削減であり、裁判所の組織及び組織文化を積極的に形づくっていくものではない。語弊があるかもしれないが、「創造」ではないのである。では、裁判所の組織及び組織文化は、今後どのように「創造」されていくべきであろうか。これは、本稿の目的を越えるし、リストラが軌道に乗り出したら再び考えてみたいので、現段階で考えられる方向性だけを記しておくこととする。

1　意思決定は、下からの積み上げで

裁判所の組織や組織文化を考えていくときに、最もポイントになるのは司法行政権の帰属であろう。司法行政の権限については、明文はないが、一般に憲法七七条一項、七八条、八〇条等からみて、憲法は、最高裁判所を始めとした裁判所に広範囲の司法行政権を認めているとされる[20]。しかし、裁判所の中で、司法行政権がどのように分配されるべきかはあまり議論されていないように思われる。裁判所法制定時の貴重な資料を集めた内藤頼博「終戦後の司法制度改革の経緯——一事務当局者の立場から」(司法研修所・司法研究報告書第八巻第一〇号)にも、司法行政権を内閣か裁判所かどちらが持つかという点が当時の司法行政改革の議論の対象であることがわかる資料[21]が含まれているが、裁判所内での司法行政権の分配について議論されたことをうかがわせる資料は含まれていない。これは、明治憲法、裁判所構成法下では、司法行政のトップである司法大臣が司法行政権を握っていたため、新憲法下では新トップである最高裁判所が持つことが当然のように前提にされたためであろうか[22]。いずれにしても、三1で述べたような最高裁と下級裁判所の関係を考えていく時、この前提を考えざるをえなくなるのである。もちろん、新憲法では、前記七七条一項、八〇条のように、最高裁に個別的に司法行政上の権限を認めているので、右前提は全くの間違いではないようであるが、裁判所に司法行政権を認めた実質的な根拠が司法権の独立である以上、司法行

政権の分配についても、憲法七六条三項等の趣旨を生かすように解釈されなければならないのではなかろうか。そうでなければ、司法権の独立と言っても、その中核たる裁判官の独立は、「裸の独立」にすぎなくなり、下級裁判所の司法行政権は、憲法の下位法である裁判所法、下級裁判所事務処理規則で自由に規定できることになり、極端には、下級裁判所事務処理規則六条、八条、九条を廃止すれば、下級裁判所の司法行政権限を実質ゼロにすることも可能になってしまうと思われる。実際の運用も、下級裁判所の司法行政権限を実質ゼロに近づけるように動いていると思われてならない。

そこで、司法行政権の分配について、憲法七六条三項等の趣旨を生かすように解釈すると具体的にどうなるかであるが、細かい理論構築は今後の課題としても、少なくとも裁判官の独立に直結する類の司法行政権、ある意味での司法行政権の中核は下級裁判所に分配されるべきが憲法の要請であり、それは裁判所法、下級裁判所事務処理規則によっても侵害されるべきではなく、そうした立法、規則も右中核を保持するように規定されなければならないという解釈に進むべきものであろう。そうすると、例えば、現行裁判所法二九条の一・三一条の五（所長の任命）、三七条（簡易裁判所の司法行政掌理裁判官の指名）、四七条（下級裁判所裁判官の補職）、下級裁判所事務処理規則四条五項（総括裁判官の指名）[23]等の内容には疑問があるし、右条項の改正が直ぐには無理でも、運用で考慮しなければならないということになろうし、裁判所法八〇条の司法行政の監督権も限定解釈されるべきことになる。[24]運用で考慮するとは、例えば、所長の任命には当該下級裁判所所属裁判官による諮問選挙が必要であるなどである。さらに、右中核以外の司法行政であっても、中核に近いところほど、できるだけ下級裁判所の判断を尊重すべきということになる。こうした組織形態、組織文化こそが、裁判所独自のものであるはずであり、司法行政について、下からの積み上げによる意思決定を可能にし、下級裁判所を常に活性化し、司法改革等に邁進させることになると思われる。[25]

2　下級裁判所は最高裁に挑戦する気概と文化を

事件処理の関係でも、司法行政の面でも、下級裁判所には最高裁に挑戦する気概とその気概を尊重する組織文化が欲しい。もちろん、判例であれ、司法行政であれ、最高裁の判断が正しく支持できる場合も多いが、少しでもおかしいと感じる場合は、判例や司法行政の判断に対する果敢な挑戦をよしとする組織文化である。挑戦には当然合理的な根拠と論証が必要だが、そもそも果敢な挑戦をよしとする組織文化がなければ、合理的な根拠を探して論証しようとする意欲さえ起きないのである。そもそも、最高裁の判例変更の先駆けをするのは、下級裁判所であるはずだが、最近そうした例は少なく、最高裁自身が先例をひっくり返す事例が見受けられる。これは、判例拘束力をむやみに気にしすぎる下級裁判所の恥であり、国民に近い立場にあるのにその意向や時代の流れを読めないことを恥じるべきであろう。司法行政面でも同様で、最高裁自身が司法改革の旗降役を演じることは、過去のいきさつはどうあれ、下級裁判所の恥と心得るべきである。

3　下級裁判所間で競争を

現在、下級裁判所相互間には、事件処理の関係でも、司法行政の面でも、「競争する」といった観念が全くない。事件処理の面では、最高裁判例が、それがなければ下級裁判所裁判例の傾向が尊重され、司法行政の面では、最高裁事務総局の意向が、それが判然としない時は、他庁の取扱例、特に東京地裁を始めとした大庁のそれが参考にされる実情は反省されるべきであり、最高裁より、他庁より、さらに優れた取扱い事例や規則、申合せ作るために、各裁判所は競争しようとする組織文化を作りたいものである。特に、2と3の面では、判事補を始めとした若手裁判官の意欲を刺激したり、育成したりすることが必要である。

4　せめて内部的情報公開と情報収集ルートの平等化を

現在の裁判所は、あまりに情報の偏在化が激しい。事件報告制度等によって、最高裁には情報が集中するが、必ずしも下級裁判所にすべてその情報が回ってくるわけではない。また、回ってきても、長官、所長など役職者だけに情報が回ることも多々あり、それを所属庁裁判官の共有にするかは長官、所長の胸先三寸といったところがある。これでは、下級裁判所が、独自に意思決定をすることに躊躇せざるをえないし、最高裁や他庁と張り合おうとしても不安にならざるをえなくなる。1から3をすすめるためには、最高裁に集中する情報を限りなく全下級裁判所、全裁判官に回るようにすべきであろう。また、全国的な情報収集は現在、最高裁だけが行っているが、下級裁判所も独自の課題について、平等に情報収集できる組織体制が必要である。例えば、ある下級裁判所でのみ行っている新たな取組みについて、論文として発表し、その点について各庁の扱いや意見を聞くため、あるいはその新たな取組みについて、論文として発表するための基礎資料収集のためにとの理由で情報収集できるようになれば、下級裁判所の意思決定能力は格段に向上するであろう。

さらに進んで、国民に対する情報公開や、国民による裁判所情報へのアクセスシステムが出来るのは好ましいが、事件関係は当然として、司法行政関係でも裁判官や職員のプライバシー保護等の制約は当然あろう。

以上で、本稿を終わりにするが、司法改革を考えていくとき、組織、組織文化の問題は最も難しいが、決して避けて通れない問題である。もちろん、何度も繰り返すように、人事の問題が大きいのは確かだが、それがすべてではない。私の挙げた点は、枝葉末節の部分も多いかもしれないが、それら全部を見渡すと、やはり、裁判所内部の細かいところまで含めて根本的に変える必要があることを認識してもらえるのではないかと思う。ところで、日常いろいろな裁判官と、非公式の場、個人的つきあいの場で、今の裁判所の組織及び組織文化に関する話をしてみると、多くの裁判官が「おかしい」「何か変だ」「昔はこうではなかった」などという感想をよく漏らす。なのに、誰も現状を変えないし、変えようともしないし、そしてそもそも変えたいと思う願望すら失っているのではないかと危惧してしまう。私なんぞが、こうして拙い論文を書いているのであるから、聡明な裁判官の皆さんが、絶望せずに、建設的議論に乗って頂けることを期待してやまない。

あとがき

これで、第一章ないし第三章を終えることにするが、読者の方にはいろいろな感想を持って頂けたのではないかと思う。特に、現職裁判官には複雑な感想を持っていただけたのではなかろうか。私の予想するところ、内容については、賛成の裁判官も多いであろうが、第二章の一部や第三章について、裁判所の「恥」をこんなに出さなくてもよいではないか、最高裁をこんなに悪く言う必要はないのではないか、といった感想も持たれたことと思う。発表方法については、まず第一に裁判所の中で議論を持ち出すべきであり、外へ持ち出すのは卑怯だという感想を持たれる裁判官も必ずおられることと思う。

しかし、まず、「恥」の点は、全くの誤解である。どんな制度にもプラスとマイナスは必ずあり、マイナス面について積極的に問題提起して改革しようとするのは進取の気性であって決して「恥」ではない。それでも、内容的に「恥」は「恥」だと思われるなら、かえってその内容を改革する必要性を裏付けるのではなかろうか。私は、「恥」と思って腹を立てることの方が、国民に対する背信であり、それこそ本当の「恥」と思うのである。次に、最高裁をこんなに悪く言う必要はないのではないという点であるが、ぶっちゃけた話をすると、現在、裁判所の現状を直視し、裁判所の将来を展望していく時、「最高責任者」である最高裁批判をしなかったら全くの肩透かしだと思うのである。それは、客観的に問題として存するのであるから、決して避けては通れないはずである。しかし、誤解しないで頂きたいが、私は、国民から裁判所・裁判官が実情以上に誤解されていることや、裁判所内部が停滞し澱んでいる最も大きな原因は、下級裁判所とその裁判官に責任があるのだと考えている。第三章でも触れた公的ルートと権威の利用によって、司法改革が最高裁から強引に進められる事実は、批判されてしかるべきだが、別の面で言うと、そこまでしないと動かない下級裁判所とその裁判官の硬直さをも示しているのであり、私はそれこそが一番問題だと言いたいのである。このことは、論文の「まえおき」として巻頭言に述べておいたが、比喩的に言うと、「A級戦犯」は最高裁ではなく、私たち下級裁判所裁判官そのものなのである。だからこそ、私はこの一連の論文を書いたのである。それなら、他の下級裁判所裁判官から「そんな私に誰がしたのだ」という責任論が聞こえてきそうであるが、歴史的経緯は理解できるとしても、「誰がしたのであっても、その私を変えるのは私しかいないのではないか」という反論を加えておきたいと思う。最後に、まず第一に裁判所の中で議論を持ち出せという方法論の点であるが、現在の裁判所の中で、そうした議論をする場やルートがあるであろうか。あるといっても観念的なものにすぎないであろう。裁判官会議での議論や、最高裁への上申を主張されるかもしれないが、そうした方法に実効性があるであろうか。極めて疑わしいし、全国の裁判官に情報が提供される保障はない。まして、国民の中に情報が提供される保障は全くないと思われる。

《お願い》

予想される感想に、図々しくも事前反論を加えておきました。しかし、今後、何でも結構ですので、裁判官、弁護士、検事、学者等の読者の皆さんから、感想や意見を是非頂戴したくお願い申し上げます。どんなことでも構いません。私なりに独りよがりなところもあるでしょうから、御批判も頂けたら幸いです。裁判所の未来について、今後是非、議論を継続していきたく思います。特に、現職裁判官の皆さん、そのうち、私とは世代の離れた先輩裁判官の皆さん、任官された時の熱き思いをもう一度思い出し、目指すべき新しい裁判所について議論しましょう。同世代及び後の世代の裁判官の皆さん、実務の勉強やＯＡ機器の話だけでなく、裁判所の大きな夢を少しでも語り合いましょう。

私たちの担う正義を「静かな正義」で終わらせないために……。一日千秋の思いでお便りをお待ち申し上げます。

送付先は、自宅（津地裁時代と同じです）か勤務地である大阪地方裁判所堺支部（〒五九〇大阪府堺市南瓦町二・二八）でお願いします。最後になりましたが、通算六号にもわたり、論文掲載をして頂いた判例時報社編集部に、この場を借りて厚く御礼申し上げます。

（1）　法廷内のワープロ使用を認めなかった事例として、平成五年四月二一日付朝日新聞朝刊に神戸地裁の事例が紹介されている。なお、この事例についても、最高裁事務総局刑事局、民事局、家庭局各局長連名で、本文三1(3)の「書簡」が出され、同書簡を添付資料と合わせて読むと、ワープロ禁止が妥当であるとの指示があるかのようである。

（2）　日弁連「第一二回司法シンポジウム記録　国民の裁判を受ける権利（三）――法曹のあり方」基調報告参照。その他会同・協議会についての法曹の論文は多いが、『検証・最高裁判所』（毎日新聞社会部、一九九一年）のように、一般国民に手に入りやすい書物でも会同・協議会について触れられることが多くなった（第一〇章「丸写し」判決が出る背景）。

（3）　ただし、平成三年度のあるブロック会同・協議会で、高裁長官が「最近、会同・協議会の結果そのままという判決がある。会同・協議会は本来そういうものではない。もっと活発な討論をしてほしい。」旨述べた実例や、前注日弁連資料に、神戸地裁の会同結果に従った事例（配転、整理解雇、賃金仮払など労働関係の事例）が報告されていることを紹介しておく。

（4）　一括りにして、会同・協議会と呼ばれるが、最近では、長官所長会同の他は、「会同」と「協議会」の区別はあいまいな気がする。会同は各庁の意見を、協議会は個人の意見を言う場であるとか、会同は会同録が必要だが、協議会は協議録は不要だとか言われるがよく分からない。これは、そもそも、会同・協議会を開催する根拠がはっきりしないためではなかろうか。「会同・協議会開催規則」の類はないようである。なぜ、これで大々的に開催できるのであろうか。なお、現状では、会同・協議会には、最高裁事務総局の民事、行政、刑事、家事の各局が主催する中央会同・協議会と、八つの高裁が主催するブロック別会同・協議会がある。中央会同・協議会には総括裁判官クラスが事実上指名されて出席するため、判事補クラスでは希望があっても出席は無理である。ブロック別会同・協議会は判事補でも多数参加している。私の出席したのも、もちろんブロック別会同・協議会である。

（5）　最近の会同・協議会で、最高裁事務総局の各局が議論をリードしている点で目立つのは、弁論兼和解の活用や集中証拠調べ等の民事における審理充実方策や、刑事における自白の任意性立証のための取調経過一覧表の活用である。特に、後者は、短期間の間にブロック協議会や中央協議会に何度も取り上げられ、刑事局の意気込みは相当なものがあったが（最高裁事務総局・刑事執務資料第四号「取調経過一覧表に関する協議概要及び事例報告」参照）、全国一律に熱心にやれという趣旨がたったのか、最高検察庁から「むやみに提出すべきでなく、争点を明らかにし必要性があれば提出すべき」という趣旨の通達が出て各地の検察庁は消極姿勢となり、却って逆効果となった。従前、取調経過一覧表やその原資料である捜査メモや留置人出入簿については、各地の下級裁判所が管轄地の地検や立会検察官と交渉して漸次進めてきていたが、最高検察庁の通達でそれらの努力も水を差された格好となった。最高検察庁の通達の内容の是非についてては議論があろうが、会同・協議会を使っての上からの改革の失敗例であろう。

（6）最高裁事務総局『司法行政文書の書き方（三訂）』には、「一般の書簡文の形式に従って作成された公用文をいう。従来内簡などといったものである」と説明してある。

（7）平成二年四月一一日付毎日新聞夕刊を始めとして、勾留延長決定について、勾留満期前に決定するいわゆる「先取り決定」を各新聞が批判し、大問題となった。国会の衆議院法務委員会でも取り上げられ、最高裁事務総局刑事局長が、「望ましくない。最高裁として反省し、各地の裁判所に対して問題のある運用がなされることのないように事務連絡したい」と答弁した（平成二年四月一八日付毎日新聞朝刊）。

（8）判例タイムズ七一五号参照。

（9）同様の方法は、審理充実の関係でも用いられている。最高裁判所事務総局・民事裁判資料第一九七号参照。

（10）最高裁判所事務総局・民事裁判資料第一九六号参照。なお、平成三年三月の民事事件中央協議会でも、問題として新様式判決書が取り上げられている。

（11）司法研修所民事裁判教官室編「民裁教官室だより（一〇）」参照（本文中の、新しい様式による民事判決書集第三集にも収録されている。）。同たよりでは、「民裁教官室としては、……基本的に新様式判決書が実務に定着するように努めていきたいと考えている。」と述べられている。

（12）さらに、程度が激しかったのは、本文でも触れた平成元年三月八日のレペタ事件のメモ判決である。まず、判決当日の午後四時ころ、配属庁の全裁判官に判決全文と判決理由骨子が配られた。後で聞くと、全国一律配付だったようである。そして、判決からわずか一か月の間に、裁判所時報、官報（そもそも官報に判決が載ることはほとんどない。）、法曹時報等ほとんどの裁判官が目を通す公刊物や民間の法律雑誌に、メモ判決全文ないしその解説が掲載された。特に、法曹時報という雑誌には、最高裁調査官が、通常一年ないし数年後に判例解説を掲載するのが普通であるが、メモ判決に関しては、極端に早く判例解説を掲載し、その中で、メモ判決がいかに正しいかを学説や諸外国の例を引きながら解説し、最後に「全国の裁判所における取扱基準の適否が問われている」というやや恫喝めいたしめくくりを行った。そして、判決後直後といってよい同年五月の刑事事件ブロック会同、同年六月の長官所長会同でメモ判決が取り上げられ、前者では、最高裁の刑事局関係者が判決の趣旨、判決の具体化の方法、関連問題の解決の仕方について下級裁判所裁判官に懇切丁寧にレクチャーし、後者では、各高裁長官・各地裁所長が、判決の定着について下級審での取扱いの変更を最高裁に報告する場が設けられたと聞いている。このように、判決当日の判決の全国一律交付を始めとして、短期間に強引に定着を図ろうとする一連の動きは異例であり、判決内容に大賛成の私でも眉を顰めざるをえなかった。

（13）公的ルートと権威を使い、さらに上からの改革であることを露骨に表現したのは、刑事判決書改善の動きである（東京地裁・大阪地裁刑事判決書検討グループ「刑事判決書の見直しについて〔提言〕」。判例タイムズ七五五、七六六、七七七、七九六号、最高裁事務総局・刑事執務資料第八号「刑事判決書に関する執務資料――わかりやすい裁判をめざして」参照。）。この提言の冒頭には、刑事判決書の見直しを進めた動機として、東京地裁所長の「架電」発言と、上席裁判官のエッセイであることが明言されている。

（14）庁報委員会が原稿のチェックをする裁判所がある。現在の内部的な庁報にさえ自由にものが書けないとなったらおしまいであるが、これも最高裁への報告制度と無関係ではあるまい。

（15）裁判官の報酬等に関する法律によると、高裁長官の中で、東京高裁長官だけが、他の高裁長官よりも報酬が多くなっており、これが、下級審裁判所を法的に序列化した最大で、かつ唯一のものではなかろうか。

（16）裁判会議では、議長選任方法の改善も必要である。現行裁判所法では、長官、所長が当然議長になることになっているが（最高裁は一二条二項、下級裁判所は二〇条二項、二九条三項、三一条の五）、議案提出の多くは事務局長への監督により事務局を束ねる（議案の多くは事務局の作成である。）長官・所長から実質なされるから、提案者と議長が同一という事態が恒常化している。これは、会議の公正に関する一般原則に反するのではなかろうか。長官・所長から議案提出がなされる時は、別の臨時議長を選ぶべきであり、そこまで裁判所法は禁じていないであろう。

（17）さらに、官吏服務紀律（明治二〇年七月三〇日勅令第三九号）の適用があるとする考えがあり、新任判事補集中研修でもそうした説明がなされている。しかし、新憲法、新裁判所法が施行されて何一〇年も経つのに、こんな勅令を持ち出す感覚自体を疑ってしまう。

（18）朝日新聞一九九三年三月二七日夕刊ウィークエンド経済第三五二号参照。本文中の記載のほか、同記事には、朝日新聞社が、大手企業の課長五〇人にアンケートし、社内で、「さん付け」で呼ぶ習慣があるかとの問いに、「ある」との答えは二七社で、うち、会社の指示によるものは一四社、自発的なものが一三社との回答があった旨記載されている。また、右アンケートでは、本当はどう呼ばれたいかの問いに、二六人が「さん」で、役職名でというこだわり派は六人であったこと、会社の雰囲気への影響についての問いには、好意的な返事が二〇人で、理由は、「上司と部下が自由に意見が言える」「家族的な感じがでる」「親しみやすい」などで、変化なしの返事も六人あったことが紹介されている。裁判所で、長官、所長、上席、部長等にアンケートしたらどんな結果がでるだろうか。楽しみである。

（19）漫画雑誌ビックコミックオリジナル一九九三年八月五日号（小学館）の『家裁の人』（原作・毛利甚八）では、「法曹界は雲の上の存在……で良いはずはないのですが……」という副題の下、支部長判事の夢として、裁判所全体での「さん」付け、自由な服装、「西暦」の使用などが取り上げられている。居酒屋法廷など、傑作だが荒唐無稽と言わざるをえない内容もあるが、現在の裁判所の問題点を象徴的に扱っており興味深い。

（20）ほとんどの憲法の教科書がそうなっているし、最高裁事務総局総務局編『裁判所法逐条解説』（法曹会、一九六八年）上巻一〇〇頁以下、下巻一二一頁以下にも同じ解釈がなされている。

（21）例えば、第二分冊四九二頁以下、第三分冊八〇二頁以下等参照。

（22）法学セミナー増刊『今日の最高裁判所』（日本評論社、一九八八年）には、竹崎博充最高裁事務総局総務局第一課長の「最高裁判所事務総局の機構と機能」という論文が掲載されており、事務総局の機能として「各庁固有の司法行政事務と考えられるもの、及び事務処理の負担、合目的性等を考慮して下級裁判所に委ねられたもの以外の事務は、法規上直接最高裁判所の権限に属するとされているものはもとより、このような定めがなくとも、全国的な観点から検討を要するものも、すべて最高裁判所の司法行政事務に属する」としている。しかし、これはあまりに乱暴な議論であり、司法が地方自治ではなく国の三権の一つであることに鑑みれば、どのような事項でも常に「全国的な観点から検討を要する」という事項になり、下級裁判所の権限があまりに小さくなりすぎるのではないだろうか。

(23) 一九五五年裁判所法改正までは、総括裁判官の指名は、各裁判所の裁判官会議の意見を聞いて行うことになっていたが、同改正で各高裁長官、地家裁所長の意見を聞く形に改められた。よく批判される「裁判官会議の形骸化」は右改正が端緒とされることが多い(例えば、日弁連編『最高裁判所』(日本評論社、一九八〇年)一〇五頁以下参照)。

(24) 司法権の独立は、一般に司法府の独立と、裁判官の独立とされる。例えば、佐藤幸治『憲法』(青林書院、一九八一年)二二九頁以下にもそうした説明がなされている。しかし、裁判官の独立を「裸の独立」にしないためには、「国法上の意味の裁判所の独立」すなわち「各下級裁判所の独立」も司法権独立の保障の範囲内と考えるべきではなかろうか。場面は異なるが、憲法二〇条、二一条、二三条等では、団体や大学自体の権利や自治も保障されていると言われるし、地方自治のうち、特に団体自治が認められるのは、同様の趣旨に基づくのであろう。もちろん、こうした規定、特に人権規定は、個人と国との間の団体や大学自体の権利を認めるべき歴史的経緯があったという反対理由が述べられるかもしれないが、戦後日本の司法行政の歴史は、「各下級裁判所の独立」を認めるべき十分な歴史とは言えないであろうか。少なくとも、司法権の独立が、司法府と裁判官の独立のみと考えられ続けている学説状況は、あまりに怠慢で牧歌的すぎると思われる。

(25) 司法行政権の分属を取り上げると、司法行政の能率・効率や責任の帰属が問題になろう。即ち、権限が分属していると、上命下服がなされなくなり能率・効率が維持できなくなるという点や、責任も分属し、行政の一体性を害し、最高責任者が責任を取らない体制になるのではないかという問題である。しかし、短期的にみれば能率・効率がある程度犠牲になることもあろうが、それはそれで仕方がないし、能率・効率のみを価値判断の基準にするのは司法行政に対する貧困な理解とは言えまいか。また、戦後日本の司法行政の歴史を繙くと、例えば、かつて認められていた法廷内カメラ撮影を再開するのに二〇年以上の月日を要しているが、これなど上命下服が行き届いているために下級裁判所でも実験的に進んで認めるところが生まれず、長期的に見ると再開に極めて非能率・非効率だったと言えるのではないか。次に、行政の非一体性は、司法行政が特殊な行政であり、他の行政にはない裁判官の独立という憲法原理に奉仕するために特殊な扱いがなされるべきであるという理由で十分説明できる。また、最高責任者の問題は、ある下級裁判所に問題が生じたときに、当該下級裁判所の権限内の問題であるなら、そこの裁判官達が最高責任者のはずであり、責任の問われ方も、国民審査（憲法七九条二項以下）以外は、内部的には分限裁判、外部的には弾劾裁判であって、当該下級裁判所の裁判官達と最高裁判事とで何ら変わりがなく、さらに、事務総局勤務の裁判官とは全く同一である。したがって、権限あるところに責任を持たせても何ら問題はない。国会で特定の裁判所の取扱いが追及された場合も、従来なら最高裁が調査して答弁する形であったが、下級裁判所固有の権限の問題なら、下級裁判所の所長を始めとした裁判官が答弁に出かけることも必要であろう。

第四章　令状審査の活性化と公開化のために

一　刑事司法の改革を考えるについて

私の論文（第一章から第三章）を最初発表した際（一九九三年）、賛否の如何を問わず、様々な反響があった。その中で裁判官からのかなり本質的な疑問の提起は、刑事裁判をどう考えるかということにあった。これは、特に第一論文に対する疑問の提示となっている。確かに、マスコミ等で最も取り上げていただいた第一論文は、民事裁判と家事審判・調停を主に念頭に置いた論文であり、刑事裁判が頭の片隅にしか存在しなかったのは正直なところである。しかしながら、第一論文で取り上げた「裁判所」「裁判沙汰」「こわいところ」「よくわからない」といったイメージを国民に抱かせている大きな要因は、やはり刑事裁判ではなかろうか。時には、死刑という極刑を科すような裁判であり、しかも、民事裁判よりもマスコミで日常的に取り上げられる数が多いので、右のようなおどろおどろしい裁判所のイメージ作りに機能していることは否定しがたいと思われる。ただ、刑事裁判には、刑による威嚇により、犯罪の一般予防を図っていく機能があるから、右のようなイメージを作らせることがすべて間違いというわけではない。この問題では、民事裁判や家事審判・調停と刑事裁判を分けて考えなければならないところである。将来的に言えば、「利用しやすい裁判所」(1)を実現していくために、民事事件や家事・少年事件の裁判所と、刑事事件の裁判所を物理的に分離していくことも考慮に値するであろう。

ところで、こうした刑事裁判の基本的特徴を指摘していくと、その改革の必要性や内容は民事裁判等とはかなり異なる視点で考えなければならないようである。少なくとも、刑事裁判で「原告」に該当する検察官にとっての「利用しやすい裁判所」などは、改革の視点としては冗談でしかない。では、どう考えていくべきであろうか。こうしたことは、正直なところ、刑事裁判の運用に長年携わり、その構造的問題に長年触れてこられた法曹の方から意見が出されていくべきであろうし、実際出されているようでもある。そんな中で、刑事裁判歴三年（合議事件の左陪席二年、単独事件一年）の私が、改革をいうのはおこがましいとも思えるし、私自身が刑事司法改革の包括プログラムを提示することは手に余りすぎる。ただ、私が、任官して最初に刑事司法に触れたのは、令状審査であり、それは三年に限らず、任官以来ずっとやっていることであり、いろいろな疑問とそれに対する対策を最も考える機会が多かったので、まずそこから考えてみようと思う。もちろん、刑事司法全体にとって、令状審査の問題は一部にしかすぎないし、残念ながら、令状審査はともすれば刑事司法において軽く扱われがちである。例えば、令状審査は、簡易裁判所判事や、せいぜい未特例判事補でやるべきだとの失礼な考え方を聞くことがあるし、迷ったら令状請求を認めておけば間違いはないとの意見に触れることも決して少なくないのである。しかし、刑事司法において、裁判所が国民とまず接触を持つのは令状審査であり、ここから出発して刑事司法のあり方を考えるのも故無きことではないと思われる。そして、自分が経験した実務の中で考えた改革案こそが最も実際的であろうし、そこから広げて刑事司法全体のことを考えていきたいと思う。

二　令状審査の問題点をどこに置くか

まず、別表第一から第六（二〇九項以下）までの統計を見ていただきたい。これは、平成五年高裁管内別簡易裁判所判事協議会の資料で、最高裁事務総局刑事局が「司法統計年表」からデータを集め、まとめて表にしたものの一部である。「司法統計年表」自体は公表されている資料であるから、それをまとめた最高裁事務総局刑事局の表も、特に秘密にすべきものではあるまいと考え、引用させていただくことにした。同表によると、最近では、令状請求却下率が極めて低いことがわかる。例えば、平成三年度でいうと、別表第一によれば、地裁・簡裁合わせて、通常逮捕請求は〇・〇三パーセント、緊急逮捕状請求は〇・〇四パーセント、別表第二によれば、勾留請求は〇・四三パーセント、別表第四によれば、勾留延長請求は〇・〇九パーセント、別表第五によれば、捜索・差押・検証許可状請求は〇・〇八パーセント、別表第六によれば、身体検査令状請求は〇・四二パーセントなどである。もっとも、令状請求の取下げを含めると、率が飛躍的に上がる分野もあり（例えば、通常逮捕状請求は〇・三〇パーセントで一〇倍、捜索・差押・検証許可状請求は〇・八四パーセントで一〇・五倍である。）、問題ある令状請求は、却下ではなく取下勧告をして取り下げさせ、捜査機関との間に無用の摩擦を避ける裁判官の実態が浮かび上がる。また、言わずもがなであるが、令状請求の取下げは刑事訴訟法や同規則（以下「法」「規則」という。）に規定がなく、何のルールもないのにそれが多用されることの問題もある。

また、もう一つ注意していただきたいのは、緊急逮捕、勾留、勾留延長、身体検査の各令状請求における却下率の変動である。簡裁・地裁の総数で、最大却下率と最小却下率は、緊急逮捕で八倍、勾留で八・七倍、勾留延長で一三倍、身体検査で一三倍も異なるといった変遷状況にある。裁判所に令状請求される事件の種類や、検察・警察の方針等が時代によって異なるから、却下率の変動があることはむしろ当然であろうが、却下率が八倍から一三倍も異なるのは異常としかいいようがなく、それを事件の種類や検察・警察の方針等の変化だけで説明することは困難であり、右以外の客観的要因、即ち立法や審理方式の変化も特に見当たらないといった状況にある。

こうして、別表の統計だけからでも、①令状却下率の低さ、②規定のない取下げの多用、③令状却下率の変動の大きさの三つが問題点として浮かび上がる。①は、従来から、「令状審査の形骸化」として言われるところであり、私自身は、日々真面目に令状審査に取り組んでおられる裁判官を多数存じあげているので、すぐさまその議論に乗るつもりはないが、ただ③との関係では重要視しなければならないと思っている。また②は実は令状審査に象徴的な問題で、公判審理と異なり、令状審査が全く公開されないことと深く関係している。つまり、令状審査は、捜査官と裁判官のみで審理が行われ、もともと被疑者側からチェックがほとんど及ばない構造になっている上、最近の当番弁護士制度発足まで、被疑者段階で弁護人が選任されることは少なかったという実情から、捜査官と裁判官による談合的体質（あえてこのように刺激的な言葉を使ったが、取下げの多用だけでなく、裁判官から捜査官への頻繁な電話、捜査官による令状請求書の鉛筆書――問題のある記載は後で消すものと思われる――、夜間令状請求の際の裁判所職員によるパトカー利用等運用上問題のある事項は多いであろう。）がどうしても残ってしまうのである。こうした問題を解決するのは一筋縄ではいかないが、私なりに、①③の問題を「令状審査の活性化」として、②の問題を「令状審査の公開化」として対策を考えてみた。

三　令状審査の活性化のために

1　令状審査における事実の取調の積極的活用と、その正当化

二で述べた令状却下率の低さから、「令状審査の形骸化」という議論の立て方にはすぐには賛同しないことは前述したが、数字を見せられるとどうしても、「これでいいのか」「もっと活性化しなければならないのではないか」と

思うのが本音であり、弁護士や学者の方からすればなおさらそうであろう。しかし、個々的には令状審査を丁寧にやっておられる裁判官は多いので、「形骸化しているから裁判官はもっとしっかり審査しろ」「法の原則にしたがってやれ」では事態は進展しない。具体的な方法論が必要である。そこで、令状却下率の変動の大きさとの関係で対策を考えてみたい。前述のように、令状却下率の変動の大きさは、事件の種類や検察・警察の方針等の変化だけで説明することは困難であるし、右以外の客観的要因も特になさそうである。そうすると、却下率の変動の原因は、もっと主観的なもの、即ち令状審査を担当する裁判官の意識の変化にあるのではないかと思われる。実際、裁判所の中で先輩裁判官と令状審査について議論していると、「私らの若いころは、却下数を競ったことがあった。」「却下率を計算し、勝率何割とか言っていた。」「裁判官からみると検察、警察はある意味で敵と思っていたから、却下率が高いほどいいと思っていた。」という話を聞くことがある。現在、却下など全くしない裁判官がそうしたことを言うのだからなおさら驚くのである。こうした話は、その中身の当否はしばらく置くとして（眉をひそめることも当然ある。）、話自体が私達若い裁判官にとっては驚きの対象であり、感覚の違いといったものをを感じざるをえない。そして、それが却下率の大きな変動の一番の要因だろうというのが偽らざる実感である。ただ、その感覚の違いが、却下率の大きな変動に直結するのは、令状発付の要件があいまいなこと（法二一〇条「直ちに」、六〇条一項二、三号「罪を湮滅すると疑うに足りる相当な理由」、「逃亡すると疑うに足りる相当な理由」、二〇八条二項「やむを得ない事情」、二一八条「犯罪の捜査をするについて必要があるとき」）、及び令状審査の宿命として資料が少ないことにあるのではないかと思われる。即ち、令状発付の要件があいまいだと、裁判官の主観、価値観、気分等が大きく影響することは明らかであり、資料が少ないと評価の範囲が広くなり、結論は裁判官によりどっちにでもなるという性格が令状審査に付きまとうのである。そこで、裁判官の意識の変化に関係なく、却下率の変動をそれなりの幅に収めるには、①令状発付の要件を厳格にすること、②令状審査の資料を増やすことが必要であろう。①は、従来から解釈論で努力されてきたことではあるが、その要件該当性の判断が最後は証拠の総合評価にならざるをえないから限界があり、立法論になっていきかねない。そこで、従来からあまりいわれていない②が、今後は大切だろうと思われる。資料が充実していれば、裁判官によって、そう結論が変わるものではなく、その意味で裁判官が疑問を持った時は資料集め、即ち「事実の取調」(法四三条三項)を積極的に行うことが大切だと思うのである。そして、私は、その目的として、右のように却下率の変動の安定化を挙げたが、事実の取調が広範に行われると、却下率が安定するだけでなく却下率の水準が現状より確実に上がると思われる。捜査機関の提出する資料はどうしても被疑者に不利になりがちであり、その資料の中に被疑者の弁解や供述はあるものの、それを裏付けるものはなく、その資料によれば、とりあえず令状請求は認容となりがちであるが、もしかしてと思って事実の調べをしてみると、被疑者の弁解に沿う証拠が出てくることがあり、そうすると、とりあえず認容という結論は現状よりだしにくいと思われるのである。実際、後述のように、私の経験でいうと、事実の取調べをやってみると、予想できないような資料が出てくることが少なからずあり、却下する率は高くなるし、その却下も資料があるので、感覚や価値観だけで勝負するのではなく、裁判官らしく資料による却下ということで、自信を持って却下できるのである。

このように、特に令状請求を認容するか却下するか、はたまた現在多用されている取下勧告をするか悩むボーダーライン層の事件について、少しでも疑問をもった場合、主観、価値観、気分を働かす前に、裁判官による資料収集、即ち事実の取調を積極的に行うことは、令状審査を現在より実質的なものにし、活性化させるもととなる。

ここで、事実の取調の積極的活用を正当化する理屈について少し触れておきたい。令状審査の問題を考える際に、いつも遡らなければならないのは、令状主義である。令状主義とは、すべて強制処分は令状によらなければならないという原理であり、憲法三三条や三五条を根拠にしている。そして、その原理を支える実質的な根拠は、強制処分に対する司法的抑制の理念である。ただ、司法的抑制という言い方に象徴されているように、わが国の憲法以下の刑事訴訟関係の法体系に関する通説的見解はもちろん、実際に令状を担当する裁判官の意識面においても、捜査段階の主役はあくまで検察官・警察官等の捜査機関であり、裁判所は、捜査機関の活動の行き過ぎによる人権侵害をチェックするための機関にすぎないとの考え方が強いのではなかろうか。もちろん、その考えでも、チェック自体は厳しくかつ慎重にしなければならないのは当然であるが、私は、右のような日本の通説的見解であり、かつ裁判官の意識の意識を支配している「司法的抑制」といった考え方に安住することを、問題にする必要があるのではないかと思う。「司法的抑制」理論では、裁判所がチェック機関にすぎないということになり、ともすれば、捜査機関が出してきた疎明資料をみて、捜査機関の請求をイエスと言うか、ノーと言うかだけの機能を持つ結果に終わってしまいがちだからである。そして、それを問題にする仕方は、従来のいわゆる「弾劾的捜査観」からする批判が考えられる。しかしながら、そもそも「糺問的捜査観」に対置される「弾劾的捜査観」[3]は、捜査構造のとらえ方を変え、捜査は、捜査機関が被疑者を取り調べる手続ではなく、公判に向けた一方当事者の訴訟準備と考え、捜査機関と被疑者の関係を変革しようとする点を主たる狙いにしており、裁判所の役割を理論的に変更することはあっても（例えば、注（2）にあるように、令状を裁判所の命令状と解する点など）、その変更を裁判所が具体的にどう実現していけばよいかについてあまり示唆するところではない。もちろん、「弾劾的捜査観」をとれば、令状の必要性判断を裁判所がするのか[4]、勾留取消の際に取調の必要性をどの程度考慮するかなど、裁判所の実務に影響を与えることは否定できないが、任意捜査の原則をどれだけ強くみるか、被疑者の取調受忍義務を認めるか、被疑者と弁護人との接見交通権をどの程度重視するかなど、捜査機関と被疑者の関係から出てくる結論と比べると、いささか重要度が落ちる感じを否めないのである。そこで、司法的抑制理論を問題にする仕方として、「弾劾的捜査観」からだけでは十分な解答を得られないから、新しい理論とまでいうのはおこがましいが、新しい視点は持つ必要があろう。私は、令状審査段階でも、法一条の事案の真相を明らかにする義務が、裁判所にある程度生じることを強調したいと思う。もちろん、令状段階では、裁判所の心証は証明ではなく疎明であればよいのであり、真実性の一応の蓋然性を認識できればよいのだから、事案の真相を明らかにする義務といっても、捜査機関の提出した資料から疑問が生じた場合の限定的なものにすぎないであろう。しかしながら、一定の場合には（あくまで判断のボーダーライン層の事件であり、しかもよく論じられるように、令状審査が補充捜査になってはいけないので、裏付資料は足りないが被疑者の弁解が真実かもしれないと思われ、かつ容易に裏付資料が入手しうる場合に限定すべきであろう。）、事案の真相を明らかにする義務が裁判所に生じることを強調するなら、裁判所における審理を検察官・警察官の提出する資料だけに限定するのではなく、より広い範囲の資料を自ら収集し、考慮すべきであるとの意見に繋がっていくであろう。これこそが、今裁判所に求められている姿勢ではないだろうか。これにより、事実の取調の積極的利用が正当化されるのではないかと思う。こうした見解には、職権主義の匂いを感じられる方がおられるかもしれないが、旧刑事訴訟法のような予審制度をとる場合は、裁判所が捜査の延長のようなことをなしていたから、実質的な捜査段階で裁判所が大きな権限をふるうことに消極的な意見もありうるであろうが、現行刑事訴訟法下では、捜査段階では裁判所が権限をふるうといっても、チェック機能に対するプラスアルファ程度であるから、職権主義というほど大げさなものではないと思われる。

2　事実の取調の理論及び運用

事実の取調は、決定・命令の場合、法四三条三項に一般的に定められている。ここにいう決定・命令は、判決と対比される場合の決定・命令であり、形式的意義のそれであるから、許可状の性格を有するものも含めて、令状すべてがここにいう決定・命令に該当する。そこで、令状審査に関する事実の取調の基本条文は、法四三条三項となる。解説書[5]によると、法四三条三項にいう事実の取調における取調方法は、強制力を伴わない限り、制限がないとされ、強制処分は、証人尋問、鑑定のみが可能（規則三三条三項）で、それ以上の強制処分は、裁判所の決定にのみ許され（法第一編第八章以下は、「裁判所」の権限である。）、裁判官の命令には許されないとされている。強制力の点で限界があるものの、それを用いない方法なら、令状審査の段階で、裁判官が取りうる方法は法的には無限定である。また、そもそも事実の取調ができる場合について、何ら限定した規定はないから、裁判官がどういう場合には、事実の取調の積極的運用に消極意見が多い。例えば、松尾浩也「勾留の手続」『捜査法体系Ⅱ』〔日本評論社、一九七二年〕六六頁以下）は、「事実の取調権限を広範に活用することは、勾留質問との関係では、むしろ不適当」であるとし、その理由を、「勾留手続の迅速性」「勾留質問は非公開の手続」といった点に求めている。また、奥田保「勾留の裁判と事実の取調」（判例タイムズ二九六号一七二頁以下）も、裁判官の事務負担能力及び勾留の迅速性から、すべての事件において事実の取調をなすのは、不可能ないし不適当だとし、「裁判官がその必要性を認めた場合のみ、一定の範囲で適切な方法においてのみ行うべき」とする。そして、例えば、勾留理由に関し、「住居不定」や「逃亡のおそれ」のある場合は、疑問が生じたら、関係者や家族、雇主等に電話照会をしたり、裁判所に直接出頭を求めるなどして直接調べる必要があり、実際、その場合が実務で最も実効を収めているが、「罪証湮滅のおそれ」のある場合は、捜査の密行性を侵す懸念さえあるので、関係者に直接、事実調をなすことは避けたほうが審査の活性化のために望ましいとしている。小林充「被疑者の勾留に際してどの程度事実の取調ができるか」（新関雅夫ほか『新版令状基本問題』〔一粒社、一九八六年〕第四七問）も、右奥田見解と同様の見解と思われるが、被疑事実について事実の取調をするのが適当な場合もあることを認めるなど、奥田見解よりはやや積極的な印象を受ける。こうした消極意見のキーポイントは、令状手続の迅速性と捜査の密行性のようであり、それ自体は否定しようがないところである。以上と異なり、事実の取調の積極運用、ないし現状に比較しての積極運用を主張する文献は見当たらないようである。一方、実際の運用においては、勾留に関して、全国書協名古屋高裁管内支部刑事実務研究班「勾留状発付に関連する実務上の諸問題――勾留質問を中心として」（書協会報第五九号六二頁以下）に、事実の取調についての各裁判所のアンケート結果が掲載されており、興味深い。それによると、回答庁五〇庁のうち、なんらかの形で事実の取調をしている庁が三〇庁（しばしばあるが五庁、たまにあるが二五庁）で、残り二〇庁の内訳は、ほとんどないが一六庁、全くないが四庁となっている。また、事実の取調内容については、勾留の必要性、身柄引受け、拘置所等の収容能力などに関する事実が三七庁、勾留理由に関する事実が一四庁、逮捕手続が適法がどうかなど手続面に関する事実が一一庁、犯罪事実の存否など実体面に関する事実が一〇庁となっている。方法については、電話照会によるものが三七庁、面接して事情聴取しているものが三一庁であり、その相手方は、親族、雇主、知人、身柄引受人等が三九庁、警察官等捜査官が二九庁、被害者、目撃者など事件関係者三庁などとなっている。事実の取調をしている裁判所の多さや、方法及び相手方の多様さに驚くが、右アンケートは昭和五二年ころのものと思われ、現在では実情を反映していないと思われる。裁判所で令状実務をみていると、現在では、捜査官が疎明資料として提出したもの（提出が義務づけられている。規則一四三条、一四八条、一五二条、一五六条等）を担当裁判官が読むのは当然としても（これは、事実の取調とまでは言わないのが通常であろう。）、それ以外は、捜査官への電話聴取のみがなされるだけであって、前記のような多様な方法や相手方を用いての事実の取調はほとんどなされていないのではないかと思われる。特に、被害者、目撃者など事件関係者を相手方として、犯罪事実について事実の取調を行うことはまずないであろうし、逮捕手続が適法がどうかについての事実の取調も、勾留質問に伴う被疑者への事実の取調以外はほとんどなされていないであろう。(6)

3　事実の取調参考事例と問題点

前記のように、現在では、事実の取調がほとんどなされていない状況下であるから、積極的にその活用を訴える場合、参考事例を積み重ねていくことが重要であろう。そして、それを紹介していくことで、事実の取調をほとんどしたことのない裁判官にも興味を呼び起こすのではないかと思われる。そこで、拙い経験であるが、私が実際やってみた事実の取調事例のいくつかを紹介してみたい。もちろん、実務であまり行われないことをやるのであるから、問題点もたくさんあるし、後で反省することも多い。その点も考察しながら、読者の批判を仰ぎたいと思う次第である。なお、以下では、メモ等を参考にしながら、事案の復元を行ったが、プライバシーの関係から、被疑者の特定に亙る事項はすべて削除したほか、事項によっては記憶に頼らざるをえない部分もないではなく、若干不正確な復元になったかもしれない部分もあることをご容赦願いたい。ただ、それらも、事実の取調の事例紹介という意味ではほとんど影響のない事柄であると思われる。

(1) 逮捕状関係

〔事例Ⅰ〕

（事案） 警察官が、駅近くでパトロール中、被疑者に職務質問をしようとした時、被疑者が警察官を見るなり逃げだした。警察官が、被疑者を追いかけて何百メートルか走ったところ、被疑者が何かにつまづいて転倒した。このため、警察官は、被疑者を最寄りの派出所まで連れて行ったが、派出所に入った時、被疑者のポケットから白い粉入袋が落ちたため、覚せい剤取締法違反で緊急逮捕した。警察官が、被疑者を最寄りの派出所まで連れて行くことについては、目撃者があり、「被疑者が転倒したので、警察官が被疑者を捕まえ、派出所まで引っ張っていった」旨の調書があった。

（事実の取調）

緊急逮捕以前に逮捕行為があるのではないか、覚せい剤が発見される過程に不明朗さがあるのではないかと考え、被疑者、担当警察官を呼び出した。担当警察官は非番で連絡がとれないとの上司の連絡があり、令状の緊急性により取調を断念した。ただ、その上司は、「目撃者の調書に『被疑者を捕まえ、派出所まで引っ張っていった』との記載はあるが、一般的な表現で、無理な強制をしていたわけではない」と電話で説明した。被疑者を取り調べてみると、警察官が被疑者に同行を求める言葉は一切掛けておらず、同行について被疑者の承諾もなく、警察官は、被疑者の背後から、右手でその首を、左手でその手を掴みながら、派出所まで連れて行ったとのことで、目撃証言と一致し、かつ具体的・詳細な内容の供述であった。しかも、被疑者は、右連行の態様について異議らしきことは一切言わず、かえって悪いことをしたのだからやられて当然といった感じであった。なお、覚せい剤の発見過程は、被疑者を取り調べてもいま一つはっきりしなかったが、被疑者がかなり乱暴な扱いをされ、その弾みでポケットから落ちた可能性を否定できなかった。

〔結果〕　緊急逮捕以前に実質的な逮捕があり、違法な逮捕手続が先行しているのだから、緊急逮捕状は出せないと判断し、右令状請求を却下した。

〔問題点〕　この事例では二つある。①逮捕状の場合、規則一四三条の二が、法四三条三項の特則であり、事実の取調権限が限定されているとすると、右規則に該当しない被疑者の取調はできないのではないかということ[7]、②被疑者を裁判所で取り調べるなら、被疑者を召喚・勾引しなければならないが、明文がない以上できないのではないかということである。ただ、①に関しては、法の原則を規則で狭めることができるかという一般的疑問のほか、規則一四三条の二特則説を貫くと、事実の取調ができるのは、逮捕状請求者のみであり、実際の捜査担当者さえできないことになり、余りに不都合である（捜査担当者は、請求者の「代理」で説明できるという見解もありえようが、明文を一方にだけ拡張するのは公平ではあるまい。）。したがって、特則説はとりえず、規則一四三条の二は、法四三条三項の確認規定と解すべきではなかろうか。②に関しては、法二二〇条四項で被疑者に勾引状が出されることが予定されているし、特に捜査の補強ではなく、被疑者の言い分を聞くためであれば問題ないのではなかろうか。殊に、召喚の場合は、執行の観念を含まないから、強制処分といっても観念的な性格が強いので、できると解してもよいのではなかろうか[8]。いずれにしても、消極意見もありうるので、慎重を期す場合は、召喚・勾引ではなく、裁判官が被疑者のいる場所に出掛けるか、被疑者を電話に出させて調べる方法が考えられよう[9]。

〔事例Ⅱ〕

〔事案〕　被疑者は、タクシーに乗り、友人宅近くで所携のバッグを置いたままそのタクシーを待たせ、友人宅に出向いた。被疑者がなかなか帰ってこないので、乗り逃げと思ったタクシー運転手は、派出所に赴き（午前三時半）、バッグを提出。中から切り出しナイフと覚せい剤様のものが発見された。その時、タクシーを探していた被疑者がたまたま派出所の前を通りかかり、タクシー運転手から名指しされた。被疑者は、派出所の中でナイフ所持は認め、覚せい剤所持は否認した（友人からの預かり物で、印鑑入れを預かったので、中のものは知らない旨弁解）。警察官は派出所において、銃刀法の現行犯で被疑者を逮捕し（午前四時）、本署に連れていき、二時間後に、覚せい剤の予備試験で覚せい剤反応が出たとして再逮捕した（緊急逮捕。直前に銃刀法は釈放した。）。そこで、緊急逮捕状が請求されたが、緊急逮捕手続書には、警察が被疑者を派出所から本署に連れていく際、「現行犯的に処理するため、同行を求めた。被疑者が拒否するのでかなり説得したところ、『強引やの』と行って同行に応じた」「その後本署に同行した」とあり、派出所では現行犯逮捕がなかったことを窺わせる記述があり、しかも一部の「同行」が後で「引致」に訂正されており、書面が混乱していた。また、本署での弁解録取書では、被疑者の署名押印が拒否されていた。さらに、覚せい剤の予備試験の際に、被疑者から積極的な同意を窺わせる書面や、鑑定処分許可状の取得もなかった。

（事実の取調）　本当に派出所で現行犯逮捕手続がなされていたのか、本署への引致後弁解録取がなされたのか、覚せい剤の予備試験は勝手にやられたのではないか（違法収集証拠の問題）などの疑問があった。〔事例Ⅰ〕で述べたように、召喚・勾引への消極意見があることを配慮し、請求警察署に出向き、被疑者への事実の取調をした。警察の取調と外形的に区別するため、会議室等の使用を警察に申し出たが、小さな警察署のため無理であった。やむをえず取調室で、被疑者のみを入れて事実の取調をしたが、派出所での現行犯逮捕が実際にあったこと、本署への引致後弁解録取もなされていたが、被疑者は気分が悪いので署名押印をしなかったこと、被疑者は覚せい剤の予備試験は仕方ないと思っており、積極的に反論しなかったことが明らかになった。

（結果）　手続上の瑕疵はなかったものと判断して、緊急逮捕状を出した。被疑者の審尋調書は、緊急逮捕状請求書謄本と共に裁判所で保存した。

（問題点）　警察署まで出向くと、関係者に緊張感が漲る。ただ、警察署まで出向くのに、事務手続上の問題がある。特に、本件は休日の令状請求であり、裁判所に裁判官と当直職員しかおらず、足の確保が重要な問題であった。

(2)　勾留状関係

〔事例Ⅲ〕

（事案）　覚せい剤譲渡事件の勾留質問で、譲渡人とされた被疑者は、譲受人の供述する譲受日時（〇月〇日午後〇時ころ）には、病院と社会保険事務所に行っていたから、譲渡しは不可能として、アリバイを主張した。譲受人の供述調書は詳細・具体的で、特に疑問を挟む余地がないように思われたが、被疑者のアリバイ主張も確信的であり、もしかしたらという疑問が生じた。

（事実の取調）　刑事事件であることを隠し、ただ裁判所であることを明らかにした上で、病院と社会保険事務所に対し、問題の時間帯に被疑者が訪問したことがあるかについて電話聴取をした。いずれも確かに訪問していたとの回答で、アリバイが成立した。

（結果）　アリバイ成立により、勾留請求を却下しようとしたが、念のため、もう一度譲受人の供述調書を詳しく検討してみると、譲受日時に微妙に変遷した形跡があり、（〇月〇日ころと供述した調書があった。しかも、右供述は、被疑者のアリバイ主張前に作成されており、捜査官の誘導によるものとは認めがたかった。）、しかも譲受時期が供述より二か月程前の事件であり、〇月〇日という確定日時に重きを置くことに疑問が生じたので、供述の微妙な変遷の理由を捜査官に質した上で勾留した。ただし、被疑者の納得も重要と考え、事実の取調のあと、もう一度勾留質問を行い、「病院と社会保険事務所に問い合わせてみると、あなたのいうとおりでありました。ただ、裁判所としては、〇月〇日の前後の日もありうると考え、それに沿う資料もなくはないので、勾留することとします。」と説明した。被疑者は、弁解に沿う調べをしてくれたことに感謝し、勾留については特に異議を出さなかった。

〔問題点〕　第三者に電話を架ける場合、被疑者のプライバシーをどう守るか、捜査の秘密を漏らすことにならないかの点が重要であろう。最大限の配慮が必要だが、それを絶対視し、事実の取調が一切許されないというのも問題があろう。どう工夫するかを考えた方が生産的である。また、被疑者に事実の調べ結果を教えることは、捜査の秘密保持や罪証隠滅防止との絡みもあって慎重にすべきだが、本件は、事実の取調の相手が公的機関であり、罪証隠滅の実効性が低い事案であるし、取調内容も、客観的で（カルテや書類に残っている事項）比較的争いようのない事実であって、特に捜査の秘密を漏らして捜査を妨害する類の情報ではないと考えられた。また、令状段階でも、身柄拘束について、被疑者のある程度の納得は目指すべきではなかろうかと思う。

〔事例Ⅳ〕

〔事案〕　被疑者は、会社の同僚女性の異性関係に気付き、それを材料に同僚女性から金員を恐喝しようとした。そして、同僚女性に電話を架け、金員を置いておく場所をドライブインの電話ボックスに指定し、約束時間にそこへ出向いたところ、被害者から通報を受けた警察官に現行犯逮捕された。被疑者は、二〇歳代前半で、前科・前歴はなく、非行歴もなかった。また、母親と同居し、勤務態度は真面目のようである。独身だが、結婚を誓った女性がいるとのこと。勾留質問では、被疑者は被疑事実を認め、動機については遊び心が入っていたとし、手口についてはテレビや小説から学んだとする。

〔事実の取調〕　動機、手口を学んだ方法等について疑問が残ったが、未遂であること、現行犯逮捕事例であること、背後関係を窺わせる証拠はなかったことのほか、身上関係や前科・前歴等を考慮し、勾留理由や勾留の必要性に疑問を感じた。そこで、家族に連絡をとると、母親、その兄弟、婚約者等四、五名が裁判所に駆けつけてきた。母親の兄弟が来たのは、被疑者が逮捕されたと聞き、親族で初めての出来事ということで大騒ぎとなり、遠くから被疑者宅に集まって親族会議を開いていたとの理由によるようである。その際に、裁判所から連絡が入ったので、婚約者にも連絡をとって駆けつけたようである。すべての人間に事実の取調をなし、被疑者の身上関係、生活・勤務態度等について聞き取りをした。その結果、被疑者の調書にさほど間違いがないことが確認された。そこで、全員について、身柄引受書的な審尋調書を作成し、被疑者の捜査機関、裁判所への出頭を確約させた。

〔結果〕　勾留の必要性無しとして、勾留請求を却下した。準抗告されたが、棄却された。

〔問題点〕　被疑事実に関係のない事実の取調は捜査の秘密やプライバシーへの配慮をそれほど考えなくてよく、多用できる。ただ、本件のように親族が大挙して押し寄せると、時間がかかる。もっとも、大挙して押し寄せることが、組織事犯でないかぎり、逃亡のおそれを減殺すると判断できることもあろう。ところで、こうした家族や親族に対する事実の取調は、少年に対する観護令状、観護措置の審査の際にも行うことがあるが、昼間においては家族や親族への連絡が困難であったり、また家から裁判所までの距離がかなりあるため、判断の迅速性を害すると思われる時は断念せざるをえないことがある。法の下の平等からすると少し問題だが、かといって平等のために一切事実の取調をやらないという結論にはならないであろう。

(3)　勾留延長関係

〔事例Ⅴ〕

〔事案〕　万引窃盗（一万一〇〇〇円相当の腕時計）の現行犯逮捕の事案で、勾留期間中に大体捜査は終わっていた。勾留延長請求書には、「余罪として同種万引事案が多数あり、その捜査が未了である。」旨の記載があり、余罪の嫌疑がある旨の捜査報告書が一通添付されていた。

〔事実の取調〕　勾留延長の際に、余罪を考慮できるかについては争いがあるが[10]、同種余罪であり、余罪が本件万引窃盗の広義の情状となりうる（起訴価値を決める）だけでなく、本件万引窃盗の動機、計画性等を明らかにするために重要であり、余罪を考慮しても問題が少ない部類の事案と考えた。ただ、余罪の嫌疑がある旨の捜査報告書が一通では心もとないし、そもそも余罪を考慮するのであれば、余罪自体がある程度疎明されていることが必要と考え（それが、余罪について新たに逮捕・勾留の手続を取らなくても適法とするための担保ではなかろうか。）、捜査機関に余罪の疎明資料を追加させる形で事実の取調を行った。すると、捜査官が余罪と考えるほとんどは、本件万引窃盗について、地方公共団体の職員を立会人として（法二二二条一項、一一四条二項後段）、被疑者宅の捜索・差押をした際に、被疑者の生活に不釣り合いな物を多数（五八点と現金）発見したことが捜査の端緒であった。しかし、警察は、それら証拠品を、立会いの地方公共団体職員に任意提出させ、警察に持ちかえって入手ルートを解明しようとし、かつそれら証拠品を被疑者に示して自白を迫っていた（被疑者否認）。立会いの地方公共団体職員には、被疑者の所持品を任意提出させるまでの権限はないので、これら証拠品の入手は明らかに違法で（法二二一条違反）、それがなければ捜査が始まらなかった事案であるし、それを違法収集証拠として証拠排除すれば、余罪の嫌疑がない事案であった。

（結果）　勾留延長請求を却下した。

（問題点）　①余罪考慮の範囲と、②証拠品が違法収集証拠である場合の令状請求の適否が問題となる。いずれも、事実の取調欄と結果欄で表したとおりであるが、本件と同じように検察官が、余罪捜査を勾留延長事由の一つに挙げてくる場合がよくある。その場合、余罪の疎明が必要と考えている検察官は少ないと思われる。それで、疎明資料の追加を求めると、余罪の捜査もほとんど終わっている事案、本件での逮捕・勾留以前に既に捜査がかなり進んでおり、本件の捜査を考えても、逮捕・勾留期間内に十分捜査が終わることができた事案、余罪の嫌疑についてほとんど客観的資料のない事案など、問題事案に少なからず遭遇した。

⑷　（勾留取消関係）

〔事例Ⅵ〕

（事案）　二〇代の青年である被疑者が、自宅近くをマラソン中の中学生である被害者に殴る蹴るの暴行を加えた傷害事案で、被疑者の弁護人から、「被害にあったのは被疑者であり、捜査官の描く事件の顔と、真相はかなり異なる」と主張して勾留取消の請求があり、添付資料として、被疑者の診断書（打撲症診断）が提出された。

（事実の取調）　疎明資料には、目撃者（被害者の同級生）の調書があり、被害者調書とほぼ一致していたので、捜査官の描く事件の顔は真相とかなり一致していると考えたが、もしかしたらと考え、念のため被疑者の診断書を出した医師に電話で聴取をした。医師は、被疑者の主訴で診断書を書いたが、外観上判別できる痕跡（皮下出血等）はなく、詐病の疑いもあるが、被疑者が痛みを訴える以上、診断書は書かざるをえないとの弁であった。

（結果）　勾留取消請求却下。

（問題点）　もしかしたら被疑者に有利な結果になるかもしれないと考えて事実の取調をしたが、結果は逆であった。この場合、結論が被疑者に不利に出たこともあり、弁護人としては、頭越しに事実の取調をされたという印象を持つであろう。実際、勾留取消請求却下に対して、弁護人から準抗告があったが、その申立書の理由の中に、「まず弁護人に疎明資料の追加を求めるべきで、裁判所自ら調査すべきでない」とあった。弁護人が選任されている時は、そうした配慮が必要であろう。ただ、直接聞いた方が早くて、かつ突っ込めるという効果は否定しがたく、弁護人の立場、当事者主義とどう調和させていくかが重要であろう。

4　事実の取調結果をどう残すか

(1)　電話聴取書、審尋調書（前掲奥田論文）

前掲「勾留状発付に関する実務上の諸問題」（書協会報五九号）におけるアンケート結果によると、審尋調書を作成することが多いとしている庁は六庁、少ない庁は一〇庁、作成したことがない庁が一〇庁となっており、意外と審尋調書を作成していないようである。第三者であれば、その審尋調書は法三二一条一項一号書面となり、広範囲に証拠能力が付与されるであろうから、後記のように令状審査書類の公開化を考えると、事実の取調をした時は、審尋調書は必ず作成すべきであろう。

(2)　勾留質問調書への記載

勾留質問段階で、被疑者に被疑事実についての弁解以上にいろいろ尋ねた時は、その結果を勾留質問調書に記載すべきであろう。特に、任意同行の実際や取調状況等手続面での瑕疵についての供述は、詳しく記載すべきである。けだし、そもそもそうした供述は、勾留質問の範囲を越え、事実の取調という性格を有するということだけでなく、将来自白の任意性等が争われた時に重要な証拠となりうるからである。よく言われる取調過程の可視化ということも、捜査機関による取調過程がビデオ撮影やテープ録音等により直接可視化するのが最も望ましいが、それだけを主張していては前進しないことは明らかであり、間接的でも、取調過程を推認させる資料で、裁判所だけによって取組可能なものから、まず実行していくべきであろう。

〔事例Ⅶ〕

（事案）　多数の不法入国容疑の外国人である被告人（起訴前の被疑事実と、起訴による公訴事実が同一でなかったため、起訴と同時に検察官が新たな勾留状の発布を促す「勾留中求令状」の事案であった。）の一人が、勾留質問の際、代用監獄内で警察官に暴行を振るわれたと供述。「これを聞いてくれなかったら、事件については何もしゃべらない」と強硬に主張した。

（事実の取調とその調書化）　被疑者が指摘する箇所を見ると、顔に少し血が出た痕跡と、口の中に白い線が残っていた。暴行の有無についてと共に、暴行を振るわれた理由について聞くと、代用監獄内での被疑者の振舞いが原因のようであった。その結果暴行があったとしても、取調とは直接関係がなく、供述の任意性にはさほど影響している風もなかった。ただ、被疑者が強硬に主張したこと、後日争いが予想されたこと、国選弁護人がついた上で面会の機会を待っていると痕跡が消えてしまうおそれが高いことを考え、裁判所にあるポラロイドカメラで写真撮影し、勾留質問調書に「被告人が暴行された旨供述し、その箇所を指摘したので写真撮影の上、調書に添付した」旨記載し、写真を添付した。

（問題点）　いずれ争われるであろうから、争点を少なくするために、ポラロイドカメラで証拠保全的に写真撮影した事案であるが、調書添付の形に問題があるかもしれない。その実質は身体検査であるが、決定、命令に関する事実の取調については、強制処分は規則三三条三項により、証人尋問、鑑定しかできないから、身体検査をすることの合法性が問題になりうるからである。しかしながら、被疑者が積極的に主張し、写真撮影も被疑者が望んだものであったことから、身体検査に該当すると厳密に議論することの意味は余りないかもしれない。ただ、身体検査に関する調書そのものを作るよりも、供述の補完としての写真添付の方が、現実的で受け入れられ易いのではなかろうか。

5　事実の取調を行う時の注意点と、拡げ方

私の経験でいくと、事実の取調を実践していくと、令状却下率は確実に上がるし、かつ、自信をもって却下ができる例が多くなる。捜査機関が主張する事実と反対の事実やニュアンスが異なる事実がしばしば出てくるからである（それは、捜査機関が怠慢である事例が多いということを必ずしも意味しない。捜査官と判断機関の重点の置き方の違いや、立場の違いによって人間に対する見方が異なるといったことで説明できる場合も数多くあるし、特に逮捕、勾留段階では、捜査の初期段階で十分な資料が収集できていないといった本来的限界もあるからである。）。また、説得的な資料による却下ということで、準抗告されても、維持される率が高いように思われる。ただ、気を付けなければならないのは、事実の取調を積極的に行っていくと、どうしても時間がかかり、令状審査の迅速性を害しかねないことである。その意味で、自分なりに時間に区切りを付けて行う必要がある。私の場合、大体二時間を最大限として行っている。この時間なら、事件数が多い場合は、事実の取調を行わなくとも判断までにかかりうる時間であるし、令状請求をした捜査官をイライラさせない時間だからである。もちろん、目安であるから、時に越える時はあるが、事実の取調が必要かもしれないと考えた時に、審理計画を立てて実行可能かどうかの指標になりうる時間である。好ましい現象ではないが、令状判断が遅いと、検察庁で「〇〇裁判官は判断が遅くて困る。」とい

う噂が立つことがある。私もそうした噂を立てられた経験がある。裁判官としては、そうした噂を気にすべきではないことはもちろんであるが、令状審査の迅速性という法の要請からして遅いことは好ましくはない。自分なりに事実の取調を果敢に、かつ手際よくこなす行動力の訓練が必要であると共に、他の裁判官との経験交流が是非とも必要である。私の調べた限り、事実の取調経験を文書にしている例や、その内容が表された決定例はほとんどない。その意味で、実行されている裁判官や、そうした決定に触れられた裁判官は、是非とも事例紹介をしていただきたい。そうした事例が積み重ねられることが、事実の取調に果敢に挑む裁判官を増やすことになるであろう。

四　令状審査の公開化のために

1　令状審査の公開化とは何か、それが何故必要か[11]

二で述べたように、令状請求取下げの多用は、捜査官と裁判官の談合的体質の一つだと思われる。もっとも、取下げが却下率の低さを補ってきたという積極的役割を否定するつもりはない。しかしながら、当番弁護士制度の普及によって、捜査段階に弁護士のメスが入るようになってくると、裁判所も従来のような感覚や体制ではやっていけないのは確かである。むしろ弁護士のメスが入るようになったことを積極的に歓迎し、令状審査手続をより透明化、すなわち公開化して談合的体質から脱却し、誰でも納得できる手続に進んでいくことを考えるべきであろう。

ところで、令状審査とは、憲法八二条一項の「対審」（刑事訴訟では、公判手続）で行われるものではないので、公開の保障は及ばない。なのに、「公開化」というと、奇異な感じを持たれるであろう。そして、それが、伝統的な刑事裁判官の感覚であろうと思われる。もっとも、憲法的な意味は別にして、私なりに整理してみると、「公開化」にはいろいろな段階があると思われる。

①　裁判所に提出される令状請求書、その結果としての令状そのもの、ないしその却下決定、及び事実の取調に

関する調書（審尋調書等）の当事者公開

② 裁判所の勾留質問、事実の取調への当事者、特に弁護人の立会い

③ 裁判所へ提出される疎明資料の当事者公開

さらに、進んで、令状審査手続の一般公開が考えられるが、ここでは、ひとまず、①から③の当事者公開を念頭において議論を展開したい。現状の裁判所実務では、この①から③のいずれについても、否定的取扱い、ないしそれに近い取扱いがなされているようである。そして、そのことにあまり疑問を持たれることはないように感じる。もちろん、②、③に行くにしたがって、実現は難しくなるのが当然であろう。②は勾留質問や事実の取調の法的構造が、③は捜査の秘密が問題になるからである。しかしながら、そもそも、こうした問題について、否定的取扱い、ないしそれ近い取扱いがなされていることや、そのことにあまり疑問を持たれることのない現状は、刑事裁判官、ないし刑事における裁判所の姿勢を象徴的に示しており、やはり問題ではなかろうか。例えば、令状審査の当事者公開という点では最も低いレベルにあると思われる①であるが、逮捕、勾留、勾留延長、勾留理由開示、勾留取消、勾留の執行停止、接見禁止、移監、捜索差押、検証、身体検査等数多くの令状関係書類の中で、現在、裁判所に保存されている書類は、逮捕状請求書の謄本（規則一三九条二項）、接見禁止関係書類のほか、勾留理由開示、勾留取消など弁護側が利用する手続関係書類だけである。そのほかは、すべて捜査機関に渡ってしまうのであり、当事者公開以前の保存の問題が存在するのであるが、刑事裁判官、及び刑事の裁判所で誰かが問題にすることはほとんどないし、そもそもどんな書類が裁判所に保存されているのか大方の裁判官は知らないと思われる。本当にこれでよいのであろうか。

私は、令状審査の公開化の必要性を、捜査官と裁判官の談合的体質改善から基礎づけたが、それだけでなく、素朴な感覚として、裁判所は中立的な機関であり、検察、弁護のどちらにも肩入れすることはできず、情報の出入りに関しても中立的であるべきだと考える点からも基礎づけられると思っている。それが裁判の公平を担保する一要

素であると思われる。そうすると、中立機関である裁判所を使って、捜査官が情報収集をした場合は、その情報は、弁護人に伝わるべきであろう。例えば、捜査官はどんな資料に基づいてどんな令状請求をしたのか、どんな調べを裁判所がして、どんな結論を出したのかを弁護人が知ることは当然だと思われるのである。しかし、実際は、令状関係書類は裁判所に保存されることはほとんどなく、その結果弁護人が右のような情報を得ることはほとんど例外的な場合でしかない。一方捜査官は、勾留質問調書や事実の取調調書のように、被疑者がどういう弁解をしていたかの証明書、裁判所が捜査段階でどのような調べをし、何がわかったのかの証明書を裁判所から受け取ることによって、それらを一方的に利用できることになっている。これは、余りに不公平であるのに（自白の任意性立証の際に、検察官からしばしば勾留質問調書が提出されるが、被告人側に有利な場合でも弁護人は提出できない。）、刑事裁判官、及び刑事の裁判所で誰かが問題にすることはほとんどない。この不公平さは、捜査段階で、弁護人が唯一使える強制処分たる証拠保全関係が、請求書や証拠保全決定だけでなく、その執行及び実行内容まで、検察官も閲覧謄写できる（法一八〇条一項本文）ことと比較しただけでも明らかであろう。よく言われる捜査の秘密ということも理解できるが、捜査官が全く独自にするならともかく、裁判所の権限（弾劾的捜査観では、本来令状による強制権限は裁判所のみにある。糺問的捜査観でもチェック権限はある。）を使って捜査する場合に、裁判所にどういう請求をしたのか、それによって裁判所がどういう行動をして、どういう結果を出したのかまで、捜査の秘密に属させるのは疑問である。その意味では、弁護人請求の証拠保全結果と同じように、令状による執行の成果（押収物等）も公開すべきではないかと思われるが、その点はひとまず置いても、裁判所の活動（受理、事実の取調、判断）位は捜査の秘密のイデオロギーから解放してもいいのではないだろうか。特に、前記①の書類は、当事者公開という点では最も低いレベルにある書類であり、実現に支障は少ないのではなかろうか。

2　公開化の大きな波及効果と検討課題

まず、こうした令状段階での書類が公開できれば、捜査過程が部分的に可視化してくることは間違いない。弁護活動に及ぼす影響も大きく、令状そのものを争う準抗告審の充実だけでなく、刑事裁判や公判の活性化につながるであろう。最近、刑事公判の活性化のために、調書利用制限の観点から任意性審理に資する取調状況の可視化や、刑事弁護強化の観点から証拠開示の基準緩和がよく言われるが、いずれも、捜査機関の活動やその成果を直接対象とするもので、利害が対立してなかなか前に進まない。捜査機関が任意に応じることは期待薄だからである。そこで、まず、中立機関である裁判所の捜査過程での役割、すなわち令状審査を公開化していけば、捜査機関の抵抗を考えなくていいし、成果は小さくとも現状を打破する一里塚になりうるのではないだろうか。これには、実は極めて大きな波及効果があり、時には公開化の目的にさえなりうるであろう。例えば、前記①の書類が公開化されると、逮捕状請求書の謄本により、弁護人に疎明資料の標目が明らかになるし(「被疑者が罪を犯したことを疑うに足りる相当な理由」欄に、疎明資料が記載されるのが実務の一般である。「被疑者が罪を犯したことを疑うに足りる相当な理由」は逮捕状請求、発付の要件であり、規則一四二条一項本文からすると請求書の記載要件である。)、現行犯逮捕後の勾留請求書では、実際上逮捕時の状況が明らかになる(規則一四七条一項三号)。また、逮捕状請求書の謄本により、逮捕状請求が何度かあったことが分かるし(規則一四二条一項八号)、謄本が数通出れば(取下げの時は、謄本が一通しか出ない可能性がある。ただ、最高裁事務総局「裁判所書記官会同協議要録」(訟廷執務資料第三二号一〇六頁三〇九頁では、昭和二八年度刑事首席書記官高裁管内別会同の際の最高裁事務総局訟廷部の意見として、取下げの場合でも、謄本は裁判所に保管すべきで、全部請求者に返還するのは相当でないとされており、同意見どおりに実務が運用されているならば取下げがあっても、請求自体が複数なら、謄本も複数出るのが通常であろう。)、それは逮捕状更新の場合が多いであろうから、その名の下にどのような捜査がなされたかが分かる。また、逮捕状請求書や捜索差押状請求書によって、別件逮捕、別件捜索差押が明らかになることもあろう。さらに、逮捕状請求書、勾留請求書、勾留延長請求書の「逮捕を必要とする理由」(規則一四二条一項三号)、「勾留理由」(規則一四七条三項)、「やむを得ない事由及び延長を求める期間」(規則一五一条二項)により、捜査官が被疑者の否認をどうみていたか、証拠の矛盾をどうみていたかなどが明らかになるであろう。こうしたことが明らかになると、弁護活動の内容は現状とは明らかに異なってくるし、より充実したものになると思われる。そして、そうした弁護活動の充実があれば、刑事裁判は当然充実したものになるであろう。特に、前記の書類が弁護側から証拠として出されたり、それを踏まえた証人尋問がなされるなどすると、自白時期との関係で、自白の任意性の審理が充実していくと思われる。

これまで述べたところから明らかなように、令状審査の当事者公開という点では最も低いレベルにあると思われる前記①の実現をまず考えるべきであるが、これには、まず⑴令状関係書類の保存という問題があり、そのほかに、⑵その閲覧謄写による公開そのものの問題がある。そして、現状の運用は改善されるべきであっても、それには法規やその解釈等の面で根拠がないわけではないので、改善の前提としてその点を以下で検討してみる。なお、以下の検討に対置する形で、私自身が積極的な実践をしているかというと、残念ながらそれはまだ十分できていない。自分のなした事実の取調に関する調書は裁判所に保存するよう指示しているが、それ以外については、裁判所の執務体制全般にかかわることなので、個人として実行するにはあまりに限界があるからである。ただ、裁判所の執務体制全般にかかわることだからこそ、個人の問題としてではなく、裁判所全体の体制や姿勢、及びそれを支える裁判官の意識の問題として取り上げることが重要ではないかと思われる。なお、以下の検討のあとに、具体的な対策について、提案するつもりである。

3　令状関係書類の保存について

まず、令状関係書類の保存について検討する。前述のように、令状関係書類は、裁判所にほとんど保存されていない。そもそも、公開の前提たる書類が存在しないのである。ただ、こうした運用にも、法規や協議結果等の根拠があるので、令状の種類ごとに、保存の有無とその根拠に触れてみたい。念のため、疎明資料についても触れてみた。なお、以下では、分かりやすいように、当該書類が、裁判所に保存されている場合は〇、保存されていない場合は×とし、☆でその運用の根拠を示し（法令がある場合は条文を掲げ、それ以外の場合は文献やその内容を記す。なお条文は、厳密には根拠とまではいえないが、趣旨が読み取れるものを含む）、★で参考事項を示した。

(1) **逮捕状関係**

①請求書～×（原本） ☆規則一四一条
〇（謄本） ☆規則一三九条二項

②逮捕状～× ☆法二〇〇条一項「返還しなければならない」旨、同二〇一条被疑者への提示の必要性から、捜査官への当然交付が前提のようである。

★起訴後は、裁判所裁判官に送付される（規則一六七条一項）。現状の実務では、裁判官が保管するのではなく、直ちに受訴裁判所が記録に綴って保管するが、規則一六七条三項の関係では問題がある。

③却下決定～× ☆規則一四〇条

★独立して却下決定書を作る時は（規則五三条本文）、謄本を送達して告知（規則三四条本文）するので、原本は残る（はずである）が、実務では、独立して却下決定書を作ることはめったにないようである。

④疎明資料～× ☆規定はないが、保存しないのが当然とされているようである。

(2) **勾留状関係**

①請求書～× ☆規則一四一条

★法曹会編『刑事訴訟規則逐条説明』「第二編　第一章・第二章―捜査、公訴」（法曹会、一九九三年、以下「説明」という。）四頁では、逮捕状請求書以外の令状について、請求、裁判が後日分からないのは人権保障上好ましくないとし、裁判所は要点を記録に残すべきであるとする。そして、「実務では、一冊又は令状の種類ごとの数冊の令状請求事件簿を備え付け、必要事項を記載」「差し支えない限り請求者から写しを提出してもらい、これを裁判所に保管しておく取扱いも行われている」としているが、写しの提出は実際はあまり行われていないのではなかろうか。

②勾留質問調書～×　☆規則一五〇条

★最判昭和二九・五・一一刑集八―五―六七〇は、規則一五〇条の書類には勾留質問調書も含むとする。しかし、田中典幸「勾留質問調書の取扱について」（書協会報一一三号）九七頁以下は、松尾・光藤説を引きながら、勾留質問に事実の取調の性格があり、その調書を検察官に送付して、捜査に裁判所が協力する形になるのは、当事者主義に反するとして、送付不要説をとっている。

また、規則一五〇条には、勾留却下の場合は入っていないが、その場合も、勾留質問調書を検察官に送付するのが実務の扱いとされる（「説明」四九頁）。

③勾留状～×　☆規則三〇二条一項、七二条

★ただし、規則三〇二条一項、七四条で、被疑者からの謄本請求がありうるから、その場合は検察庁から取り寄せるようである。なお、起訴後は、規則一六七条一項により検察官から裁判所裁判官に送付される。保管には逮捕状と同じ問題がある。

④却下決定～×　☆規則一四〇条

★独立して却下決定する時の法規と実務は、⑴③★と同じである。

⑤疎明資料～×　☆規則一五〇条が根拠という説もあるが、「説明」四八頁は「当然速やかに返還されるべき」とする。

⑶　勾留延長関係

①請求書～×　☆規則一五三条五項、一四一条

②延長決定～×　☆規則一五三条一項

★ただし、規則一五四条より被疑者から謄本請求がありうるから、その場合は検察庁から取り寄せるようである。

③却下決定～×　☆規則一五三条五項、一四〇条

★独立して却下決定する時の法規と実務は、⑴③★と同じである。

④疎明資料～×　☆規則一五三条五項、一五〇条ともいえるが、「説明」の立場では、⑵⑤★と同じく「当然」となろう。

⑷　勾留理由開示関係

①請求書～○　☆勾留理由開示関係では、記録一般について、規則一四一条、一五〇条に該当する規定がなく、その反対解釈がされることが根拠であろう。

★直接的ではないが、勾留理由開示記録が裁判所に保管されていることを当然の前提にした協議結果もある（最高裁事務総局「裁判所書記官会同協議要録」（訟廷執務資料第五一号）六九頁一四八項、昭和四六年度刑事首席書記官高裁管内別会同）。

②却下決定～○　☆①☆参照。規則三〇二条一項、八六条の二で送達不要となっていることも、裁判所保管の根拠となろう。

③開示公判調書～○　☆①☆参照。

★①から③は、第一回公判後は、受訴裁判所へ送られる（規則一六七条三項。昭和四五・二・九最高裁刑二第一六号刑事局長、総務局長通知）。

⑸　勾留取消し、勾留の執行停止関係

①請求書～○　☆勾留取消し、勾留の執行停止関係では、記録一般について、規則一四一条、一五〇条に該当する規定がなく、その反対解釈がされること、勾留の執行停止は職権でのみ、勾留取消しや勾留の執行停止の取消しは、職権でも行われるから、捜査機関へ記録を送付することは適当でないことが裁判所保管の根拠の

ようである（最高裁事務総局「裁判所書記官会同協議要録」（訟廷執務資料第五一号）七一頁一五〇項、昭和四六年度刑事首席書記官高裁管内別会同）。なお、勾留執行停止の取消請求事件記録は、裁判所で保存すべしとの訟廷事務主任協議結果がある（最高裁事務総局「刑事手続法規に関する通達・質疑応答集」（刑事裁判資料二三一号）四六頁、昭和四二年度刑事訟廷事務主任高裁管内別会同協議結果）。

②取消・執行停止決定～○　☆①☆参照。

★規則三四条の謄本送達が適用されるから、その反面として原本の裁判所保管が根拠づけられるともいいうる。なお、謄本の検察官送付については、昭和三六・七・一三最高裁訟一第一四三号訟廷部長通知が消極意見である。

③取消請求却下決定～○　☆①☆参照。

④疎明資料～○　☆①☆参照。

★①から④までは、第一回公判後は、受訴裁判所へ送付される（規則一六七条三項）。

(6)　**接見禁止関係**

①請求書～○　☆接見禁止関係では、記録一般について、規則一五〇条に該当する規定がなく（接見禁止記録は、そもそも規則一五〇条に該当しない。）、その反対解釈がされることが裁判所保管の根拠のようである。接見禁止、勾留の執行停止、勾留の執行停止取消しについて、記録一般を検察庁に送付してはどうかという意見もあるが、否定の協議結果がある（最高裁事務総局「裁判所書記官会同協議要録」（訟廷執務資料第五一号）七一頁一五〇項、昭和四六年度刑事首席書記官高裁管内別会同）。ただし、請求書については、規則一四一条に準じ、検察官に返還するとの協議結果もある（法曹会「裁判所書記官会同協議要録」四三頁一二二項、昭和四二年度刑事訟廷事務主任高裁管内別会同協議結果）。

②禁止決定～○　☆①☆参照。謄本送達（規則三四条）も根拠となる。

★ただし、接見禁止決定原本を検察庁に送付していた庁もあったようである（最高裁事務総局「裁判所書記官会

同協議要録」(訟廷執務資料第三二号)七一頁二〇二項、昭和三〇年度刑事首席書記官高裁管内別会同)。

③却下決定～×　☆①☆の理由や、規則一四〇条の適用がないことから、○になるはずである。しかし、規則一四〇条の適用はないものの、実務はその方式によっているのが実情である。例えば、新日本法規「刑事訴訟実務書式要覧一」七七八ノ一は「請求書の余白に理由と共に却下の旨記載し、裁判官が記名押印して検察官に返還すれば足りる。」とする。その結果、裁判所に保存されないことになる。なお、勾留却下をする時は、接見禁止請求について、別段の裁判をしない例もあるようであり、この場合は却下決定の原本が存在しないこととなる(最高裁事務総局「裁判所書記官会同協議要録」(訟廷執務資料第五一号)七〇頁一四九項には、昭和四六年度刑事首席書記官高裁管内別会同の協議結果として、岡山地裁の例が掲載されている。)。

④疎明資料～×　☆「説明」の立場では、「当然」ということになろう。

(7)　**移監関係**

①請求書・同意書(同一書面)～×　☆根拠ははっきりしないが、移監の同意は、勾留場所につき、勾留状の一部変更決定の性格を有するから、記録一般につき勾留に準じて考えるのが妥当であることがあげられよう。

★勾留と同様の通知の制度がある(規則三〇二条一項、八〇条二項)。

②疎明資料～×　☆①☆参照

(8)　**捜索差押(許可)状関係**

①請求書～×　☆規則一四一条

②捜索差押(許可)状～×　☆規則三〇二条一項、九五条、七二条

★書研刑事教官室「刑事実務研究会の問題と研究の結果四――被疑者は捜索差押許可状の謄本の交付請求ができるか」(書協会報四四号一九頁以下)では、法四六条の「裁判書」には、同条の沿革等を理由に令状関係は一切含まれないとする。新日本法規「刑事訴訟実務書式要覧一」四八九頁も、同見解が、大多数の裁判所の見解であるとす

る。そうすると、検察庁から取り寄せもしないことになる。

③却下決定～×　☆規則一四〇条

★独立して却下決定する時の法規と実務は、⑴③★と同じである。

④疎明資料～×　☆規定はないが、当然とされているようである。

⑼　**検証（許可）・身体検査（令）・鑑定留置・鑑定処分（許可）状関係**

①請求書～×　☆規則一四一条

②各令状～×　☆検証（許可）・身体検査（令）状は、法二二一九条一項「返還しなければならない旨」、鑑定留置状は、規則三〇二条一項、一三一条本文、七二条、鑑定処分（許可）状は、規則三〇二条一項、一三三条一項「返還しなければならない旨」。

③却下決定～×　☆規則一四〇条

★独立して却下決定する時の法規と実務は、⑴③★と同じである。

④疎明資料～×　☆規定はないが、当然とされているようである。

⑽　**各種令状関係共通**

①事実の取調調書～×　☆規定はない。最高裁事務総局「裁判所書記官会同協議要録」（訟廷執務資料第五一号）一一五頁二三四項には、昭和四六年度刑事首席書記官高裁管内別会同の協議結果として、「実際に事実の取調が行われて調書が作成された場合、その調書は法的には捜査機関に送付する義務はないが、裁判所に残しておく実益もないので、捜査機関に送付する取扱いをしても差し支えないであろう」とある。

⑾　**（令状関係ではないが）検察官による第一回公判前の証人尋問（参考）**

①請求書～×　☆規則一六三条説もあるが、「説明」八三頁以下は、「裁判所に保管すべきとも考えられるが」「捜査の遂行上便宜であることから、実務上は検察官に返還しているのが通例」とする。

②尋問調書～×　　　　　　☆規則一六三条

③却下決定～×　　　　　　☆規定はないが、「説明」八四頁は、却下の場合も、「（記録一切を送付する）取扱いがされることになろう」とする。

④疎明資料～×　　　　　　☆規則一六三条ともいえるが、「説明」八三頁は、「当然」とする。

★①から④までと異なり、弁護側請求の証拠保全記録は、裁判所保管が前提である（法一八〇条参照）。

以上が、令状関係等書類の裁判所保管の有無とその根拠であるが、保管されている書類の保存期間については、平成四年九月四日最高裁総三第三六号総務局長通達「刑事事件記録等の事件集結後の送付及び保存に関する事務の取扱いについて」（裁判所時報第一〇八三号九頁）が定めている。同通達では、令状請求書謄本は受け付けた日から一年、返還された令状は返還された日から一年、接見禁止等請求事件、勾留取消請求事件、勾留執行停止申請事件、勾留執行停止取消申請事件は、いずれも裁判告知の日又は取下げの日から三年、勾留理由開示事件は勾留理由開示の日、取下げの日、又は却下の日から三年、証拠保全事件は証拠保全をした日から一五年、取下げ又は却下した時から三年となっている。書類ごとに保存期間がかなりまちまちであるが（それなりに理由はあるようである。）、そもそも前記×が付せられた書類については、保存期間は定められていない。これは、保存しないことを前提にしたものと思われる。

4　令状関係書類の閲覧・謄写について

現状で問題となるのは、前記3で○が付せられた書類だけである。ただし、×が付せられた書類で保存対象になっていなくても、特別規定があれば、捜査機関から裁判所へ取り寄せの上公開される。閲覧・謄写の具体的手続規定は、「事件記録等の閲覧および謄写に関する事務の取扱要領」と題する昭和四三年九月九日総三第四五号事務総長通達（改正、昭和五四年一〇月二〇日総三第三六号）で定められている。なお、以下では、前記3と同じく、当該書類が、裁判所で公開される場合は○、公開されない場合は×とし、☆でその運用の根拠を示し（法令がある場合は条文を掲げ、それ以外の場合は文献やその内容を記す。）、★で参考事項を示した。

(1) **裁判所保存書類〜前記3で○が付された書類**

①逮捕状関係

請求書謄本〜×　☆法四七条本文。法四〇条の反対解釈も根拠となる。

★起訴後なら法四〇条により○である。

②勾留理由開示関係

請求書、却下決定、開示公判調書〜×　☆法四七条本文。法四〇条反対解釈。

★最高裁事務総局「裁判所書記官会同協議要録」（訟廷執務資料第三二号）八頁一二項には、右各書類（開示請求記録）だけでなく、検察官から取り寄せた捜査記録（逮捕状、勾留状等勾留関係書類を含む）を含めて、弁護人、勾留理由開示請求者、被疑者につき、いずれも閲覧・謄写権を消極に解する昭和三三年度刑事訟廷事務主任高裁管内別会同協議結果（ただし、「消極に解するが、裁判官の意見によって処理する」となっている。）が掲載されている。なお、開示公判調書については、公開法廷でなされた手続の調書であることもあり、弁護人に閲覧・謄写を認める運用もあるようである。

③勾留取消・勾留の執行停止関係

請求書、取消・執行停止決定、却下決定、疎明資料〜×　☆法四七条本文。法四〇条反対解釈。ただし、取消・執行停止決定は、謄本送達（規則三四条）により、事実上○である。

★検察官提出書面も、右疎明資料の一部となり、法四七条本文、法四〇条反対解釈より、×となろう。さらに、検察官提出書面は、起訴後でも、弁護人の請求に応じる義務はないとの質疑応答結果がある（最高裁事務総局「刑事手続法規に関する通達・質疑応答集」（刑事裁判資料二一一号）三七頁）。

④接見禁止関係

請求書、禁止決定～×　☆法四七条本文。四〇条反対解釈。ただし、禁止決定は、謄本送達（規則三四条）により、事実上〇である。

(2)　特別規定があるもの

①勾留状関係

勾留状～〇　☆規則三〇二条一項、七四条

★ただし、勾留の効力消滅後は、消極説を前提に、あとは裁判所の裁量の問題とする質疑応答結果がある（最高裁事務総局「刑事手続法規に関する通達・質疑応答集」（刑事裁判資料一三一号）四三〇頁）。

②勾留延長関係

延長決定～〇　☆規則一五四条

なお、その他の令状の決定についても、法四六条により、謄本請求ができるのではないかとの問題があるが、前記3(8)②★のとおり、消極に解されているようである。

(3)　まとめ

以上のとおり、裁判所保存書類であっても、弁護人側は閲覧・謄写できる根拠規定や会同結果等がほとんどがないことになる。ついでながら、一般的に、弁護人側の訴訟記録に関する閲覧謄写権の範囲とその根拠は次のとおりである。

・弁護人～起訴前は、法一八〇条一項で証拠保全記録のみが可能である。

起訴後は法四〇条で、訴訟記録全般が可能である。

・被疑者・被告人～起訴前は、法一八〇条二項（現行法一八〇条三項）で証拠保全記録が閲覧のみ可能である。

起訴後は、弁護人がいない時のみ、法四九条、規則一二六条二項で、公判調書、公判期日外の証人尋問調書の閲覧のみが可能である。

裁判確定後は、法五三条により訴訟記録全般が閲覧可能である（「何人」でも可能）。

結局、起訴前は、弁護人も根拠条文がないため、前記(1)のとおり、法四七条の一般原則がかぶさってきて、数少ない裁判所保管資料でさえ、証拠保全記録を除いて閲覧謄写ができないことになっている。ただ、勾留状及び勾留延長決定は、規則で謄本請求ができるとなっており、法四七条の一般原則を崩している。これは、身柄拘束を受ける直接の当事者たる被疑者の地位を考慮したためであろうが、被疑者ないしその弁護人の防御活動のためであれば、法四七条但書「公益上の必要その他の事由があって、相当と認められる場合」に該当しうることを示唆している。因みに、最高裁昭和二八年七月一八日判決（最高裁刑事判例集七巻七号一五四七頁）も、法四七条本文は、「訴訟に関する書類が公判開廷前に公開されることによって、訴訟関係人の名誉を毀損し、公序良俗を害し、又は裁判に対する不当な影響を引き起こすことを防止するための規定」である旨判示しており、不特定多数人への公開に関する弊害を考えているようであり、被疑者ないしその弁護人の防御活動は、右判示による弊害には該当しないと思われる。したがって、少なくとも、閲覧謄写権として構成できるかどうかは別にして、被疑者ないしその弁護人の防御活動のためであれば、法四七条但書に該当し、公開禁止の制限が外れ、運用上閲覧・謄写させうると解すべきではあるまいか。また、法四六条の「裁判書」には、令状関係も含まれると解すべきであろう（沿革上の理由に過度にこだわる必要もあるまい。）。

5　対策はどうあるべきか

令状審査の公開化の問題では、閲覧・謄写よりも、保存の問題に、より困難が伴うであろう。閲覧・謄写では、克服すべき条文は、法、規則ともあまり多くはないし、現在でも、運用上実施されている裁判所もあるからである（裁判所によっては、逮捕状請求書謄本について起訴前でも弁護人の閲覧・謄写が許されているところがある。これは、権利ではなく、あくまで「運用上」認めたものとされているようである。）。しかし、保存の問題は、克服すべき条文が、法、規則ともかなり多いし、保存するとなると、条文、規則に反しないよう謄本や写しで保存することになると思われるが、それにかける労力、保存場所（裁判所によっては、かなりの分量になる）等のほか、謄本提出について捜査機関に協力を求めるなどの実際的な問題（実は実現には、この実際的問題が大きい。しかし、実現を早めるためには、裁判所で写しをとって保存する方がてっとり早い。）があるからである。ただ、この問題は、今まであまりに学者や裁判官が目を向けなかった問題であるが、刑事裁判を活性化させるために是非とも議論が必要な問題であると思われる。特に、当番弁護士制度によって、捜査段階の弾劾化が進むと、当事者の公平のためにも避けて通れない問題である。

そこで、次の提案をしたい。まず、この問題を全国単位、高裁単位とも裁判官会同、協議会で取り上げていただきたい。また、各裁判所の裁判官会議や刑事部会でも取り上げてはどうであろうか。引用文献等でも明らかなように、この分野で裁判官の論文はほとんどなく、書記官や訟廷事務官が必要に迫られて関心を持ってきただけにすぎない。そのため、書記官会同協議録にも協議結果が多数掲載されているが、通達、通知、質疑応答がやたら多い分野となっている。しかも、その内容は、どちらかというと、法や規則に根拠のない公開化に消極となっている傾向がある。これを改善していくためには、書記官や訟廷事務官だけでなく（もちろん、そうした職務の人達が関心を持つのは大いに結構であり、望ましいことである。）、裁判官も関心をもつべきであろう。そのため、前記のような正式の会議で協議すべきであり、特に令状審査の透明化、中立性維持のほか、刑事公判の活性化との関係で議論すべきであろう。前記のように、保存の関係では、細かい条文がたくさんあり、それを根拠に「そうした保存まで必要ない」という意見が必ず出るであろうが、細かい条文（木）にこだわって令状審査の透明化・中立性維持、刑事公判の活性化（森）を忘れないようにしたいものである。また、そうした条文にこだわる裁判官に対しては、条文に反しないよう、原本は検察官に送っても、謄本や写しを裁判所が保存することは法は禁じていないし、むしろ令状審査の透明化・中立性維持、刑事公判の活性化等からして望ましいことであるといった反論をして、論議を尽くしてもらいたいものである。こうした運用面での改善をやることこそ、訴訟の運営者であり、裁判官会議の一員である裁判官の役割であると思われる。

なお、最初に触れたように令状審査の公開化の方策としては、以上の①書類の公開化のほかに、②勾留質問、事実の取調への弁護人、さらには検察官の立会い、③疎明資料の開示の問題がある。②は、実際に勾留質問で弁護人立会いが認められたケースが新聞報道され、注目を浴びた問題である[12]。勾留質問は、立法的には、被疑者の弁解を聞く手続として制度化されてきたものであろうが[13]、運用面では事実の取調的性格もあり、さらに、当番弁護士制度によって捜査段階での弁護活動が重要になってきており、積極意見をとる方向に向かうべきであろう。ただし、公平のため、弁護人立会請求があれば、検察官立会いも認めるべきか、検察庁に通告すべきかなど色々議論すべき問題がある。また、事実の取調についても、その性質上、立会いを認めるべき方向になろうが（ただし、電話聴取や疎明資料の追加等当事者の立会いが問題にならないものも多い。）、あまり当事者立会いばかり気にしていると、二で述べた令状審査の活性化ができないので、「請求があれば」立会いを認めるという限度にすべきであろうか。次に、③は捜査の秘密を無視できないので直ちには無理であろうが、勾留理由開示においては、同制度が勾留取消制度と連動していることなどから、犯罪の嫌疑や勾留理由について、証拠資料まで示して具体的に示さなければならないとの説もあり[14]、積極に解する運用が可能である。これら②、③の点は、司法行政上の措置を必要としないが、前記のような場で議論して、裁判官の意識を高めることが必要と思われる。

五　刑事司法全体の改革との関係で

1　「調書裁判」下で公判審理を活性化することとの関係

以上、令状関係での一改革案を考えてみたが、刑事司法全体の改革との関係について触れておきたいと思う。最初に述べたように、刑事司法全体の改革は私なんかにとっては大それたことであるので、まず先輩法曹の議論を参考にしたい。まず、刑事裁判にとって、古今東西最大でかつ不変の目標は、「冤罪の防止」であることは異論のないところであろうが、それに関し、死刑判決確定事件で、再審無罪が続発したこと[15]もあって、最近では自白の任意性、信用性の認定に関する研究が盛んである。これは実務改革の一環であり、大変好ましいことではあるが[16]、さらに進んで、日本の刑事司法に潜む本質的・構造的問題点を抉る論文が最近続出している[17]。これらの論文は、論者によって力点の置き方に違いがあり、視点も、冤罪防止に止まらず、より広く刑事裁判の本質やその文化的水準に重点を置く考えもある。なかなか興味深いところであるが、細かい点は別にして、日本の刑事司法の本質的・構造的問題点は、「調書裁判」と呼ばれるものにあり、捜査官が詳細に録取した被疑者、参考人の供述調書等を裁判所が大量に採用し、その結果、裁判は有罪無罪の判定をする場ではなく、捜査官が有罪と認定したものを追認する場に堕しているという点で基本的に一致しているように思われる。日本の刑事司法の特徴が、「警察＝検察＝裁判という一つの流れ作業」であるとか[18]、「人権侵害的な糾問的捜査手続に強度に依存する公判手続の形骸性」にあるとか[19]、はたまた「精密司法[20]」、「疑似当事者主義[21]」と呼ばれるものにあるとされるが、いずれも「調書裁判」の問題点を別の面から言い換えたにすぎないと思われる。もっと簡単な言い方をすれば、ズバリ「刑事司法の重点は捜査にあり、起訴の段階で刑事司法はほとんど終わっている。」ということになるであろう。

こうした「調書裁判」への改善策としては、注（17）で掲げた諸論文が提案しているところであるが、その中心は、公判審理の形骸化を防止し、活性化を図ることにある。立証の中心を、証人や被告人の公判供述にし、調書の利用を制限することや、調書を立証の中心におく検察官に対抗すべき刑事弁護の強化が図られるべきであることが言われている[22]。その具体策の多くは、昔から「公判中心主義」を達成するために繰り返し繰り返し言われ続けてきたことで、特段目新しいわけではないが[23]、公判中心主義を達成するため、捜査過程をも問題にすることに異論はないであろう。そして、前述のように、捜査過程での令状審査を活性化することは、令状却下率の変動を小さくし、かつ令状却下率自体を高めるのだから、刑事事件の在宅事件原則化に少なからず寄与すると思われる。これは、当事者平等を実質化する方法である。また、令状審査の公開化、特に資料の公開化は、前述のように、捜査過程を部分的にでも可視化させるのだから、自白調書の任意性・信用性や法三二一条一項二号書面の特信性を厳格に判断するための資料を提供することになるし、取調状況についてよくある水掛け論的尋問を打破していくことにもなろう。こうした意味で、令状審査の活性化と公開化は、公判審理の活性化と密接に関連しているものとして位置づけできる。

2 「調書裁判」の社会的機能との関係

「調書裁判」批判は、要は、ズバリ「刑事司法の重点は捜査にあり、起訴の段階で刑事司法はほとんど終わっている。」との批判であったが、これを社会機能的にみると、刑事裁判の現実の社会での役割は極めて小さく、厳しい言葉を使うと、刑事裁判が捜査ほどにはさして世の中に必要なものではないということにならないであろうか。つまり、「調書裁判」は、法律的には、前述のように「公判手続の形骸性」、「疑似当事者主義」とかいうように、本来の法律の原則である「公判中心主義」「当事者主義」などからの逸脱という点からとらえられるが、法律を一応横に置いておいて、社会的にどれだけ意味のある存在かという点でとらえると、「調書裁判」下の刑事裁判は、有罪無罪を判定する場としてはさして意味がなく、検察庁の決裁の場（もちろん起訴便宜主義が根拠である。）の方が意味が格段に大きいということになるのではないだろうか。そうすると、検察庁の予算に比べ、裁判所の予算、特に刑事裁判の予算は格段に少なくてよいのではないか、そして、刑事裁判に沢山の予算をつぎ込むことになると税金の無駄遣いではないかという結論がでてこないであろうか。これは、刑事裁判に携わる裁判官にとって慄然とする結論である。ただ、こうした結論が出かねない性質が、「調書裁判」下の刑事裁判に内在していることをかみしめる必要があるように思われる。(24)

ところで、「調書裁判」との批判の前提になっている有罪無罪を決める事実審理の面だけでなく、令状審査や量刑審査に視点を移すと、社会的機能面では、同じ問題を抱えていることに気が付くのではないだろうか。例えば、令状審査については検察官（警察の令状請求の要望をチェックする。）、量刑審査では警察官（身上関係、動機関係、犯罪にいたる経緯等量刑に関する詳細な調書を作成する。）、保護観察官、保護司、更生保護審査会委員、更生保護会職員（いずれも犯罪者の更生に関する資料を収集する。）等に比べて、裁判所、裁判官はどれほど社会的に意味のあることができているかという点を考えると、はたと悩んでしまうのではないだろうか。もちろん、「役割が違う人と同列に比較はできない。」「刑事裁判は、令状審査、量刑審査を含めて大きな機能を果たしている。」という擁護論（裁判官としては、私も擁護論を言ってもらうほうが正直嬉しい！）がありえようが、令状却下率が微々たるものに過ぎないことや、量刑資料として公判で目新しいものがでることは少なく、量刑相場が必要以上に幅を効かす現状に鑑みると、そのような擁護論に対しては、はたと頭を抱え込んでしまうのである。そういえば、刑事裁判、特に単独事件を担当すると、裁判官として頭を使うことは、ともすれば犯罪事実の書き方や法令適用の条文操作など細々としたことになってしまいがちである。これで、世の中にどれだけ意味のある働きをしているのか正直いって不安で仕方がないし、若い裁判官に刑事裁判離れがあるとよく言われるのも、こうした不安と関係があるのではないだろうか。語弊があるかもしれないが、刑事裁判のやりがい、担い手の問題は、刑事裁判の社会的機能と密接に関係していると思われる[25]。

このように、刑事裁判の社会的機能を考えたとき、刑事司法全体の改革の一つの方向性として、刑事裁判の社会的機能を回復、拡大していくことが浮び上がってこよう。今回問題にした令状審査の活性化、公開化もその一環になりうる。すなわち、令状審査の活性化の前提となった令状却下率の低さや、却下率の大きな変動は、令状審査そのものの社会的役割を低めてしまうと思われる。また、令状審査の公開化の前提になった、裁判官と捜査官との談合的体質や情報の非中立性も、裁判所の活動への信頼を損ね、結果的に令状審査における裁判所の役割を低める方向につながっていくであろう。このため、その対策たる事実の取調の積極的活用や令状請求関係書類の公開化は、裁判所での資料収集の拡大、弁護人への令状請求関係書類の公開により、裁判所の機能を直接・間接に拡大することに寄与していくと思われる。その意義は決して小さくない。

3 最後に

もちろん、私の論法に対しては、調書裁判との批判と令状審査の問題は分けて考えるべきであるとか、「社会的機能」という少しあいまいなメルクマールで議論を展開するのは乱暴すぎるとの批判がありえよう。また、「社会的機能」を問題にして、対策として裁判所の機能を回復、拡大していくことを挙げるのは、新たな職権主義を招くし、そもそも権限拡大を狙う役人根性がかいま見えるなどとの批判もありえよう。そうした批判が故無きものとは思わないし、当たっている面もあると思われる。まだまだ、議論を展開しなければならないところも多いであろう。しかしながら、例えば、社会的機能を問題にしたのは、刑事裁判官が、自分の仕事、即ち個々的な裁判に真面目に取り組むだけでなく、その「結果としての全体像」、すなわち自分たちがなした結果たる刑事裁判の集積としての全体像を、他の世界との比較で考えてみることが重要と思うからである。精密な事実認定、スピーディで秘密の令状審査、極めて公平な量刑審査など、それだけを取り出すと反対できないようなことを職人堅気的に真面目に追求した結果、はっと気づくと刑事裁判が社会的にどうでもいいものになっていたとしたら、裁判官の真面目な姿勢は浮かばれないのではなかろうか[26]。これこそ、「静かな正義」の社会的敗北である。そして、それは最終的には国民の不幸と言えるのではなかろうか。そうならないために、今までとは違った視点が必要と思われる。

なお、刑事裁判の機能を回復、拡大しようということになると、新たな職権主義等との批判があることはしばらくおくとして[27]、実は、第一章「裁判所のイメージアップのために」と根が同一のところがあると思われる。つまり、民事、家事を念頭において、「利用しやすい裁判所」を議論する前提は、「二割司法」で司法が社会的に期待されている役割を果たせず、司法の社会的機能が小さくなりすぎていることへの危機感であり、刑事を念頭において、「調書裁判」等を議論するのは、司法が有罪無罪の判定をする場ではなく、捜査官が有罪と認定したものを追認する場に堕している、すなわち、捜査機関に比して司法の社会的機能が小さくなりすぎているという危機感であり、実は同根なのである。表に議論として出てくるときには、全く次元が異なるように見えるのは、民事・家事と刑事の構造的違いにあるのであろう。ただ、この司法の社会的機能の小ささに対する危機感という共通項には、司法改革の全体的将来像、特に各分野横断的に司法改革を考えていく基盤があるように思えてならないのである。

以上、令状の問題から始まって、偉そうなことを書いてしまったような気がしますが、もともと未熟者の拙い論文ですので、建設的批判をいただければ幸いです。

(1) 目新しいところでは、最近の裁判所時報に、新しい裁判所庁舎が、構造、材質、色彩、施設等の点で、国民に利用しやすく、親しみやすい開かれた裁判所にするための工夫を凝らしているとの紹介をされることが多い。例えば、札幌家裁、札幌簡裁の建物（第一一九一号、平成六年四月一日付け）、旭川地家裁稚内支部、稚内簡裁、稚内検察審査会の建物（第一一二六号、平成六年七月一五日付け）等。

(2) いわゆる弾劾的捜査観では、「憲法が令状主義をとったのは、裁判官だけが強制処分ができるとしたもので、令状は当然命令状であることが予定されている」と述べられるように（平野龍一『刑事訴訟法』（有斐閣、一九五八年）八四頁）、令状主義は、捜査機関に強制権限があることを前提とした「司法的抑制」の考え方以上のものとされるようである。これについては、松尾浩也「令状主義」（判例タイムズ二九六号一四頁以下）参照。

(3) 平野龍一『刑事訴訟法』（有斐閣、一九五八年）八三頁以下参照。

(4) 逮捕状については、刑事訴訟法一九九条二項ただし書があるが、その他の令状については明文はないので、解釈に委ねられている。

(5) 『注釈刑事訴訟法第一巻』（立花書房、一九七六年）一七七頁、『ポケット注釈全書改訂刑事訴訟法』（有斐閣、一九六六年）七八頁、増補補正第二版『条解刑事訴訟法』（弘文堂、一九九二年）六七頁。

（6）公刊物に、事実の取調がなされた事例が紹介されたことは過去数少ない。大阪地裁昭和四七年八月一日決定（判例時報六九三号一一一頁以下）は、勾留を却下した決定を維持した準抗告裁判所の決定であるが、原決定は、被疑者が所在不明であるとの警察官作成の捜査復命書に対し、勾留質問を契機に疑問を持った原審裁判官が、被疑者の妻及び両親について事実の取調をなし、さらに関係警察官の出頭を求めたところ、警察官が出頭しなかったために、逮捕状発付の基礎となった右捜査復命書の内容に疑問があるとして、勾留を却下した事案である。これが、事実の取調について詳細に事例紹介した数少ない例の一つである。

（7）中島卓児「勾留及び保釈に関する諸問題」司法研修所・司法研究報告書第八巻第九号）三三頁以下は、特則説を採っているようであり、法曹会編『刑事訴訟規則逐条説明』「第二編第一章・第二章　捜査・公判」二五頁でも、実務の運用は特則説であるとする。

（8）被疑者の召還・勾引の可否については、『新版令状基本問題』（一粒社）第六二問、同第九六問参照。

（9）深夜ないし早朝の通常逮捕請求では、被疑者を一〇数時間警察署に留め置き、ないし一泊させることを経験する。そこで、取調警察官を呼んで、取調時間、取調状況、睡眠時間、睡眠場所、監視員の有無等を調べると、大体のことが判明する。客観的な時間や場所が重要なので、被疑者を呼ばないでも「実質逮捕」と判断できる場合も多いと思われる。このように、手続問題では、事実の取調をする意義は大きく、弊害も少ないと思われる。

（10）例えば、『新版令状基本問題』（一粒社）第五二問参照。

（11）令状審査の公開化について、大阪弁護士会刑事弁護委員会編集発行「刑弁情報」一九九二年六月号、一九九三年七月号「起訴前及び第一回公判前における資料等開示問題（第一回、第二回）」には示唆されるところが大きかった。なお、本稿執筆中に、渡辺修「逮捕手続の適正化――逮捕状謄本請求、同請求書謄本閲覧・謄写の可否」（法律時報六六巻八号七三頁以下）に接した。本稿とかなり共通した問題意識があり、大変参考になった。特に、沿革的な記述箇所は貴重である。

（12）一九九三年（平成五年）一〇月二三日付朝日新聞「拘置質問に弁護士同席」。

（13）例えば、全訂新版『注解刑事訴訟法』上巻（青林書院、一九八七年）二一四頁以下参照。なお、同書では、弁護人の立会権は認められていないが、立ち会わせていけない理由はないとする。

（14）『新版令状基本問題』（一粒社）第一〇〇問の木谷説ほか参照。

（15）免田事件（熊本地裁八代支部昭和五八年七月一五日判決。強盗殺人等被告事件で無罪確定）、財田川事件（高松地裁昭和五九年三月一二日判決。強盗殺人被告事件で無罪確定）、松山事件（仙台地裁昭和五九年七月一一日判決。強盗殺人、非現建造物放火被告事件で無罪確定）、島田事件（静岡地裁平成元年一月三一日判決、強姦致傷、殺人被告事件で無罪確定）等がある。なお、死刑判決確定事件ではないが、重罪事件で、再審無罪が確定した事件として、徳島ラジオ商殺し事件（徳島地裁昭和六〇年七月九日判決。殺人被告事件で無罪確定。再審前の確定判決は、懲役一三年であった。）、梅田事件（釧路地裁昭和六一年八月二七日判決。強盗殺人、死体遺棄被告事件で無罪確定。再審前の確定判決は、無期懲役であった。）がある。

（16）司法研修所が、事実認定教材シリーズ第三号として、「自白の信用性―被告人と犯行の結び付きが争われた事例を中心として」を発刊している。これは、法曹会からも出版されており、新聞等で注目されることになった（平成三年一〇月二七日付朝日新聞朝刊）。なお、最近、続編的な性格のものとして、「情況証拠の観点から見た事実認定」（司法研究報告書第四二巻第二号）も出版されている。

（17）平野龍一「現行刑事訴訟法の診断」（団藤重光博士古希祝賀論文集第四巻〔有斐閣、一九八五年〕四〇七頁以下）、下村幸雄「刑事裁判はこのままでいいのか」（小野慶次判事退官記念論文集『刑事裁判の現代的展開』〔勁草書房、一九八八年〕七五頁以下）、石松竹雄「わが国の刑事被告人は、裁判官による裁判を本当に受けているか」（法学セミナー四二三号六二頁以下）、荒木伸怡「現行刑事訴訟への提言」（平野龍一先生古希祝賀論文集下巻〔有斐閣、一九九一年〕二一五頁以下）、小田中聰樹「刑訴改革論議の基礎的視点」（平野龍一先生古希祝賀論文集下巻〔有斐閣〕二三九頁以下）、梶田英雄「公判審理の活路」（石松竹雄判事退官記念論文集『刑事裁判の復興』〔勁草書房、一九九〇年〕一頁以下）、藤野英一「わが国における刑事訴訟法運用の動態について」（岩田誠先生傘寿祝賀記念論文集『刑事裁判の諸問題』〔判例タイムズ社〕一四四頁以下）、特集「刑事弁護と『調書裁判』」（刑法雑誌第三一巻第四号）、谷口正孝「誤判を防ぐための一提言」（『裁判について考える』〔勁草書房、一九八九年〕九六頁以下）、井上正仁「刑事裁判に対する提言」（司法研修所論集八五巻九三頁以下）など。その他の参考文献については、司法研修所論集の右井上講演録に詳しい。

（18）青木英五郎「憲法からの逃走」（同著作集Ⅲ〔田畑書店、一九八六年〕二〇頁）

（19）注（17）の小田中論文二四一頁。

（20）注（17）の石松論文六四頁。

（21）　松尾浩也「刑事訴訟法の基礎理論」（月刊法学教室八六号三一頁）

（22）　具体的方策としては、例えば以下のことが言われている。立証の中心を、証人や被告人の公判供述にし、調書の利用を制限するためには、自白調書の任意性・信用性や法三二一条一項二号書面の特信性を厳格に判断すること、それらの判断のための取調状況の可視化を進めること、調書を利用する場合でも朗読・要旨の告知の全面的実施をすること等。また、調書を立証の中心におく検察官に対抗すべき刑事弁護の強化を図るために、勾留・勾留延長の各要件判断の厳格化による在宅事件原則や勾留場所を拘置所とする原則を各確立すること、接見交通の事実上の制約を緩和し、より自由な接見を可能にすること、保釈を原則的許可で運用すること、証拠開示命令を積極的に利用すること、違法収集排除の範囲を拡大すること等のほか、最近整備されつつある当番弁護士制度の定着・拡充を高い見地から支持することなども提案されている（「高い見地から」と述べたのは、外形上報酬を受ける一方当事者の活動支持――ただし、当番弁護士制度は、一回目の接見は無料のようである――と見られるがちだが、公判審理の活性化に資するという目標から判断すべきであるという意味である。）。

（23）　注（17）の石松論文には、勾留質問過程の録音化が提案されており、新しくて具体的な方法として注目される。

（24）　刑事裁判の社会的機能が小さくなることは、裁判所の権威・権限の由来である国民にとって不幸なことではなかろうか。すなわち、有罪無罪の判定は、公開法廷で独立した裁判官が、厳格な手続ルールに則って判断する制度が憲法及び刑事訴訟法等で予定されているのに、公開性や厳格な手続ルールに制約されず、裁判官ほどには独立性のない検察官によって最終判断がされすぎていることは、あまりに不幸といえるのではないか。もっとも、あくまで、「されすぎていること」の問題点である。検察官段階である程度白黒がはっきりされることは、起訴に対する国民の負担意識からしてやむをえないところでもある。

（25）　法曹三者が日本の刑事司法の特色についてどうとらえているのか、とらえ方がどう違うのか比較できる興味深い文献に、『刑事手続　上』（筑摩書房、一九八八年）一頁以下がある。裁判官、検察官、弁護士がそれぞれの立場から、どうとらえているかよく理解できる。そのコメントによると、法曹三者共が、捜査・訴追段階における検察官の権限の強さと、公判段階における捜査過程で作成された書証の広範な活用、審理期間の短縮化、一〇〇パーセントに近い有罪率の二点を日本の刑事司法の特徴ととらえながら、その評価について、検察・裁判と弁護が異なるとする。検察・裁判は、基本的に現状肯定的と言うが、検察官はともかく、裁判官が「……供述調書が多量に採用される結果となることは当然の成り行きであって……」（五頁以下）、「……有罪率は九九パーセント台の高率を維持し、地方裁判所における平均審理期間は三月以内が全体の七〇パーセント近くに達しているのであって、これによると、警察、検察、裁判を通じて、その運用状況は良好であるとみてよいだろう。」（八頁）と胸を張るのは、自分の足元を掘り崩す結果になっていないであろうか。

(26) 例えば、「精密司法」と批判される事実認定には、裁判官が微細な事実関係の認定までも追求していったため（それだけを取り出すと真面目な裁判官の姿勢として批判はしにくいであろう。）、捜査官による自白追求も詳細を極め、詳細な自白調書が作成・採用されるようになるため、公判供述が粗く首尾一貫しないものとして信用されない結果を招いているといった面がある。

(27) 刑事裁判の機能を回復、拡大を主張する意見に対してなされうる新たな職権主義、権限拡大を狙う役人根性との批判については、一九世紀の自由主義的な司法観で物事を判断し、職権主義的だから駄目と批判するに等しく、時代おくれとの疑問を抱かざるを得ないし、（同じ問題が、民事における弁論主義の変遷にも現れている。）、役人根性との批判は全くの誤解であり、むしろ、現状は、ことなかれ主義で仕事は絶対増やしたくないという裁判所、裁判官の体質の方が心配である。なお、言うまでもないことだが、刑事裁判の機能の回復、拡大の最終目標は、あくまで国民の権利拡大であり、役人根性なら、こんな論文を苦労して書かないのである。

第１表　逮捕状の請求とこれに対する裁判等（昭和30、35、40、45、50、55、60、62年～平成3年）－簡裁・地裁

裁判所	区分／年次	通常						緊急			
		請求 (A)	発付	却下 (B)	取下げ (C)	$\left(\frac{B}{A}\right)$ %	$\left(\frac{B+C}{A}\right)$ %	請求 (D)	発付	却下 (E)	$\left(\frac{E}{D}\right)$ %
総数	昭和30年	…	…	…	…	…	…	…	…	…	…
	35	…	…	…	…	…	…	…	…	…	…
	40	200,814	200,405	252	157	0.13	0.20	28,919	28,859	57	0.20
	45	164,227	163,700	284	243	0.17	0.32	24,312	24,226	78	0.32
	50	131,745	131,276	184	285	0.14	0.36	22,029	21,976	53	0.24
	55	127,743	127,401	94	248	0.07	0.27	19,199	19,174	25	0.13
	60	132,353	131,928	76	349	0.06	0.32	19,437	19,417	20	0.10
	62	123,891	123,433	95	363	0.08	0.37	18,353	18,333	20	0.11
	63	116,648	116,317	61	270	0.05	0.28	16,692	16,681	11	0.07
	平成１年	103,590	103,309	52	229	0.05	0.27	15,235	15,220	15	0.10
	2	96,759	96,472	50	237	0.05	0.30	14,813	14,804	9	0.06
	3	98,310	98,017	33	260	0.03	0.30	15,178	15,172	6	0.04
簡裁	昭和30年	…	…	…	…	…	…	…	…	…	…
	35	…	…	…	…	…	…	…	…	…	…
	40	130,391	130,277	53	61	0.04	0.09	15,045	15,038	5	0.03
	45	116,059	115,766	121	172	0.10	0.25	14,000	13,971	24	0.17
	50	97,863	97,575	88	200	0.09	0.29	13,145	13,129	16	0.12
	55	102,282	102,062	54	166	0.05	0.22	11,958	11,949	9	0.08
	60	109,497	109,160	45	292	0.04	0.31	12,635	12,623	12	0.09
	62	101,305	100,943	61	301	0.06	0.36	11,711	11,703	8	0.07
	63	95,720	95,476	34	210	0.04	0.25	10,781	10,774	7	0.06
	平成１年	85,101	84,915	21	165	0.02	0.22	9,749	9,745	4	0.04
	2	80,899	80,719	29	151	0.04	0.22	9,555	9,550	5	0.05
	3	83,336	83,115	23	198	0.03	0.27	9,869	9,866	3	0.03
地裁	昭和30年	…	…	…	…	…	…	…	…	…	…
	35	…	…	…	…	…	…	…	…	…	…
	40	70,423	70,128	199	96	0.28	0.42	13,874	13,821	52	0.37
	45	48,168	47,934	163	71	0.34	0.49	10,312	10,255	54	0.52
	50	33,882	33,701	96	85	0.28	0.53	8,884	8,847	37	0.42
	55	25,461	25,339	40	82	0.16	0.48	7,241	7,225	16	0.22
	60	22,856	22,768	31	57	0.14	0.39	6,802	6,794	8	0.12
	62	22,586	22,490	34	62	0.15	0.43	6,642	6,630	12	0.18
	63	20,928	20,841	27	60	0.13	0.42	5,911	5,907	4	0.07
	平成１年	18,489	18,394	31	64	0.17	0.51	5,486	5,475	11	0.20
	2	15,860	15,753	21	86	0.13	0.67	5,258	5,254	4	0.08
	3	14,974	14,902	10	62	0.07	0.48	5,309	5,306	3	0.06

（注）１　司法統計年報による延べ人員である。
　　　２　昭和30年、35年の逮捕状の請求と発付等は、通常逮捕状と緊急逮捕状に区別されている資料はない。

第２表　勾留状の請求とこれに対する裁判等（昭和30、35、40、45、50、55、60、62年～平成3年）－簡裁・地裁

裁判所	総数						簡裁						地裁					
年次＼区分	請求 (A)	発付	却下 (B)	取下げ (C)	(B/A) %	(B+C/A) %	請求 (D)	発付	却下 (E)	取下げ (F)	(E/D) %	(E+F/D) %	請求 (G)	発付	却下 (H)	取下げ (I)	(H/G) %	(H+I/G) %
昭和30年	216,859	(6,377) 215,666	1,193	…	0.55	…	101,421	(2,741) 101,128	293	…	0.29	…	115,438	(3,636) 114,538	900	…	0.78	…
35	160,140	(4,278) 158,306	1,834	…	1.15	…	71,283	(1,905) 71,025	258	…	0.36	…	88,857	(2,373) 87,281	1,576	…	1.77	…
40	127,991	(4,473) 125,175	2,791	25	2.18	2.20	56,495	(1,644) 56,268	219	8	0.39	0.40	71,496	(2,779) 68,907	2,572	17	3.60	3.62
45	98,781	(4,087) 95,013	3,710	58	3.76	3.81	48,956	(1,618) 48,465	460	31	0.94	1.00	49,825	(2,469) 46,548	3,250	27	6.52	6.58
50	91,860	(4,044) 90,358	1,471	31	1.60	1.64	46,428	(894) 46,017	391	20	0.84	0.89	45,432	(3,150) 44,341	1,080	11	2.38	2.40
55	93,291	(5,298) 92,362	899	30	0.96	1.00	47,789	(789) 47,554	219	16	0.46	0.49	45,502	(4,509) 44,808	680	14	1.49	1.53
60	103,753	(5,692) 103,344	388	21	0.37	0.39	52,275	(723) 52,154	108	13	0.21	0.23	51,478	(4,969) 51,190	280	8	0.54	0.56
62	97,457	(4,858) 97,071	301	85	0.31	0.40	49,479	(630) 49,385	81	13	0.16	0.19	47,978	(4,228) 47,686	220	72	0.46	0.61
63	90,374	(4,386) 90,081	269	24	0.30	0.32	45,371	(585) 45,301	58	12	0.13	0.15	45,003	(3,801) 44,780	211	12	0.47	0.50
平成1年	81,916	(3,775) 81,641	261	14	0.32	0.34	43,217	(483) 43,144	60	13	0.14	0.17	38,699	(3,292) 38,497	201	1	0.52	0.52
2	76,914	(3,826) 76,525	378	11	0.49	0.51	42,700	(534) 42,614	76	10	0.18	0.20	34,214	(3,292) 33,911	302	1	0.88	0.89
3	78,681	(3,871) 78,327	336	18	0.43	0.45	43,799	(485) 43,717	70	12	0.16	0.19	34,882	(3,386) 34,610	266	6	0.76	0.78

（注）1　司法統計年報による延べ人員である。
　　　2　（　）内は職権で発付された人員で外数である。
　　　3　昭和30年、35年の取下げについては資料がない。

第３表　接見禁止等の請求及び決定（昭和30、35、40、45、50、55、60、62年〜平成3年）－簡裁・地裁

裁判所	総数					簡裁					地裁				
区分／年次	勾留請求 (A)	接見禁止等の請求 (B)	接見禁止等の決定 (C)	(B/A) %	(C/B) %	勾留請求 (D)	接見禁止等の請求 (E)	接見禁止等の決定 (F)	(E/D) %	(F/E) %	勾留請求 (G)	接見禁止等の請求 (H)	接見禁止等の決定 (I)	(H/G) %	(I/H) %
昭和30年	216,859	11,739	…	5.4	…	101,421	3,864	…	3.8	…	115,438	7,875	…	6.8	…
35	160,140	9,801	…	6.1	…	71,283	2,981	…	4.2	…	88,857	6,820	…	7.7	…
40	127,991	9,135	…	7.1	…	56,495	2,794	…	4.9	…	71,496	6,341	…	8.9	…
45	98,781	10,571	…	10.7	…	48,956	3,623	…	7.4	…	49,825	6,948	…	13.9	…
50	91,860	11,686	…	12.7	…	46,428	5,074	…	10.9	…	45,432	6,612	…	14.6	…
55	93,291	18,371	…	19.7	…	47,789	7,556	…	15.8	…	45,502	10,815	…	23.8	…
60	103,753	24,896	23,112	24.0	92.8	52,275	10,018	9,549	19.2	95.3	51,478	14,878	13,563	28.9	91.2
62	97,457	24,114	23,232	24.7	96.3	49,479	10,619	10,253	21.6	96.6	47,978	13,495	12,979	28.1	96.2
63	90,374	21,921	21,189	24.3	96.7	45,371	9,808	9,535	21.6	97.2	45,003	12,113	11,654	26.9	96.2
平成1年	81,916	18,267	17,564	22.3	96.2	43,217	8,158	7,964	18.9	97.6	38,699	10,109	9,600	26.1	95.0
2	76,914	17,146	16,355	22.3	95.4	42,700	8,050	7,815	18.9	97.1	34,214	9,096	8,540	26.6	93.9
3	78,681	18,305	17,248	23.3	94.2	43,799	8,757	8,339	20.0	95.2	34,882	9,548	8,909	27.4	93.3

（注）1　司法統計年報による延べ人員である。

第４表　起訴前の勾留延長の請求及び却下率（昭和30、35、40、45、50、55、60、62年～平成3年）－簡裁・地裁

裁判所／区分／年次	総数			簡裁			地裁		
	請求	却下	却下率（％）	請求	却下	却下率（％）	請求	却下	却下率（％）
昭和30年	49,969	…	…	17,511	…	…	32,458	…	…
35	30,349	…	…	11,019	…	…	19,330	…	…
40	23,131	21	0.09	8,095	－	0.00	15,036	21	0.14
45	17,096	89	0.52	7,078	9	0.13	10,018	80	0.80
50	20,268	88	0.43	8,161	19	0.23	12,107	69	0.57
55	24,721	63	0.25	10,207	21	0.21	14,514	42	0.29
60	31,863	54	0.17	13,105	22	0.17	18,758	32	0.17
62	31,617	23	0.07	13,397	13	0.10	18,220	10	0.05
63	30,263	13	0.04	12,734	3	0.02	17,529	10	0.06
平成１年	28,777	27	0.09	13,063	12	0.09	15,714	15	0.10
2	27,430	25	0.09	13,455	12	0.09	13,975	13	0.09
3	28,638	26	0.09	14,045	11	0.08	14,593	15	0.10

（注）1　司法統計年報による延べ人員である。
　　　2　昭和30年、35年の却下については資料がない。

第５表　捜索・差押・検証許可状の請求とこれに対する裁判等（昭和30、35、40、45、50、55、60、62年～平成3年）－簡裁・地裁

裁判所 / 区分 / 年次	総数						簡裁						地裁					
	請求 (A)	発付	却下 (B)	取下げ (C)	(B/A) %	((B+C)/A) %	請求 (D)	発付	却下 (E)	取下げ (F)	(E/D) %	((E+F)/D) %	請求 (G)	発付	却下 (H)	取下げ (I)	(H/G) %	((H+I)/G) %
昭和30年	90,379	(14) 90,011	368	…	0.41	…	54,504	(2) 54,299	205	…	0.38	…	35,875	(12) 35,712	163	…	0.45	…
35	44,919	(4) 44,854	65	…	0.14	…	26,388	(1) 26,363	25	…	0.09	…	18,531	(3) 18,491	40	…	0.22	…
40	56,713	(9) 56,455	123	135	0.22	0.45	33,034	(4) 32,931	17	86	0.05	0.31	23,679	(5) 23,524	106	49	0.45	0.65
45	46,645	(2) 46,294	189	162	0.41	0.75	31,207	31,022	82	103	0.26	0.59	15,438	(2) 15,272	107	59	0.69	1.08
50	69,728	69,165	209	354	0.30	0.81	49,534	49,239	97	198	0.20	0.60	20,194	19,926	112	156	0.55	1.33
55	89,747	(6) 89,235	152	360	0.17	0.57	67,958	(1) 67,667	63	228	0.09	0.43	21,789	(5) 21,568	89	132	0.41	1.01
60	111,631	(4) 110,681	190	760	0.17	0.85	89,718	89,039	102	577	0.11	0.76	21,913	(4) 21,642	88	183	0.40	1.24
62	120,082	(1) 118,990	214	878	0.18	0.91	95,045	94,269	113	663	0.12	0.82	25,037	(1) 24,721	101	215	0.40	1.26
63	117,851	116,791	180	880	0.15	0.90	93,619	92,826	96	697	0.10	0.85	24,232	23,965	84	183	0.35	1.10
平成1年	111,551	110,574	126	851	0.11	0.88	87,645	86,989	75	581	0.09	0.75	23,906	23,585	51	270	0.21	1.34
2	114,381	113,168	212	1,001	0.19	1.06	91,505	90,718	104	683	0.11	0.86	22,876	22,450	108	318	0.47	1.86
3	125,795	124,743	105	947	0.08	0.84	103,466	102,725	40	701	0.04	0.72	22,329	22,018	65	246	0.29	1.39

（注）1　司法統計年報による延べ人員である。
　　　2　（　）内は職権により発付した数で外数である。
　　　3　昭和30年、35年の取下げについては資料がない。

第６表　身体検査令状の請求とこれに対する裁判等（昭和30、35、40、45、50、55、60、62年～平成3年）－簡裁・地裁

裁判所	総数						簡裁						地裁					
区分	請求	発付	却下	取下げ	(B/A)	((B+C)/A)	請求	発付	却下	取下げ	(E/D)	((E+F)/D)	請求	発付	却下	取下げ	(H/G)	((H+I)/G)
年次	(A)		(B)	(C)	%	%	(D)		(E)	(F)	%	%	(G)		(H)	(I)	%	%
昭和30年	…	…	…	…	…	…	…	…	…	…	…	…	…	…	…	…	…	…
35	…	…	…	…	…	…	…	…	…	…	…	…	…	…	…	…	…	…
40	224	(3) 221	3	−	1.33	1.33	121	121	−	−	−	−	103	(3) 100	3	−	2.91	2.91
45	267	237	14	16	5.24	11.23	200	176	11	13	5.50	12.00	67	61	3	3	4.48	8.96
50	837	808	14	15	1.67	3.58	522	502	9	11	1.72	3.83	315	306	5	4	1.59	2.86
55	1,754	1,674	33	47	1.88	4.56	1,231	1,184	15	32	1.22	3.82	523	490	18	15	3.44	6.31
60	1,179	1,159	4	16	0.34	1.70	825	811	2	12	0.24	1.70	354	348	2	4	0.56	1.69
62	1,091	1,072	2	17	0.18	1.74	718	709	−	9	0.00	1.25	373	363	2	8	0.54	2.68
63	1,078	1,066	2	10	0.19	1.11	760	749	2	9	0.26	1.45	318	317	−	1	0.00	0.31
平成1年	1,075	1,055	5	15	0.47	1.86	757	742	3	12	0.40	1.98	318	313	2	3	0.63	1.57
2	1,068	1,046	3	19	0.28	2.06	701	687	1	13	0.14	2.00	367	359	2	6	0.54	2.18
3	1,195	1,173	5	17	0.42	1.84	820	802	2	16	0.24	2.20	375	371	3	1	0.80	1.07

（注）1　司法統計年報による延べ人員である。
　　　2　（　）内は職権により発付されたもので外数である。
　　　3　昭和30年、35年については資料がない。

第五章　夜間の令状執務体制の確立のために

一　宿日直制度――この誇るべきもの！

「宿日直制度」と聞くと、「ああ、防犯のために置いてある制度か」というのが一般の方の反応であろう。「当直」と呼ばれることもある。因みに、宿直は平日夜の当直、日直は休日の当直である。いずれも社会的には、防犯の制度で正しく、裁判所でも右の意味の当直を「管理当直」というようである。しかしながら、裁判所では、令状審査のために、「令状当直」という制度を置いている庁が多い。もちろん、人員配置的には両者は重なっているのだが、「令状当直」は、新憲法、新刑事訴訟法における令状主義の理念を、深夜ないし休日にまで及ぼそうという制度であり、世間ではあまり知られていないものの、人権保障を実効化させるための大切な制度である。人権に対する緊急事態に対応しているという意味では、生命、健康、治安等に関係している病院や警察、消防署の当直制度と同質の面があると思われる。具体的な中身としては、裁判所職員の何名かに裁判所の宿直室に宿泊、待機してもらい、右職員が検察、警察（多くは警察である。）からの夜間、及び休日の令状請求を受理し、何らかの方法で、裁判官宿舎に持参し（日直の場合は、昼間は、裁判官が裁判所に出勤している庁も多い。）、裁判官が審査して令状発付か却下かを決める形になっている。宿日直制度下、特に夜間令状審査をするのは、裁判官に任官して、裁判官としての仕事の尊さとやりがいを感じる一つの場面である。テレビドラマや小説などで、夜間の捜査が紹介されることがあるが、その裏で裁判所職員と裁判官が支えている令状当直が紹介されることはまずない。しかし、新憲法、新刑事訴訟法における令状主義の理念を、誰も知らない最前線で実行していることの意味は大きく、私流の言葉でいうと、この制度はいい意味での「静かな正義」を体現する大切な制度である。もちろん、これを支えてきた先輩裁判官、先輩職員の方々の苦労は並大抵のものではなく、尊い労力が注ぎ込まれていると思われ、外国にはないところもあるようであるが、わが国の刑事司法が国際的に誇れる制度だと思われる。

しかしながら、この制度が今や大きく揺らいでいる。端的にいうと廃止の方向に向かっているのではないかと思われる。法曹界や国民世論の中で、この制度が憲法や刑事訴訟法の運用との関係で議論されることはほとんどないが、裁判所内では、裁判所職員の勤務条件との関係で、最高裁事務総局と全司法労働組合本部との交渉で何時も取り上げられる。そこで、その中身を紹介している裁判所時報号外一三三号（平成六年七月二一日号）から、宿日直に関する部分を参考までに取り上げてみよう。

組合　宿日直を廃止してもらいたい。

当局　宿日直については、できるだけ廃止、縮小の方向が望ましいという観点から、これまでも支部の宿日直の廃止等に努めてきたところである。今後とも、一層その努力を続けていくが、裁判所は国民の権利義務に係わる令状等の緊急事務を担当していることから、単に職員の処遇という面からのみで、この問題を考えていくわけにはいかないことも理解してもらいたい。

ただ、将来にわたってまで現状を維持すべきものかどうかについては、種々の問題もあり、最高裁としては、今後の時代のすう勢や通信機器の発達等をにらみながら、諸外国の実情等の調査をするとともに、検討を進めていきたい。

右紹介文中、当局の回答からして、過去、現在、未来共宿日直の廃止、縮小に向かっている、ないし向かうであろうことは明らかであると思われる。またそれは、職員の労働条件を考えてのものであろうが、憲法、刑事訴訟法における令状主義の理念と緊張関係にあることは否定できない。もちろん、令状主義の理念を担うのは裁判官を含めた裁判所職員という具体的人間であるから、その労働条件を無視することはできないであろうし、労働時間削減という世間の潮流から全く逆行することもできないであろう。また、宿日直制度の過去の制度変化を無視することも、裁判所が組織体である以上できないであろう。しかしながら、宿日直制度の廃止、縮小が令状主義の理念と緊張関係にあることは明らかであるから、もう一度基本を確認し、今後どのように宿日直制度を考えていったらよいか議論することが大事な時期にきているのではなかろうか。前述のように、宿日直制度は、憲法、刑事訴訟法における令状主義の理念を夜間ないし休日にまで及ぼそうという大切な制度であるが、その重要性が世間にあまり知られていないし、注目もされないだけあって、裁判所内でも邪魔者扱いされがちであるが、司法改革の時代においては、「司法の社会的機能の拡張、拡大を図らねばならないから（この点については、第四章五参照）、それと矛盾するかにみえる宿日直制度の廃止、縮小が許されるのかどうか、そしてそれが不可避なら、将来に禍根を残さないようにするためにどうしたらいいか、特に令状主義の理念の運用を後退させないための対案はどうか（今は、本当は「後退阻止」ではなく、「積極的前進」こそが必要な時代なのであろうが……。）を議論しはじめないと、そのうち手遅れになってしまう感じが否めないのである。

なお、本稿で取り上げた裁判所時報号外における宿日直廃止交渉の資料は、後記二4でも用いるが、労使交渉という内部的な事柄に関する資料であるなどという理由で、取り上げることに異論があるかもしれない。しかしながら、右資料は、最高裁（当局）が言明しているように、「単に職員の処遇という面からのみで、この問題を考えていくわけにはいかない」事柄に関する資料、即ち国民の権利義務に関わる極めて公益性の高い事柄についての資料であると思われる。内部的な事柄に関する資料とのみ性格付けできないであろう。また、裁判所時報号外は、裁判官及び職員に対し広く配付され、特にマル秘扱いにはなっていないし、資料課図書室へ行けば、弁護士や学者も閲覧しうるであろうから、公開ないし準公開の文書と思われる。したがって、取り上げることに問題はないのではなかろうか。念のため付言すると、本論文の意図は、宿日直制度への建設的対案を示すことにあり、それ以上でも以下でもない。これは、後記**四**、**五**の各記述を読んで頂ければ明らかであると思うが、そのための実情紹介のため、最低限必要な部分を取り上げたのであり、御理解を頂ければ幸いである。

そこでまず、宿日直制度が過去どのように変遷してきたかをみていくことにする。これは、宿日直制度の将来像を描く際の前提になると思われるし、過去の変遷を無視して対案を立てることは無理だからである。

二　宿日直制度の歴史的変遷

1　導入

宿日直制度、特に宿直制度は、いつごろから導入されたかは明らかではないが、昭和二七年六月に出版された司法研修所の司法研究報告第二巻第二号「犯罪捜査と司法的抑制」二九〇頁以下の「令状制度運用に関する裁判官事務の改善意見」中には、「夜間、日曜日、休日における令状事件の処理は各裁判所の事情に応じ適宜の方法を講ずること。」といった提案がなされている。そして、注（6）の昭和二九年の全国裁判官会同の問題に対する意見中では、東京地裁に既に宿直制度、しかも裁判官も泊まり込みの宿直制度が採用されており、大阪地裁では採用されていないことなどが分かる。こうした資料によると、昭和二〇年代後半に、全国一律ではなく、各庁毎に整備されていったのではないかと思われる。

2　法制化

昭和三九年に、人事院規則一五—九が制定され、それまで国家公務員法九八条、人事院規則一五—一第一〇条によりなされてきた宿日直について、直接の根拠が出来ることになった[1]。内容は六条で簡単なものであり、宿日直勤務の定義、宿日直勤務を命じる場合の注意事項等が規定されている。制定後一〇回を超える改正を経たが、大きな改正は、通常の宿日直勤務の外に、警察、検察庁、刑務所、病院、消防本庁等の特殊な業務を主とする宿日直勤務を設けたことである。裁判所における管理当直と令状当直も、右区分にしたがって、通常の宿日直勤務と特殊な業務を主とする宿日直勤務に区別されているようである。なお、人事院規則とその根拠である国家公務員法は、裁判所職員には直接には適用がないが（国家公務員法二条三項一三号、四項、五項）、準用はされ、その根拠は、裁判所職員臨時措置法、及び裁判所職員に関する臨時措置規則（昭二七・二・六　最高裁判所規則一「当分の間……人事院規則……を準用」）である。

3　手当

宿日直制度下では、職員に宿日直手当が支給される。裁判官にはない（ただし、裁判官特別勤務手当に関する規則により、平成四年一月から、職員の日直に該る休日出勤の場合には、手当が支給されるようになった。）。では、職員にはどの程度手当が支給されてきたのだろうか。昭和三九年に、人事院規則一五—九が制定される以前の手当がどの程度であったかは資料が入手できなかったが、昭和三七年度には、土曜日については金四二〇円を支給との人事院勧告がだされ、右勧告どおり実施がなされている。その後、人事院規則一五—一五が制定され、宿日直手当が支給される勤務、額が明らかになった。右額は、人事院勧告にしたがって改定されたようで、通常の宿日直勤務（裁判所の管理当直）、特殊な業務を主とする宿日直勤務（裁判所の令状当直）に関するものを順に各年度毎に括弧内に挙げると、以下のとおりである。(2) なお、一つの数字しかない場合は、通常と特殊の宿日直勤務の区別がなかったころのものであり、土曜日の特例は省略した。昭和三九年度（四二〇円）、同四二年度（五一〇円）、同四三年度（五一〇円）、同四五年度（六二〇円、一一〇〇円）、同四八年度（一〇〇〇円、二〇〇〇円）、同四九年度（一三〇〇円、一六〇〇円）、同五一年度（一六〇〇円、三二〇〇円）、同六一年度（二三〇〇円、四二〇〇円）、平成三年度（二九〇〇円、五一〇〇円）、同四年度（三一〇〇円、五六〇〇円）、同六年度（平成七年一月一日以降三三〇〇円、六〇〇〇円）。

4 廃止の動き

裁判所時報号外昭和四四年八月二日号に、初めて、最高裁事務総局と全司法労働組合本部との交渉での廃止問題が取り上げられた。以後、裁判所時報号外には断続的に廃止問題が取り上げられ続けている。時系列に従って、その動きを追ってみよう。**別表**（二四八頁以下）を参照していただきたい（廃止を中心にして、筆者の責任で要約した。）。「時報日付」は裁判所時報号外の日付である。昭和四〇年代後半には、独立簡裁（簡裁のうち、地家裁本庁・支部と併設されていない簡裁）、乙号支部（地家裁支部のうち、概ね合議事件及び少年事件を扱わない支部）でかなりの廃止が行われたようであり、同五〇年代前半には、家裁本庁、地家裁各甲号支部（地家裁支部のうち、合議事件及び少年事件を扱う支部）で年末年始の廃止が行われたようである。もっとも、平成二年ころまでは、あくまで「軽減措置」であり、「緊急事務の処理等直接国民の人権にかかわるような事務を処理している裁判所の姿勢の問題もあり、現状が限界。」といった決着がなされてきたことが目につく。しかし、平成三年になると、「基本的にはできるだけ廃止、縮小の方向が望ましいと考えている。」との回答が最高裁からなされているだけでなく、平成四年以降は、前記一で述べたような回答がなされ、全面廃止に向けて検討が開始されているかのようである。そして、新たな動きとして、連絡職員方式として、職員は自宅で連絡係としての役割を果たすだけで、あとはすべて裁判官が取り扱う制度（請求者である捜査官が、裁判所ではなく担当裁判官の自宅に直接出向く。書記官、事務官等の職員を通さないので、裁判官が、請求書に受領印を押し、帳簿等にチェックし、書類の授受を行い、疎明資料の検討を行い、令状判断をなし、令状や却下決定は裁判官から請求者に直接交付される。）といったものの制度化も始まったようである。

三　宿日直制度下の令状審査の実情と重要点

1　宿日直制度下の令状請求の種類について

宿日直制度の歴史的変遷を見たが、次に実情について触れてみたい。一で述べたような「新憲法、新刑事訴訟法における令状主義の理念を最前線で実行」という理念的、総論的なものだけでは、必ずしも地に足がついた議論にならないからである。どんな令状を審査しているのか、それはどのような問題を含んでいるのかの実情を考察しながら、宿日直制度の重要性に触れてみたい。

まず、日頃裁判所で、休日、夜間の令状審査を担当していると、休日の昼間にくる令状請求は、平日の昼間にくるそれとさほど違いがあるわけではない。逮捕状、勾留状、捜索差押許可状等あらゆるものが請求されるので、日直制度下の令状審査は、平日の昼間のそれと同様に考えていけばよいであろう。一方、平日、休日を問わず、夜間にくる令状請求には、私の経験では、顕著な特徴があるように思われる。それは次の三つの令状請求である。

⑴　緊急逮捕状

犯罪は昼夜を問わず行われるが、夜間に発生するものには、通報等により警察官が犯行現場付近にかけつけ、職務質問や所持品検査、それに目撃者の供述により被疑者が嫌疑を受けることが少なくない。このような場合、その後の手続は、現行犯逮捕ができる場合を除き、昼間と同様には進まない。昼間であれば、警察署に任意同行を求め、取調べをしてから逮捕手続をとるか、身元がはっきりして引受人があるなら、後日取調べをしてから逮捕手続をとるかであろう。しかしながら、夜間では、任意同行を求めたとしても、あまり長く（昼間でもどこまで許されるかは問題がある。）取り調べた後に逮捕手続きをとることは、人権上できない。また、夜間では、よくみかける忍込窃盗のような場合、被疑者が住居不定の場合が少なくないため、被疑者を帰宅させて後日取調べを行うという手続をとることもできない。こうした場合に、犯罪の嫌疑があるならば、被疑者の早急な身柄確保のため、緊急逮捕手続が行われる。私の感覚では、夜間にくる令状請求の最も多い典型的な事例である。[3]

(2) 採血、採尿令状

採血、採尿については、どのような令状が必要か議論のあるところであり、[4]後者については捜索差押令状が必要との最高裁決定（一小昭和五五・一〇・二三決定、刑集三四・五・三〇〇）が出て一応の決着が図られたが、どのような種類の令状であれ、採血、採尿に関する令状請求は、夜間にくる令状請求の特徴的なものの一つである。これは、例えば、酒気帯び運転（道路交通法一一九条一項七号の二、六五条）を例にとると、身体に政令で定める一定以上のアルコールの保有がなければ、構成要件該当性がないことになるが、その有無を判定するための任意の呼気検査を被疑者が拒否したとき、採血により、血中アルコール濃度を判定するために令状請求が行われるのである。飲酒運転は夜間が多いので、令状請求は当然夜間が多くなり、しかも一定時間が経過すると検査そのものが無意味となるので、捜査の必要性からいうと、極めて迅速性が要求される令状請求といえる。

(3) 通常逮捕状

緊急逮捕状の場合と異なり、通常逮捕状は、任意捜査においてある程度の時間を掛けて嫌疑を固めてから請求されるので、特に夜間の請求が必然化するわけではない。むしろ、通常の捜査形態からすると、昼間に請求されるのが普通である。ところが、実際は、夜間、時には深夜（定義は人によりいろいろあろうが、一応午後一一時以降とする。）に通常逮捕状の請求があることがある。公刊物に掲載されている資料には、夜間、深夜の通常逮捕状の請求数といった統計的なものはないので、実態を数字で掴むことはできないが、裁判所で午後五時以降の令状執務を何回か担当すると、その何回かに一回は夜間の通常逮捕状請求に出くわすものである。そして、夜間の通常逮捕状請求の何回かに一回は、深夜の通常逮捕状請求である。夜間、ことに深夜にわざわざ通常逮捕状請求をするのは、事件の発生時間や請求者の捜査態度、方針にもよるので、地域的なばらつきがあり、一概にはいえないが、その頻度は、私の感覚では、深夜の通常逮捕状請求は、「しばしばある。」といった程度ではないが、かといって「めったにない。」というほど軽視できる数でもないと思われる。

ではどういう場合に、夜間、ことに最も問題な深夜に通常逮捕状請求があるのだろうか。私の経験では、二つの類型に分けられるように思われる。以下、事件発生から時系列(日時は適当に設定した。)にしたがって説明するが、両類型をイメージしやすいように窃盗事件で考えていただきたい。

①類型

・七月七日午後一一時三〇分　忍込窃盗発生、家人警察通報、被疑者逃亡。
・同　　午後一一時四五分　駆けつけた警察官が現場から少し離れたところで不審者に職務質問し、警察署に任意同行を求める。被害者にも警察署への同行を求める。
・同　　午後一二時　警察官と被疑者が警察署到着。被疑者取調べ。被疑者は素直に自白し、被害品を任意提出。被疑者が任意提出書を作成。警察官が領置調書を作成し、被害品を写真撮影(ポラロイドカメラ)。被害者が被害品を確認。被害者は、被害届、被害品確認書、還付請書を作成。被疑者、被害者の取調べは続行。
・七月八日午前一時三〇分　警察官が被疑者の自白調書、被害者の調書作成。できれば、被害者を現場に戻して、現場の写真撮影(ポラロイドカメラ)。
・同　　午前二時　権限ある警察官が裁判所に通常逮捕状請求。

②類型

・七月一日　窃盗事件発生。被害者申告。被害届作成。被害者を取り調べて調書作成。

・七月二日から六日まで　内偵捜査。被害現場の実況見分。指紋採取。周辺の聞き込み。被疑者周辺への聞き込み。

・七月七日午前八時三〇分　通勤途上の被疑者を任意同行。

・　同　午前九時　警察署到着　昼食をはさんで、被疑者取調べ。被疑者は一貫して否認。夕方から揺れだすがまだ否認。夕食をはさんで取調べ続行。揺れだしているので、警察官は当日中に自白させようと追及。

・　同　午後一一時　被疑者やっと自白。犯行態様について取調べを続行。できれば被疑者を現場に案内させる。

・七月八日午前一時三〇分　自白調書作成　現場写真撮影報告書作成。

・　同　午前二時　権限ある警察官が裁判所に通常逮捕状請求。

右①は、緊急逮捕状請求になる場合もある類型である。もちろん、①であっても、深夜に警察官が任意同行を求め、警察署で身柄を事実上確保し、さらに取調べまでしているのだから（当然身上関係も明らかになる。）、刑訴法二一〇条の「急速を要し、逮捕状の請求ができないとき」に該当するか疑問の残るところではある。それで、慎重を期す場合は、通常逮捕状請求をすることになろう。

右②は、捜査官の自白追及に対し、被疑者が頑として否認を続けたので、捜査官は自白がとれるまで取り調べ、途中否認が揺れだしたので、その日中に自白させようとして深夜まで取調べをなし、深夜になってようやく自白調書をとったということで、通常逮捕状請求をする類型である。重大事件等で深夜に逮捕ということで華々しく報道される事案は、この類型だと思われるが[5]、そうした重大事件ではなくとも、否認事件ではまま見られる類型である。

①が、事件の発生時間と関係する事案であり、②は請求者の捜査態度、方針と関係する事案である。

2　実態として重要なのは、どの令状請求か

前記1(1)、(2)、(3)①の各類型は、いずれも夜間に事件が発生するので、夜間に請求がなされる類のものであり、令状主義の精神との関係では昼間の令状請求とさほど問題が異なるわけではない。もちろん、夜間であっても、昼間と同じように人権が保障されるべきであるという点で、宿日直（ここでは正確には「宿直」）制度の重要性を基礎づけることは疑いない。

しかしながら、これらとは異なり、前記1(3)②の類型は、事件自体の発生は夜間に限らず、しかも令状請求の何日か前に発生していることも多く、令状請求までの捜査態度、方針と密接に関係するものである。裁判官としても、他の類型と異なり、殊に捜査態度、方針のうち、任意同行及びその後の任意の取調べが、実質的に逮捕に到っているのではないかという点の審査が重要になってくる。そのため、この類型は、質的に夜間に特徴的な問題点を孕んだ令状請求であると思われる。ただ、文献を探してみてもそうしたことが書かれてあるものは皆無である。そもそも、注（3）で述べたように、夜間の令状請求の問題は、刑訴法二一〇条一項の「直ちに」の解釈、運用の問題として取り上げられ、しかもその取り上げられ方が最も多いようであるが、逆にそれだけの取り上げられ方しかされていないとの問題がある。前記1(2)、(3)①の各類型もほとんど議論の対象となっていないが、さらに前記1(3)②の類型にいたっては、夜間の令状請求の問題としての議論は皆無である。前記1(3)②の類型を裁判官の研究会等で議論すると、「緊急逮捕なら、憲法、刑訴法上迅速性が要請されるから、夜間でも何とかしようという気になるが、通常逮捕なら、何故夜間に持ってくるのかと腹が立つ。」「夜間には裁判官の人権の問題もある。通常逮捕なら、裁判官の人権の方が優先するのではないか。」「前記1(3)②の類型は、全くの違法捜査であり、ありうべからざるものであるから、ありうべからざるものを念頭に宿日直体制を考えるのは邪道である。」等々の意見が飛び交う。それぞれ

に本音が出ていて興味深いのであるが、やはり前記1⑶②の類型の重要性が認識されていないのではないかと危惧してしまう。ただし、前記1⑶②の類型については、地域的なばらつきがあり、裁判官の所属庁及び過去所属庁の違いにより、経験や感覚の違いがあるようである。

3 夜間の通常逮捕状請求をどのように扱うべきか

前記2でみたように、夜間、殊に深夜の令状請求の実情で、質的に重要なのは、前記1⑶②の類型である。この類型の扱いについて考える前に、何故通常逮捕の形が取られているかを押さえておくべきであろう。前記2のとおり、「緊急逮捕なら、憲法、刑訴法上迅速性が要請されるから、夜間でも何とかしようという気になるが、通常逮捕なら、何故夜間に持ってくるのかと腹が立つ。」という声が実務家、特に裁判官の中に強いと思われるが、この類型は、実は緊急逮捕できない類型と思われる。刑訴法二一〇条一項には、「急速を要し、裁判官の逮捕状を求めることができないとき」とあるが、この類型は、一〇数時間に亙って、捜査官が身柄を事実上確保し続けているのであり、右要件に該当しないとするのが素直だからである。また、文献中には、[6]緊急逮捕に令状主義の例外的側面があるので、できるだけ抑制的にするよう指導しているという捜査官側の説明が紹介されているものがあり、右紹介のとおりだとすると、このような好ましい運用（指導）実態が、前記1⑶②の類型に緊急逮捕ではなく通常逮捕の形を取らせる理由となっていると思われる。

では、このように緊急逮捕できない、ないし緊急逮捕が抑制される事案だから、緊急性のない令状請求として宿日直下の裁判所は取り扱えるであろうか。つまり、緊急性がないから、例えば翌朝回し等の扱いができるであろうか。これは否である。緊急逮捕できない、ないし緊急逮捕が抑制されるから、通常逮捕状請求となっているものの、令状請求の前に、長時間にわたる事実上の身柄確保があることからすると、緊急逮捕と同様に令状発付の前に逮捕、すなわち事実上の身柄拘束が逮捕と評価できる場合のあることが予想される事案なのである。そうすると、令状主義の精神から、合憲性を担保するために、逮捕後緊急に裁判官の審査を受けさせる緊急逮捕と同様の考慮が働いてしかるべきであろう。そして、緊急性のある令状請求として扱うと、深夜の通常逮捕であっても、裁判所は必ず受理し、決して翌朝回しということがないようにしなければならない。通常逮捕だからといって裁判官が腹をたててはいけないわけである。少なくとも、令状請求についての時間的制限は、刑訴法や同規則を繙いてもないわけであるし……。こうしないと、被疑者は全くの令状なしで警察に留置き（とめおき）になる可能性がある。もっとも、緊急逮捕でも「直ちに」すべきは令状請求であって、令状判断ではない（少なくとも刑訴法二一〇条の法文では要求されていない。）。まして通常逮捕であるから、受理だけして審査は翌朝回しという手続でも違法とまではいえないであろう。しかしながら、緊急逮捕でも、請求が「直ちに」なさなければならないのだから、審査も「直ちに」なされなければならないとするのが素直であり、前記のように、緊急逮捕と同様に令状発付の前に逮捕、すなわち事実上の身柄拘束が予想される事案においても、同様と考えてよいであろう。

そこで、受理した上で、どうすべきか、であるが、裁判官は一般の逮捕要件の外、右記述から明らかなとおり、任意同行ないし警察への留置きが実質逮捕ではないかの点を審査しなければならない。[7] どのような任意同行ないし警察への留置きが実質逮捕になるかは、「任意同行と逮捕」という形で、昔から議論されているところであり、[8] 裁判例も多く、[9] 最終的には個々の事例によるしかないが、任意同行の時間、場所、方法、必要性、任意同行後の状況、特に取調時間、監視状況の外、捜査官側に逮捕できる準備が完了していたか等を判断基準とすべきであると説かれることが多いようである。[10] そして、捜査官側の資料では、十分に判断できないときは、第四章「令状審査の活性化と公開化のために」で述べたように、捜査官、被疑者、目撃者等を事実の取調べで積極的に調べるべきであろう。右論文のとおり、手続問題については、事実の取調べをする意義は大きいと思われる。

ここで、夜間受理、審査について、裁判官・書記官の人権はどうなるかという問題がある。もちろん、現実の執務体制や負担の割合を全く無視し、法理論だけで結論をだすわけにはいかないし、夜間受理、審査を実際に行う裁判官や書記官の苦労を理解する必要がある。しかしながら、裁判官・書記官の人権の問題は、夜間受理、審査を行い、それを充実させるための方策として、人員の拡充や後述の宿日直の将来像として解決されていくべきものであって、裁判官・書記官の人権のために夜間受理、審査を全くすべきでないと考えるのは本末転倒であり、考え方として対案のない、余りに消極的すぎると考え方だと思われる。

4　任意同行ないし警察への留置きが実質逮捕になる場合の理論

以上、宿日直、特に宿直制度下の令状審査の実情と重要性に触れてみた。夜間の通常逮捕の類型やその取扱方法にかなり言及したのは、右類型が宿日直の重要性を基礎づけるからである。そして、右類型と密接に絡む「任意同行と逮捕」の理論状況についても、裁判例を前提にしながら少し触れてみたい。理論的な問題なので、本稿の趣旨からは少し脱線気味となるが、裁判例の多さやその中身が、宿日直の重要性を再認識させてくれると思われるからである。くどくなりそうだがご容赦願いたい。

まず、注（9）のとおり、任意同行ないしその後の留置きが実質的に逮捕と判断された事例はいくつも見かける。多くは、実質逮捕から身柄拘束期間を計算し、勾留請求の時間が時間制限を超過しているとして、勾留請求却下ないしそれに対する準抗告を棄却するものである[11]。実質逮捕の時点で、緊急逮捕の要件を検討するものもある[12]。勾留請求に至る四八ないし七二時間という捜査官の手持時間の超過の問題にするのは、最も簡明であり、異議を唱えにくいから、その便法をとるのはやむをえないが、本稿で問題にしている通常逮捕請求の場合は、手持時間の問題が生じない。そこで手持時間にのみこだわると、任意同行ないし警察への留置きが実質逮捕になると判断される場合でも、令状請求を認容しなければならなくなるおそれがあり、それは余りに理不尽であり、令状主義の精神にももとるであろう[13]。実際、事例を見ていくと、手持時間に関係なく、逮捕状請求を却下したり[14]、実質逮捕の時点から身柄拘束期間を計算しても刑訴上の時間制限内にある事案について、勾留請求を却下、ないしそのそれに対する準抗告を棄却するものもあるし、[15]身柄拘束期間について触れずに、逮捕状の発付によってそれ以前の違法逮捕は治癒されないとして、当然のごとく勾留請求却下に対する準抗告を棄却したものもある。[16]

注(14)から(16)までの裁判例のうち、注(15)の青森、富山、福岡(久留米支部)各地決はこの種裁判例で比較的有名なものであるが、実質逮捕の時点から身柄拘束期間を計算しても、刑訴法上の時間制限内にある事案について勾留請求却下を相当とする理由として、「重大な瑕疵は、制限時間の遵守によっては治癒されない」「このようなことが容認されるとするなら……令状主義の基本を害する結果となる」などと述べている。より詳しい理由を述べるのは、注(14)の京都地裁命令と注(15)の名古屋地裁昭和四四年の決定である。前者は、「司法的抑制の実効性の担保」から「司法警察員の処置の違法なることを明確にしなければならない」として、チェックの必要性を強調し、後者は「事実上逮捕行為が先行しその後逮捕状の発付があるという形態は緊急逮捕の場合のみ許され、通常逮捕の場合には考える余地は全くない」として、令状主義の構造を指摘している。

このように、裁判例の中には、捜査官の手持時間の超過を越えて、令状主義の基本や構造を持ち出してまで任意同行ないしその後の留置きを違法としているものが少なからずあるのである。私見では、時間的接着性や、捜査官・被疑者の意識からして、実質逮捕と正式逮捕は連続する一体のもの(一回の逮捕手続)として把握しうるから、逮捕手続を一回として全体的に観察し、刑訴法一九九条「あらかじめ発する逮捕状」(身柄を拘束しないで、事前に逮捕状をとってから逮捕することを要求している。これは、憲法三三条の要請である。)違反を問題にすれば足りると思われるが、それはひとまずおくとしても、ここにいう刑訴法一九九条一項違反があるかどうかは、まさに令状主義の基本の基本や構造にかかわる事柄である。夜間、殊に深夜の令状審査は、裁判官、職員ともこうした令状主義の基本や構造を担っているのである。

四　宿日直制度の将来像について

1　考慮要素は何か

三で述べたように、宿日直、殊に宿直下の令状審査は極めて重要であることがわかる。そして、その重要性や「任意同行と逮捕」裁判例からして、夜間、ことに深夜の令状審査の問題は、質的量的にみて、理論的・実務的検討だけでは不十分であり、実際にそれを支える制度の問題と捕らえることが必要不可欠ではなかろうか。

そこで、その制度である宿日直、特に宿直制度の将来像であるが、それを考える際の要素として、まず、今まで論じたところで明らかなように、①令状主義の強化のために、夜間、殊に深夜の令状審査を現状以上に充実させる必要があることである。特に、日本の捜査に特徴的ともいえる長時間の取調べと夜間、殊に深夜の令状審査は切り離せない関係にあると思われるから、刑事司法の活性化のために捜査段階の活性化が叫ばれる昨今では、夜間、殊に深夜の令状審査体制の充実が必要不可欠である。次に、②担い手の問題として、裁判官、職員の負担の軽減の必要性である。前記一で述べたように、裁判所職員等の具体的負担を無視し、右①だけで突っ走ることはおよそ現実的ではないし、前記二4及び別表で検討したように、裁判所の宿日直制度が裁判所職員の勤務条件として長く取り上げられてきた歴史を全く無視することはできない。そして、実は、負担を軽減することは、逆に担い手のやる気を起こさせ、右①の面を充実していくことにもつながるのである。

右①と②は背反する事柄であるように思われるが、いずれをも追求した上で調和点を求めざるをえないであろう。もちろん、調和を図ると、細かな問題点も数多く生じるが、それらは別途工夫しなければならない。その作業を断念して、全くの対案なしに、特に①を無視した形で宿日直を廃止するのは、司法改革に、そして時代の流れに明らかに反していると思われる。

2　具体的方策は何か

現状の宿日直、特に宿直の制度下では、右1の二つの要請を満たすのが困難になりつつある。つまり、現状のように、裁判所で令状請求を受理し、その一件書類を職員に裁判官宿舎まで持参させ、裁判官が令状審査を行うという体制は、書類の移動に時間がかかり、迅速な令状審査の精神にそぐわない。また、夜間や深夜だけに、就寝中の職員や裁判官に、事前連絡があった後、書類が届くまで起床して待機させ、さらに職員には、裁判官の審査が終わるまでも同様に待機させるのは、負担、さらにロスが極めて大きい。そして、裁判所での物理的な受理を前提にするので、支部や簡裁を含め各都道府県でいくつかの窓口を作って置かざるをえなくなり（捜査官側に、遠い裁判所まで請求に行かせるのは酷であり、被疑者等の人権保障からいっても問題である。）、裁判官、職員の負担は大きくなる。その結果、負担が大きいことだけで、夜間、殊に深夜の令状審査が後退することになりかねないし、それを要求する声も決してないわけではない。これは憂うべき状況である。

そこで、将来的には、書類の移動にかける時間を最低限におさえ、各都道府県で窓口を一本化し（北海道は地裁本庁の数に応じる。）、裁判官、職員の分担を集中させ（一本化した窓口でのみ担当させる。）、一人当たりの分担頻度を抑える方向を考えるべきであろう。それには、現代のように通信革命の時代においては、情報が短時間で伝わり、自宅においても執務ができる通信網で、しかも機密が守れるものを利用するのが最適であろう。具体的には、ISDN（サービス総合デジタル通信網）を利用するのである。私も大して詳しくはないが、ここでISDNの説明を少ししておこう。従来の電話通信網は、波長、振幅、周波数などで表される波のアナログ信号を送るものであり、本来音声を送るためのネットワークであり、様々な限界がある。一方、ISDNでは、音声信号、画像信号、データ信号などのアナログ信号をすべてコンピューターの信号、すなわち0と1だけで表されるデジタル信号に変換して送るものであり、高速で高品質で安価ないろいろな通信サービスの提供が一つの通信回線で可能となる。現在の電話線に使われている銅線を光ファイバー・ケーブルに張り替えると、大容量の情報伝達も可能となる。わが国では、NTTが、ISDNを「INSネット」という商品名で実用化し、昭和六三年には「INSネット64」（現在の電話線利用）、平成元年には「ＩＮＳネット１５００」（光ファイバー・ケーブル利用）の利用が開始されている[17]。そして、このＩＮＳネットの付加サービスに、グループセキュリティサービスというものがある。これは、あらかじめ利用者がグループを形成し、そのグループメンバーの全契約者回線番号をＮＴＴに事前登録することにより、グループ外からの着信・発信を規制し通信の安全を期すサービスである。最近市役所等が、遠隔地への戸籍謄本・抄本の即時交付を行う例があり、これは重要情報の誤発信を防ぐためのグループセキュリティサービスを利用しているようである。

このＩＳＤＮ、特にＩＮＳネット64でグループセキュリティサービスを利用して、宿直制度に代わる新しい制度を構築したらどうだろうか。書類の授受を、ＩＮＳネット64でセキュリティグループを組んだメンバー内で行うのであり、通信機器を利用した場合に最も心配される情報の漏洩も回避される。具体的には、以下のような構想である。なお、ＩＮＳネット１５００は、ＩＮＳネット64に比べて費用が嵩み、機能的にもそこまでは不要と考えて、対象外とした。

(1)　裁判所と検察庁・警察署が都道府県別にＩＮＳネット64でグループセキュリティサービスに加入する。裁判所は、裁判官、職員の自宅電話にも、ＩＮＳネット64でグループセキュリティサービスに加入させる[18]。

(2)　検察庁・警察署（夜間、殊に深夜は、ほとんど警察署であろう。）は、令状請求する場合、各都道府県の地裁本庁に併設されている簡易裁判所にファックスで一律請求する。右請求は、当日の当番職員の自宅へ転送されるようにする。ファックス用紙に記載された受信日時が受理時間であり、それらの記載が受理印のかわりとなる。この時、当番職員が、令状請求の形式事項だけをチェックできるように、請求者には、人定事項関係書類（戸籍抄本、電話聴取書、照会回答書、運転免許証の写し等）と疎明資料目録[19]を添付させる。

(3)　当番職員は、請求者の請求権の有無（令状の種類毎に異なる。）、請求の宛名（任官後三年未満の未特例判事補には簡裁判事辞令が出ていないので、当番裁判官がそれに該当する場合は、請求書の宛名を変更してもらわなければならない。裁判所法四四条一項参照）、人定事項（被疑者の住所、氏名等）や捜索差押場所・物の特定の正確性、罪名と被疑事実との異同等の形式事項をチェックし、問題がなければ、裁判官宅に電話をし、令状請求書と疎明資料がファックスで送られる旨連絡をし、あわせて形式事項のチェック結果を知らせる。そして、請求者に連絡をとり、当番裁判官宅に、令状請求書の写しと疎明資料をファックスで送るよう指示する。この場合も、裁判所にファックスで送ってもらい、当番職員との切替えで、当番裁判官宅に転送することも可能であろう。

(4)　当番裁判官は、令状請求書と疎明資料の各写しを検討し、令状請求を認めるか却下するか決める。事実の取調べ（刑訴法四三条三項）が必要な場合は、当番職員と連絡をとって適宜行う。前記三3で述べたように、手続問題で事実の取調べをする意義は大きいのである[20]。請求を認容する場合の令状、認容しない場合の却下決定とも、裁判官が原本を作成し、ファックスでその写しを請求者に送付する。

(5)　請求者は、令状の執行を行うときには、写しで執行する。通常逮捕状の時は、刑訴法二〇一条二項、七三条三項本文の緊急執行といえるであろう。緊急逮捕、採血、採尿令状については後述する。令状請求却下の時は、緊急逮捕や通常逮捕における前記三1(3)②類型の場合は、写しの送付によって、直ちに釈放ないし帰宅の促しの措置をとるべきであろう。

(6)　当番職員は、翌朝（令状審査が午前零時を超えていれば当日の朝）、受信日時が記載された令状請求書の写し、人定事項関係書類の写し、疎明資料目録の写しを、所属裁判所を通じて、地裁本庁に併設されている簡易裁判所に届ける。当番裁判官も、令状ないし却下決定の原本、令状請求書と疎明資料の各写しを所属裁判所を通じて、右簡易裁判所に届ける。請求者ないしその補助者も、令状請求書、人定事項関係書類、疎明資料の各原本を右簡易裁判所に持参する。右簡易裁判所の受付では、受信日時が記載された令状請求書の写しから、刑事雑事件簿（令状請求事件簿）に登載し、令状請求書の原本に受理印を押す。そして、疎明資料目録の写しと疎明資料の写しを照合し、目録どおり疎明資料がファックスで送られたか否かを点検する。また、人定事項関係書類、疎明資料の各写しと各原本を照合する。もし、目録どおり疎明資料がファックスで送られていない時、人定事項関係書類、疎明資料の各写しと各原本が異なる時は、いずれも当番裁判官に連絡する。その連絡の必要のない時は、請求者ないしその補助者に、令状の原本ないし却下決定の謄本（刑訴規則三四条本文）を交付する。令状の原本の交付を受けた請求者ないしその補助者は、それを直ちに持ちかえり、被疑者に示す（刑訴法二〇一条二項、七三条三項ただし書）。

(7) 右(6)の連絡を受けた当番裁判官は、令状についての判断を再度考案する。特に、令状請求を認容した場合に、再度の考案により、判断を変えなければならないと考える場合は、職権による令状の執行停止決定か取消決定をなすべきであろう。

3　問題点

ここまで読まれた方は当然お気付きだと思われるが、右のような構想には、当然いくつもの問題点がある。

(1) 費用はどうか

裁判所がＩＮＳネット64でグループセキュリティサービスに加入するのはともかくとして、裁判官、職員の自宅電話にも加入させるのは、人数が多いだけに費用が莫大になるのではないかという問題である。

ＮＴＴのパンフレットや解説書類をめくったり、ＮＴＴに問い合わせしたりすると、私の理解では、ＩＮＳネット64に新規に契約する場合、従来の電話サービスに加入していると、それを解約してＩＮＳネット64に加入すれば安価になり（この場合でも、ＩＮＳネット64に加入していない人との通話もＩＮＳネットを通じて従来どおりできるので、特に不都合はない。）、当初に必要な主な費用は、契約料八〇〇円、基本工事費四五〇〇円、交換機器等工事費一〇〇〇円、屋内配線工事費一二〇〇円、回線接続装置（ＤＳＵ）二万三九〇〇円、同工事費八五〇〇円、機器配線工事費四五〇〇円、合計四万四四〇〇円程度のようである。そして、毎月の基本料金は、二八三〇円であり（事務用は三八三〇円）、従来の電話サービスとの差額は一一〇〇円余である。グループセキュリティ利用料金は、月額七〇〇円である。通信料は、高速通信モードにしない限り、従来の電話サービスの通信料と同じである。

右費用の外に、ファックス機器の費用が必要だが、これは共用にすると安価である。すなわち、裁判所に持ち帰り用のファックス機器を置いておき、当番裁判官と当番職員が持ち帰るのである。もっとも、INSネットのファックス機能（Fネット・G4サービス。従来のファックス機能より高速・高精細）に対応するファックス機器（G4ファックス）は、まだまだ高額で容量が大きいから、従来の電話サービスに対応するファックス機器（G3ファックス）に、ターミナルアダプタ（弁当箱位の大きさ）を付けて使用するのが、安価で持ち運びに便利である。機種にもよるが、G3ファックスとターミナルアダプタで、一〇万円位で済ませることも可能である。

そこで、費用として特に考えなければならないのは、やはり裁判官、職員の自宅電話をINSネット64へ加入させる費用である。ただ、前記二3のとおり、現在、職員には令状当直の手当として六〇〇〇円が出ているが、私の構想では、当直職員の人数を減らせるし、残った職員の費用も管理当直の手当ですむし、さらに侵入者探知センサーで管理当直を代替させれば、当直手当の費用がかなり浮くことになる。そして、右のように浮く費用を全国単位でかつ二、三年単位で考えると、加入費用は十分に出るであろう（一度に設置する必要はなく、数年単位で順次設置することを考えればよいのではなかろうか。）。特に、官舎については、一度加入させれば、その後に入る者も前の入居者と同様に使用できるから、最初の投資だけで済むことになる。なお、毎月の基本料金における従来の電話サービスとの差額と、グループセキュリティ利用料金は、当然裁判所からの援助が必要だが、INSネットに付加機能が多く、パソコン等の普及により、令状以外に利用する裁判官、職員が多数生じると思われるので、当該裁判官、職員が自己使用に踏み切った段階で、グループセキュリティ利用料金は別にして、基本料金の差額援助を打ち切ることが可能であろう。その意味で、基本料金の差額は徐々に費用としては減っていくものと思われる。

(2) 当番職員は必要か

私の構想では、当番職員には、ファックスによる受付、形式事項のチェック、当番裁判官及び請求者との連絡、さらに事実の取調べの際の公証・補助等の役割がある。当然、実質的な審査は当番裁判官がするわけだから、こうした事項をすべて裁判官にやらせて、当番職員をなくすという考えもありうるであろう。しかしながら、裁判官と職員との分業で、しかも実質と形式を相補う形で裁判事務は進められるべきであるという原理的な理由やその方が能率的であるという実際的な理由からだけでなく、職員、特に書記官の職務からすると、書記官を当番職員にさせないことは、最近書記官の役割としてよく議論される①固有の役割としての「公証官」の役割（裁判所法六〇条二項、五項参照）、②司法補助官的役割（同法六〇条三項）のいずれの面からも、書記官の地位の低下に繋がると思われるのである。

右の点を詳述すると、書記官の役割としては、古くから公判手続、供述の「書き役」としての固有の権限と、昭和三五年に新設された法令及び判例調査等裁判官の行う事務についての補助の権限があるが、ここ何年か民訴法改正とも絡めて、特に民事の書記官の役割がホットな議論になっている[21]。右二つの権限では、進行管理事務を中心として、司法補助官的権限を重視するのが最近の傾向である。こうした傾向の中で、夜間、殊に深夜の令状審査に書記官を付かせず、裁判官のみに全部の仕事をさせると、書記官が書類の授受や事実の取調についての公証から一切外れるだけでなく、受付、当番裁判官及び請求者との連絡、形式事項のチェック等進行管理や裁判の補助といった役割からも外れることになり、書記官としての地位は低下こそすれ、向上することは決してないと思われるのである。

以上よりして、当番職員、特に書記官の当番職員は、その地位向上のためにも不可欠であり、時代の流れにも合致していると思われる。

(3) 令状審査の段階で、ファックスによる令状請求書及び疎明資料の各写ししか裁判官が見ていないことは、令状請求書及び疎明資料の各原本性に反しないか

令状請求書及び疎明資料は、署名押印のある原本が原則であろうし、写しの場合は署名押印等のある認証済謄本が原則であろう（刑訴法規則五八条、六〇条参照）。その意味で、全くの写ししか受理又は審査せずに令状請求について判断することは問題があるであろう。民事でも、原本と写しは厳密に区別されているところであり、刑事ではなおさら区別されなければならないであろう。しかしながら、令状請求書及び疎明資料で署名押印のある原本を原則とするのは、作成名義人による真正な成立を担保し、責任の所在を明らかにするためであると思われるところ、夜間、殊に深夜に請求される令状の審査における疎明資料の重要部分のほとんどは、警察作成の供述調書又は捜査報告書であるから、令状請求書とともに、送発信が捜査機関と裁判所関係者に限定されるグループセキュリティサービスによって、真正な成立や責任の所在を明らかにする趣旨はある程度補えると思われる。また、写しによる審査であっても、事後的に写しと原本の照合をするわけであるし、写しを裁判所で保管し、閲覧・謄写もできるようにすれば（第四章「令状審査の活性化と公開化のために」参照）、さらに右趣旨を補うことができると思われる。

それでも、最終的には原本と写しは違うという意見もあろう。これを最終的に乗り越えるためには、最近テレビ会議システムとして使用が広がってきたテレビ電話を使い、テレビ画像で写しと原本の照合をした後で令状審査をすればよい。ただし、現在テレビ電話機は小型化され持ち運びもできるとはいえ、費用はまだかなり必要であるし、裁判所関係だけでなく、警察にも導入しなければならず、費用の面で検討がなお必要である。

(4) ファックスの量が膨大にならないか

疎明資料をすべてファックスで送付するようになると、量が膨大になるのではないかという懸念があろう。しかしながら、緊急性のある事件については、もともと疎明資料はさほど多くないし、通常逮捕の事例でも、逮捕状段階では、決め手となる疎明資料は捜査側が収集した資料の中で、ほんの一部であろうと思われる。したがって、重要証拠だけを送付してもらい、それを審査したうえで、疑問が生じたり不足であると裁判官が感じたら、追加を求める形にすれば、量の問題はさほど心配する必要はないと思われる。

(5) 緊急執行の可否

前記のように、捜査官には、令状のファックスしか送られないので、写しで執行ができるかが問題である。刑訴法上、通常逮捕状の時は、前記のように当然可能である。緊急逮捕については、令状の執行がありえないので、特に問題とはならない。

最も問題となるのは、採血、採尿令状である。採尿に必要な令状は、判例上捜索差押令状であり、採血に必要な令状は、解釈上捜索差押令状、身体検査令状、鑑定処分許可状のいずれかないしそれらを組み合わせたものであるが、いずれにしても、通常逮捕状のように刑訴法七三条三項を準用する規定が刑訴法にない。したがって、緊急執行は不可能という見解もありえよう。しかしながら、採血、採尿については、一定時間が経過すると検査そのものが無意味となるので、極めて迅速性が要求されるし、捜索差押令状等より人権侵害度の高い通常逮捕状でも認められていることや、裁判所が捜索差押令状等に付せる条件の活用により被疑者の防御を図れることからして[22]、認める余地もあると思われる。

(6) その他

その他に、裁判官、職員をどの程度システムに組み込めるか、報酬はどうするかといった実際的な問題のほか、事後的に疎明資料の写しと原本が異なることが発覚した場合等に、職権による令状の執行停止決定や取消決定が可能かという理論的な問題がある。

裁判官、職員をシステムに組み込むには、例外をできるだけ少なくし、多人数であることが、一人当たりの負担を小さくし、システムの機能を充実させると思われる。そのため、地家裁管内のすべての地裁本庁、家裁本庁、各支部、簡裁のすべての裁判官、職員をシステムに組み込むことが必要であり、そのため、例えば裁判官の場合は職務代行の制度（簡裁の場合、裁判所法三六条一項）の活用が望まれる。

報酬については、全く新しいシステムだけに、行政庁との横並びを気にする必要はないし、宿日直でもないから、人事院規則や同勧告に拘束されることもないであろう。裁判所法八三条一項、財政法一七条一項、一八条二項、一九条、二〇条二項等の制度や権限を最大限駆使し、過度の出費やお手盛りにならない範囲で、独自に当番職員の報酬を決める必要があろう（裁判官には報酬は不要である。）。自宅での勤務であることを考慮し、低額の待機料と出来高払い（例えば、受付一件一〇〇〇円等）を組み合わせるのが最も公平であり、出費を抑えることもできるであろう。

職権による令状の執行停止決定や取消決定については、勾留（刑訴法二〇七条一項、八七条、九五条）以外には規定がない。そこで、訴訟行為の撤回として議論する必要があろう。一般に訴訟行為の撤回は、当事者の訴訟行為に関して論じられるが、裁判官の訴訟行為についても参考になろう。そして、令状発付も判決からみると手続形成行為、訴訟追行行為に準じて考えられるから、撤回の利益と、撤回によって生ずる手続きの混乱その他の不利益との衡量が必要であろうが[23]、瑕疵ある資料に基づく令状を撤回することにより身柄の早期解放等ができる利益は大きいといえる一方、令状発付の翌朝に、しかも令状原本を捜査官に手渡す前という手続的にはまだ初期の段階の撤回による不利益は、比較的軽微であることからすると、令状の執行停止決定や取消決定（撤回は取消決定になじむであろう。）を積極に解する方向に向かうべきであろう。

五　今考えるべきことは何か

私の構想にも、まだまだ検討課題が多い。私自身、もっと法律的、技術的、司法行政的（予算的、人員的等）に検討したいことが山ほどある。その意味では、本稿は議論のたたき台を提供するだけに終わっている面もあろう。しかしながら、前記一のとおり、宿日直が全面廃止に向かってかなり動きだしていることを考慮すると、今は拙い案でも呈示することが殊に必要と思われる。とにかく、今は待ったなしの状況にあると思われ、そのことを認識することがまず大切であろう。その上で、現在の緊急の課題について提案をしたい。

まず第一に、全国の裁判所で、裁判官が宿日直の将来像について議論を開始することである。従来から、自分の属する裁判所の宿日直については、利害関係もあり宿日直をどうするかについて、裁判官の間の議論が全くなかったわけではない。しかしながら、最近ではそれも低調であり、現在では職員に比べても、裁判官の関心は低いのではなかろうか。そして、どちらかといえば、宿日直廃止は、夜間、殊に深夜の令状審査廃止を意味するので、負担軽減の本音から、宿日直廃止に賛成する裁判官が増えているのではなかろうかと危惧する。これは由々しき事態であり、裁判所の令状審査機能、人権保障機能との関係も含めて、裁判官の中で議論を始めることが大切である。

第二に、裁判官と職員との対話の必要性である。職員側では、当然宿日直の負担を主張したいところであろうし、負担軽減は時代の要請でもあるし考慮せざるをえないであろう。しかしながら、また一方で、裁判所の令状審査機能、人権保障機能の強化も時代の要請であり、どちらも真剣に追求すべき課題なのである。この二つの真の調和は、現場で令状審査とその補助にあたる職員との真剣な対話の中で生まれるべきものと思われる。空理空論に走ってはいけないし、かといって刑事訴訟法の理念をないがしろにしてもいけない。地に足の着いた無理のない、それでいて法の理念を生かす現実的対策が求められる。今まで、こうした対話はほとんど行われていなかったのではなかろうか。特に、裁判官は、そうした対話の機会を持とうとしてこなかったと思われる。最高裁や所長に任せておけばよいという安易な風潮がなかったであろうか。裁判官は、まず自らを反省し、職員との対話に努めるべきである。そして、令状審査に関する職員の理解を求めるために、必要であれば、令状事務に関する職員研修にも積極的に協力すべきであろう。職員の皆さんにも、裁判官との対話に積極的に応じていただきたい。

第三に、最高裁、特に刑事局は、全司法との交渉で再三言明している通信機器の発達をにらみながらの代替案の検討を急ぐべきである。代替案は、右言明からして通信機器を利用したものになるであろうが（通信機器についても、私などとは比較にならない十分な情報を前提に検討されていることであろうから、どのような内容のものになるのか楽しみである。）、平成四年七月に全司法に検討するとの回答をしてから、その後さほど違いのない回答が続いている。もう既に三年以上が経過しており、そろそろ代替案の骨子を示すべきであろう。もしそれが出れば、裁判官も含めて、全裁判所で議論をすべきである。いい提案があれば、原案を修正することも当然視野に入れなければならない。そして、右代替案が煮詰まるまでは、宿日直廃止をひとまず凍結してはどうであろうか。代替案が煮詰まっていないのに、宿日直を廃止することは、裁判所の令状審査機能、人権保障機能を明らかに低下させるからである。また、一旦廃止すると、その庁の裁判官、職員を新たな制度に組み込むことは難しくなるであろうと心配されるからである。将来的には、新制度にできるだけ多くの裁判官、職員を関与させ、一人当たりの負担を軽減し、かつ令状審査機能、人権保障機能も強化することが不可欠と思われるのである。

最後に、現状の制度下でも、裁判官、職員のできるだけ多くを、制度に組み込むことが大切である。具体的には、配属庁からみて遠隔地や他府県に住居を構える裁判官、職員は、辞令や職務代行（裁判所法二八条、三六条参照）をできるだけ活用し、最寄りの裁判所の夜間、殊に深夜の令状審査体制に組み込むのである。これは、全裁判官、全職員が、ある意味で裁判所の特異な任務である夜間、殊に深夜の令状審査に全員関与すべきであり、負担を分かち合うべきだとの考えに基づく。その方が一人当たりの負担を軽減し、かつ令状審査機能、人権保障機能も強化すると思われるのである。

宿日直の問題は、理想と現実との乖離が著しい問題であり、解決も難しい。それだけに、乖離を埋めるためには数多くの知恵と工夫が要求されるが、司法改革の一内容として必ず取り組まなければならない問題である。将来的には、パソコン通信を利用した令状審査体制が可能ではないかと思われるが、現在では、ファックス利用が現実的であるので、本稿の提案をする次第である。前述のように、本稿は議論のたたき台を提供するにすぎないので、賛成、反対、論評など何でも意見があれば、是非御教示下さい。

（1）　裁判所時報号外昭和四〇年一月一五日号。なお、人事院規則一五—一は昭和三八年に施行され、その後何度か改正されているが、その一〇条一項には、「各庁の長は、公務のため臨時又は緊急の必要がある場合には、正規の勤務時間以外においても、職員に勤務することを命ずることができる。」とある。

（2）　人事院編「平成六年版公務員白書」二七〇頁以下。ただし、裁判所における手当の支給は、庁の大きさによりアンバランスがあり、乙号支部、独立簡裁については、本庁や甲号支部より手当が少なかった時期があったようである。何故そうなったかは不明である。なお、平成七年一月一日以降の増額については、裁判所時報号外平成七年七月二一日号参照。平成七年度の勧告（平成七年八月一日。手当は、三四〇〇円、六四〇〇円）については、同時報号外平成七年八月一五日号参照。

（3）　石毛平蔵「深夜の令状請求―緊急逮捕状を巡って―」（『令状請求の実務』（東京法令出版、一九七七年）五一頁以下）には、深夜の緊急逮捕状請求とそれを審査する裁判官の実態が紹介されていて興味深い。右論稿は、刑訴法二一〇条一項における緊急逮捕をしたときは「直ちに」逮捕状請求をしなければならないという規定の運用を論じ、その関係で深夜の緊急逮捕状請求の問題を扱っているが、問題意識は、「実際的な比較考量のうえに立って、夜間、一定時間以後は令状請求を翌朝まわしとして取り扱うという慣行も、已むを得ないこととして是認すべきでしょうか。」「実務上の悩みを前提に、緊急逮捕制度をどのように運用すべきなのか探究してみたいと思います。」（五二頁）としている。翌朝まわしの問題は、新関雅夫ほか『新版令状基本問題』（一粒社、一九八六年）第一三問でもとりあげられ、「庁によっては、午後九時ないし一〇時までに請求できるものについては居残当番の裁判官の下へ直ちに請求させるが、請求手続がそれ以後になるものについては、担当裁判官は一応定められているけれども、事実上翌朝請求されることになっているところもあるようである。」（七六頁）と紹介されている。ただ、この問題は、平成五年に京都地裁の事例が新聞で取り上げられたこともあって（例えば、朝日新聞同年五月八日付夕刊、同六月一九日付朝刊）、裁判所内で改善が進んでいるように思われる。

（4）　この点については多数の文献があるが、例えば、『新版令状基本問題』（一粒社）第一二六、第一三六各問参照。

（5）　最近では、平成六年一一月に横浜港で母子三人の遺体が見つかったいわゆる「つくば母子殺人事件」がこの例であろう。審理継続中の事件であるから、詳しい論評は避けるが、新聞報道（毎日新聞平成六年一一月二五日付朝刊、夕刊）によると、被疑者は二週間の事情聴取（否認）の後、同月二四日に自白し、同月二五日午前零時五五分に逮捕がなされたようであり（警察の記者会見は、同日午前二時半に行われた。）、夜間、おそらく深夜に通常逮捕状請求がなされた事案と思われる。なお、被疑者の自宅は茨城県つくば市にあり、捜査に当たった横浜水上署とは約一〇〇キロメートル離れていたようであり、連日、特に夜間、殊に深夜はどのように事情聴取がなされたのか興味あるところである。

（追記）本件は、上告取下げにより、無期懲役の判決が確定したが、判決文からすると、逮捕手続の問題は争点とならなかったようである。事実の性質からして、合点がいくところである。

（6）　最高裁事務総局・刑事裁判資料九九号（昭和三〇年一月）一九〇頁以下の東京地方裁判所発言（小林健治判事発言）参照。なお、同発言は、昭和二九年の全国裁判官会同の問題である「夜半甚だしきは午前零時を過ぎてからも令状発付の請求を受ける例が従来可成り縷々あるために、裁判官の翌日の執務にも支障を生ずる虞れすらあり、現行令状制度による裁判官の保健並びに私生活上の拘束には並々ならぬものあり、旧法時代の取扱も参考にして立法上の措置を望む。」に対する意見として述べられたものであり興味深い。右問題に対する意見は他にもいろいろ興味深く、岡山地方裁判所の「（夜間の請求は）しょっ中ございます。晩の二時三時は普通です。」、東京地方裁判所の「相当の被害を受けております。現に東京では宿直制度を設けまして、われわれ一ケ月半に一遍ぐらい泊まらされております。転々として眠れぬ一夜を送っておりまして」、刑事局長の「夜中にくるもので悪意のものもないでもないと思います。夜間眠気まなこのときに疎明の十分でないものをもってくる、昼間逮捕状の請求をして疎明不十分で却下されたのを、夜間そのまままもってきて逮捕状を詐取しようとしているとでも思われるようなものも現にあったのであります。」など、当時の実情の外、現在でも残っていると思われる実情の紹介もあり、貴重な資料である。

（7）　任意捜査の限界の問題については、最高裁昭和五九年二月二九日決定（高輪グリーンマンション殺人事件上告審決定。最高裁刑事判例集三八巻三号四七九頁）、同平成元年七月四日決定（最高裁刑事判例集四三巻七号五八一頁）がある。前者は、捜査官が手配した所轄警察署近辺のホテル等に被疑者を四夜にわたって宿泊させ、五日間にわたって長時間取り調べた事案であり、後者は、捜査官が被疑者を午後一一時過ぎに任意同行し、以後翌日午後九時二五分ころまで取り調べた事案である。いずれも、最高裁は、事例としては適法としたが、前者については、「任意取調べの方法として、必ずしも妥当なものであったとはいい難いところがある」、後者については「一般的に、……特段の事情がない限り、容易に是認できるものではなく」と判示し、警鐘も鳴らしているかのようである（両者の判例解説も同旨。前者については、「本件のような捜査のあり方に対し強い疑問を投げかけている」、後者については、「適法性を積極的に肯定したものではない」としている。）。右判示部分のほか、いずれも違法の少数意見が付されていることや、公判での自白の任意性が争われた事例であること（手続の適法性の問題は、令状審査に比し直接的ではない。）を念頭においておくべきであろう。

（8）　例えば、最高裁事務総局・刑事裁判資料一七四号七四頁以下には、昭和四〇年一一月の札幌高裁管内簡裁判事会同において

「被疑者を深夜警察署に任意同行し、取り調べたところ、翌朝になって自白したので、直ちに緊急逮捕した場合、緊急逮捕の始期をいつとすべきか」という問題で議論が展開されている。

（9）　任意同行と逮捕についての裁判例は、「任意同行と逮捕の始期についての裁判例」として、最高裁事務総局・刑事裁判月報昭和四五年度第二巻第九号資料編が詳しい。この昭和四五年ころは、任意同行と逮捕についての問題事例が集積された時期で、検察官の立場から、横井大三氏（当時最高検検事）が、昭和四六年に出版された有斐閣『捜査―刑訴裁判例ノート(1)―』五五頁以下で、「最近、任意同行が逮捕と認められたため、勾留請求が時間超過の理由で却下される事例が目につく。……どこまでが任意同行でどこからが逮捕になるのかけじめをつけなければならない。……裁判官の目がそこにそそがれてきている以上、われわれは具体的事例を追って、けじめを探さなければならない。」と述べている。

右資料編以後の裁判例（自白調書の証拠能力が争われた判決例を含む。）として、主なものには、飯塚簡裁昭和四八年五月一四日決定（判例時報七二三号一〇七頁以下）、青森地裁昭和五二年八月一七日決定（判例時報八七一号一一三頁以下）、富山地裁昭和五四年七月二六日決定（判例時報九四六号一三七頁以下、判例タイムズ四一〇号一五四頁以下）、東京高裁昭和五四年八月一四日決定（判例時報九七三号一三〇頁以下）、東京地裁昭和五五年八月一三日決定（判例時報九七二号一三六頁以下）、仙台高裁秋田支部昭和五五年一二月一六日判決（判例時報一〇〇一号一三四頁以下）、福岡地裁久留米支部昭和六二年二月五日決定（判例時報一二二三号一四四頁以下）、大阪高裁昭和六三年二月一七日判決（判例タイムズ六六七号二六五頁以下）、大阪地裁昭和六二年七月二一日決定（判例タイムズ六七一号二七一頁以下）、大阪高裁平成三年九月一一日判決（判例時報一四〇八号一二八頁以下）等がある。このうち、青森地決は夜間の通常逮捕状請求の事例であり、富山地決、東京高決、福岡地（久留米支部）決は、深夜の通常逮捕請求の事例である。そのほか、東京地決は夜間の通常逮捕請求の事例と思われ（執行が午後九時）、仙台高（秋田支部）判、二つの大阪高判は、深夜の緊急逮捕の事例（ただし、長時間取調の後であり、本来は通常逮捕状請求をすべきではなかったかと思われる。）であり、いずれも夜間、場合により深夜の令状請求が絡んでいる。

なお、任意同行ないし警察への留置きが実質逮捕になるかについて、覚せい剤使用事件では、採尿手続の適法性として尿の鑑定書の証拠能力の形で争われる例が多い。この問題は、司法研修所編「違法収集証拠の証拠能力をめぐる諸問題―裁判例を中心として」一四一頁以下に解説・事例紹介がなされている。右書籍以後では、東京地裁昭和六二年六月二六日判決（判例時報一二六三号五一頁以下）、大阪高裁平成元年七月一一日判決（判例時報一三三二号一四六頁以下）、浦和地裁平成三年九月二六日判決（判例時報一四一〇号一二一頁以下。ただし、警職法三条の保護手続の事案）、大阪高裁平成四年二月五日判決（判例時報一四二一号一四二頁以下）、最高裁平成六年九月一六日決定（最高裁刑事判例集四八巻六号四二〇頁以下、判例時報一五一〇号一五四頁以下、判例タイムズ八六二号二六七頁以下。ただし、職務質問現場での六時間半以上の留置きの事案）等がある。

（10）例えば、『新版令状基本問題』（一粒社）第一二問。

（11）例えば、注（8）の飯塚簡決、大阪地決の事例のほか、神戸地裁昭和四三年七月九日決定（下級裁判所刑事裁判例集一〇巻七号八〇一頁以下）、高松地裁昭和四三年一一月二〇日決定（下級裁判所刑事裁判例集一〇巻一一号一一五九頁以下）等がある。

（12）実質逮捕の時点で緊急逮捕の要件を吟味するのは、身柄拘束期間を計算する前提として、実質逮捕の違法性を救済できるかを検討するものであろう。その検討は、この種裁判例の多数の傾向とする解説もないではない。右検討自体は、実質逮捕における違法の質・程度を検討することになるから否定すべきではない。ただし、実質逮捕の時点で緊急逮捕の実質的要件が具備されていたとしても、緊急逮捕の手続き（「直ちに」緊急逮捕状請求、弁解録取等）が取られていないことは明らかである。また、実質逮捕後の通常逮捕状請求の段階で考えると、裁判所が実質逮捕を緊急逮捕として救済しようとしても、緊急逮捕状ではなく、通常逮捕状をだすことで救済になるのか問題が残る（様式が異なっている。緊急逮捕状は逮捕を「認める」とし、逮捕・引致の年月日を記載して出すが、通常逮捕状は逮捕を「許可する」とし、逮捕・引致の年月日を記載しないで出す。）。

要は、緊急逮捕による違法性救済理論は、勾留ないしその準抗告の判断の際に、手続要件を捨象して使われてきた理論である。それだけに、あまり救済を乱発すべきでなく、実質逮捕の瑕疵が軽微であるとか、重大事案であるとかの例外的場合に、やむをえず考慮するのにとどめるべきであろう。

（13）次のような理由もある。

⑴　違法がわかっていても、逮捕状請求段階で審査できないのはおかしいという裁判官としての素朴な感情。

⑵　逮捕は、勾留に先立って令状審査させるものであり、被疑者の人権保護のために二重の慎重な審査をさせる手続であると一般には説明されるが、実質逮捕を勾留請求の段階でのみ手持時間超過の問題だけで審査すべきとすると、逮捕手続の制度を作ったためにかえって最大七二時間の拘束を認めることになり、制度の目的を害してしまう。

(3) 任意同行等が実質逮捕に当たり違法であるとの問題は、勾留やその準抗告だけでなく、勾留取消、起訴の適法性、自白の証拠能力、国家賠償等後日まで尾をひく問題なので（裁判例でもかなり争われている。特に、自白の証拠能力について。）、最初の段階でけじめをつけたほうが後々のためになる。

(4) 逮捕状なしの逮捕は、瑕疵として重大と評価できる。

(14) 京都地裁昭和四四年七月八日命令（注（8）の資料編一五頁以下）。

(15) 名古屋地裁昭和四四年一二月二六日決定（判例時報五九四号一〇四頁以下、注（8）の資料編一八頁以下）、名古屋地裁昭和四五年七月三一日決定（注（8）の資料編二二頁以下）、注（8）の青森、富山、福岡（久留米支部）各地決。

(16) 広島地裁呉支部昭和四一年七月八日決定（下級裁判所刑事裁判例集八巻七号一〇九九頁以下、注（8）の資料編五頁以下）。

(17) 現在裁判所にも導入され、民訴法改正でも立法化が予定されている三者通話機能、電話会議サービスは、INSネットの付加サービスであるから、これらを導入している裁判所は、既にINSネットに加入していると思われる。

なお、ISDNについては、平成七年度の通信白書は、回線数が大幅に伸びているとし（第一部第一章国内情報サービスの動向(4)）、産業の情報化に関し、アメリカに比べて携帯・自動車電話、パソコンの普及等で大幅に遅れているものの、ISDN回線の普及等ではわが国がリードしているとする（第一部第四章ユーザー側から見た情報通信の進展の動向(4)。もっとも、郵政省電気通信局データ通信課による「『電子情報とネットワーク利用に関する調査研究会』報告書の概要(2)」（NBL五五〇号三六頁以下）では、「住民票の写しの申請・交付において、電気通信ネットワークが利用されているが、官公庁の手続の電子化、行政分野の情報化は総じて遅れている。」と指摘されている（一の二(1)）。裁判所も、耳の痛いところである。

(18) 最高裁を始めとした裁判所全体と、検察庁、警察署全体でセキュリティグループを形成することも可能であろうが、グループを形成できるメンバー数は、現在一万契約回線番号のようなので、裁判官、職員まで含めると入り切らない可能性がある。それに、全国でセキュリティグループを形成する必要性もあまりないであろう。都道府県毎にセキュリティグループを形成するのが最も実情に適っていると思われる。

(19) 刑訴規則上、書記官が書類の受理をしなければならない（二九八条一項）から、本来は、一旦当番職員宅に疎明資料全部を送らなければならない。しかしながら、これは、資源の無駄であり、時間的ロスも大きい。そこで、刑訴規則二九八条一項をかろうじて満たすために当番職員の関与の下に書類の受理が行われ、事後的に適正さがチェックされるように、疎明資料の目録を捜査機関に添付してもらうのである。

(20) 私の提案のような制度下では、令状審査が深夜に及ぶことがあるという時間的問題、及び請求者・被疑者等の所在地と裁判官宅が離れている可能性があるという距離的問題からして、事実の取調べを行う場合（もっとも、現状ではほとんど行われていないことが残念である。第四章「令状審査の活性化と公開化のために」参照。）、電話で行わざるをえないことが多いであろう。この場合、事実の取り調べをどう残すのかが問題になる。現在でも、刑訴規則一四三条の二の陳述聴取を電話で行った場合、記録に残すまではしないのが一般であるが、例えば、手続問題で被疑者を電話で取り調べた場合、注(17)の三者通話機能がない限り、当番職員に調書を作らせるのは難しい。そこで、録音テープにとるか、裁判官による電話聴取書を作成するしかないであろう。

(21) 書記官の役割を考えさせる論文等として、全国書協札幌高裁地区書記官制度研究会「裁判官補助事務についての考え方」（書協会報九〇号二頁以下）、全国書協本部書記官制度研究会「裁判所書記官制度改革の変遷」（書協会報九一号二頁以下）、山名正名「書記官実務原論」（書協会報一〇九号九五頁以下）、浦野雄幸「裁判所書記官に期待されるもの―裁判所書記官の未来像」（書協会報一二三号九一頁以下）がある。

なお、第二章「二一世紀の裁判官を育てるために」でも紹介した判事補研修では、最近「裁判官と書記官との協同関係」という趣旨で、裁判官と書記官の協力関係、書記官の果たすべき役割、書記官の未来像等を考えさせる内容が増えているように思われる。

(22) 身体検査令状は、刑訴法二一八条五項、鑑定処分許可状は、同法二二五条四項、一六八条三項で、令状に条件を付すことができる。捜索差押令状でも、採尿令状では、最高裁昭和五五年一〇月二三日決定（刑集三四巻五号三〇〇頁以下）が、刑訴法二一八条五項を準用し、医師による医学的に相当と認められる方法によるとの条件の記載が不可欠とした。もっとも、右条件は、一般に身体検査等の「時期、場所、方法の指定」とされるが（例えば、『条解刑事訴訟法』〔弘文堂、一九八四年〕三四四頁）、令状の執行方法も含めることを特に禁止しているとは考えられないのではなかろうか。そこで、令状に、「写しによって緊急執行が出来る。その際には、採尿、採血を受けるものに写しを呈示し、原本も出来る限り速やかに示さなければならない」という条件を付すことも可能ではなかろうか。

(23) 平野龍一『刑事訴訟法』（有斐閣、一九五八年）三六頁参照。

別表

時報日付	組合（要求等）	当局（回答等）
昭和44・8・15	基本的、原則的には宿日直廃止。乙号支部、独立簡裁から廃止。日曜、祭日、年末年始の宿直廃止。	裁判所の特殊性もあり、宿日直制度には難しい問題がある。制度全般について検討はしてみたい。
昭和45・6・24	独立簡裁の宿日直廃止。	到底できない。職員数の少ない独立簡裁では、構内及び近くに庶務課長等の宿舎建設により改善を図る。
昭和45・10・20	右同。農林省でも、小庁の廃止を検討していると聞く。	右同。裁判所の宿日直には令状事務等があり、他省庁と同様にはいかないが、十分に検討している。
昭和46・5・10	独立簡裁の休日の宿日直廃止。独立簡裁の休日の令状事務を地裁本庁ないし支部でできないか。	簡単に廃止はできない。宿舎建設により改善の努力をしている。難しい点も多いが、可及的速やかに検討を加えたい。
昭和46・10・20	独立簡裁の宿日直廃止。	対外関係、国民の便宜等を考慮しながら、できるところから廃止を検討中である。
昭和48・11・10	裁判所の宿日直廃止は他省庁より遅れている。宿日直廃止の具体的計画は？	他省庁とは同じにいかないが、現在六七庁が廃止されている。独立簡裁、及び乙号支部の宿日直廃止を目指す方向で努力する。警察署、検察庁、弁護士会等関係機関の了解を取り付ける必要があるし、国民一般の支持が得られるかどうかも検討が必要である。元来国民の裁判を受ける権利の保障から廃止はできないという考え方もあったが、職員の負担軽減のため、一定条件の下に小規模な庁から廃止していくことに考え方を変えてきた。ただ、廃止には想像以上に時間がかかる。
昭和49・4・3	予算上昭和四九年度の廃止は？	予算上今年の廃止は五〇庁。
昭和49・6・25	高裁、大都市の独立簡裁の宿日直廃止。いずれも令状を扱っていない。	将来の問題として検討したい。

昭和50・6・15	乙号支部、独立簡裁の宿日直全廃。 甲号支部、高裁支部、及び高、地、家裁本庁の休日の宿日直廃止。 甲号支部、本庁の休日の宿日直を待機制度に。	措置を講じて廃止できる庁は、一五〇庁位になる。乙号支部及び独立簡裁では約六〇庁が残る。裁判所には夜間でも緊急事務を処理しなければならない立場がある。乙号支部、独立簡裁の宿日直廃止により、事務が甲号支部や本庁に移動するので、実態の見極めが必要。宿日直については、当局も廃止の方向で進んでいるが、職員の中には経済的事由のみでなく、廃止すべきではないという意見を持つものもある。
昭和51・6・25	甲号支部以上の休日の宿日直廃止。	乙号支部以下で廃止できない実情をよく承知することが必要だが、家裁本庁、高裁本庁、支部は比較的問題は少ない。
昭和52・12・20	独立家裁本庁の通年休日宿日直廃止及び今年末年始宿日直廃止。	通年休日宿日直廃止は、条件がそろえば可能。年末年始宿日直は、地裁本庁は廃止できないが、家裁本庁（二三庁）及び家裁甲号支部（八庁）は、前年と同じ対応措置をとることを条件に一部可能で、地裁甲号支部（八五庁）も可能範囲を広げる。これで年末年始の宿日直軽減措置は限界である。
昭和54・12・28	年末年始の宿日直廃止。	限界。今後はこれ以上軽減措置を考える余地は全くない。理念の問題として、国民の人権を守る裁判所が更に国民に犠牲を強いることにもなる宿日直の軽減措置をこれ以上とることはできない。
昭和55・12・2	右同。	右同。
昭和57・12・2	地家裁甲号支部の年末年始の宿日直廃止。	現行の軽減措置が限界
昭和61・7・31	宿日直廃止。 宿日直手当の改善。	宿日直の縮小は、緊急事務の処理等直接国民の人権にかかわるような事務を処理している裁判所の姿勢の問題もあり、現状が限界。 人事院が行うものであって、裁判所がどうこうできる問題ではない。ただ、一〇年間据え置きには関心をもっており、人事院と事務レベルの接触を図っている。

時報日付	組合（要求等）	当局（回答等）
昭和62・7・20	宿日直の廃止・縮小。	右同。ただ、乙号支部、独立簡裁で関係機関の同意が得られないために廃止ができない庁については、今後とも関係機関との協議を進めてもらうこととしたい。
平成2・12・25	年末年始の宿日直廃止。	これ以上の軽減措置はほぼ限界に近いが、本年四月から支部の適正配置に伴って甲号、乙号の区別がなくなったことから、年末年始の軽減措置について、今年度から、予め関係機関の了解を得ることなど一定の条件を満たすことと最高裁の承認を得ることを条件に、支部については全期間（一二月二九日から一月三日）廃止できる方向で検討中である。
平成3・7・23	宿日直の廃止、縮小。	基本的にはできるだけ廃止、縮小の方向が望ましいと考えているが、裁判所は国民の権利義務に係わる令状等の緊急事務を担当していることから、単に職員の処遇という面からのみで、この問題を考えていくわけにはいかない。
平成3・12・19	宿日直業務の抜本的改善、廃止庁の拡大。 年末年始の宿日直廃止。	右同。 平成二年の回答のように、条件がそろえば年末年始の全期間廃止して差し支えないとした（継続）。軽減措置の緩和については、裁判所の姿勢の問題があって限界。
平成4・7・27	宿日直廃止。 宿日直手当の大幅な改善。	平成3・7・23付と同旨。ただ、将来にわたってまで現状を維持すべきものかどうかとなると、今後の時代のすう勢や通信機器の発達等にも左右されるであろうから、諸外国の実情なども含めそれらの動向には十分な関心を寄せていきたい。宿日直未廃止の支部、簡裁について、廃止の要件具備に向けて各庁で一層努力してもらうよう指導していきたい。年末年始の宿日直については、なお緩和できるものがあるかどうか検討していきたい。 人勧制度に則って改定されていくべきもので、裁判所独自に増額ができるものではない。ただ、勤務時間短縮の流れの中で、

		宿日直勤務による職員の負担感は理解できるので、今後とも人事院に対して採りうる可能な範囲で、必要に応じた対応をしていきたい。
平成4・12・28	宿日直廃止、特に年末年始の廃止。 年末年始の廃止が困難なら、手当の改善等何らかの改善を。	右同。年末年始の宿日直について、支部、独立簡裁及び単独当直の家裁本庁について、一定条件のもとに全期間廃止、自宅待機の廃止、隣接庁処理や連絡係職員を置く方向で検討している。軽減措置は、これが限界。なお、地裁本庁の宿日直人員については、必要最小限の人数で賄うよう指導していきたい。 現行法制下で年末年始の宿日直のみの手当の増額は困難。管理職員のみが年末年始の宿日直業務に従事すべきものとは考えていない。
平成5・7・30	宿日直廃止。 連絡係職員方式をとる場合に、職員の負担とならないよう配慮するという最高裁の方針を下級裁に周知徹底してもらいたい。 年末年始の宿日直廃止を小規模地裁本庁まで拡大を。 手当改善。特に年末年始の宿日直手当の改善を。 裁判所には、宿日直により令状事件を扱っているという特殊性があるから、それに見合った手当の新設を検討してもらいたい。	平成4・7・27付けと同旨。 連絡係職員は、令状請求等に対して待機している必要はなく、また令状請求の連絡を受けた場合であっても、連絡係職員に差し支えがある時は、請求者に裁判官宅に直接赴くよう連絡すればいいことになっており、この内容は下級裁に周知徹底している。 廃止には、隣接庁処理方式か、連絡職員方式になる。前者は警察の管轄の問題がある。後者は、裁判官が令状請求を直接受理することもあるが、本庁では廃止庁と異なり、ほぼ日常的に執務時間外の令状請求があり、一時に複数の令状請求があること稀ではなく、人的余裕も廃止庁とは異なるから、職員の手続関与なしに令状事務を適正、迅速に処理することは、年末年始に限っても当面困難。 右同。年末年始の宿日直は、民間において割増している企業あるようであるが、現行法制下では困難であり人事院による民間の支給実態の調査、検討を待たざるをえない。令状事件の処理は裁判所本来の業務の一つであるから、事件直が支給されているが、これはその性質上他の行政官庁がその本来の業務の一部を宿日直で行っている、いわゆる業務当直に対する手当と代わりがないから、この点でも裁判所独自の手当創設は困難。

時報日付	組合（要求等）	当局（回答等）
平成5・12・28	宿日直廃止。特に年末年始の廃止。 年末年始の宿日直手当の増額。 年末年始の宿日直は指定管理職で負担してもらいたい。	平成4・7・27付けと同旨。年末年始の軽減措置がとれない庁でも、郵便物の局止利用、宿日直の人員を最低限度に縮減する等の方法によりできるかぎり職員の負担減となるよう指導したい。 困難。 平4・12・28付けと同旨。
平成6・7・21	宿日直廃止。	平成4・7・27付けと同旨。
平成6・12・28	宿日直廃止。特に年末年始は本庁を含めて九四年度から廃止を。 宿日直廃止の現在の検討状況。	現時点では、独立簡裁ではすべて廃止され、支部についても、一二月一日現在、二〇三庁中、一三六庁が廃止、六庁が部分廃止となった。当局としては、今後とも、当面支部の廃止を重点的に進めていきたいと考えているが、裁判所は国民の権利義務に係わる令状等の緊急事務を担当していることから、単に職員の処遇という面からのみで、この問題を考えていくわけにはいかないことも理解してもらいたい。 宿日直廃止について、その外は平成4・7・27付けと同旨。年末年始の廃止については、これまでも順次進めてきたところであり、平成四年一二月からは、単独当直の家裁本庁についても、全期間の廃止を認めることにした。 しかしそれ以外の本庁については、ほぼ日常的に執務時間外の令状請求があり、連絡係職員方式等で対応することは困難であると同時に、国民の権利義務に係わる令状等の緊急事務処理を担当している裁判所の姿勢の問題もあり、状況に大きな変化がなければ、この軽減措置は既に限界。ただ将来にわたってまで現状を維持すべきものかどうかについては、種々の問題もあり、今後の時代のすう勢や通信機器発達等をにらみながら、検討を進めていきたいが、現状の廃止基準で更に一歩でも二歩でも職員の負担軽減作画採れないか、個別に検討している。 当局は、宿日直が果たしてきた重要な役割をどのような方策で

	年末年始の宿日直手当の増額がないのなら、年末年始の宿日直は、指定管理職で負担してほしい。	代替させるか、その方策は法的にはもとより対外的に十分合理性を持っているかを検討している。そして、現時点では、直ちに宿日直に取って替わるような即効的な方策は見当たらないが、今後、現在の宿日直の事務量やその事務の種類、宿日直の時間帯別の繁忙度、あるいはこの間進めてきた宿日直廃止々による事務量の集約化の程度等現状を分析する中で、通信機器の発達等をにらみながら、中・長期的にではあるが、種々検討していきたい。 平成4・12・28付けと同旨。 各庁において、それぞれ庁全体としてそれぞれ落ち着きのよい割当てを行っているものと考えている。
平成7・7・21	宿日直廃止。 支部の宿日直廃止庁の拡大。 宿日直手当の大幅な改善。 年末年始の宿日直手当の特別増額。	平成4・7・27付けと同旨。 相当数廃止してきた。宿日直廃止については、ひとり裁判所のみで解決できない問題を含んでいるが、勤務時間の縮減等の時代のすう勢の中で、宿日直が職員の負担となっていることを考慮し、今後とも、宿日直未廃止の支部について、一部廃止や宿日直人員の縮減を含め、一歩でも二歩でも現状より改善できないか、各庁で一層徹底した検討を行うように指導するとともに、これまでに宿日直が廃止されてきた庁よりも規模の大きい支部について廃止の検討を推進していきたいと考えている。 平成七年一月一日から増額。その外は、平成4・7・27付けと同旨。 平成4・12・28付けと同旨。この点については、妙案がないか引き続き検討していきたい。

※　「時報日付」は裁判所時報号外の日付である。
※※　右線付記載は、新方針が出されたと思われる記載、ないし宿日直廃止の状況を説明したうちで重要な記載を、筆者の責任で指摘した部分である。

木佐論文「二〇一〇年の裁判所・裁判官」を読んで

第六章　「裁判官意識」は変わり始めている

一　二〇一〇年「目をお覚まし　私の魂」

教授は、裁判所・裁判官についての二〇一〇年の予測は、変動要素が大きく難しいテーマだと指摘される。法曹三者の主体的取組姿勢や力関係が結果に大きな影響を与えるからであるというのはそのとおりであろう。ただ、私は、個々の制度改革がどんな紆余曲折をたどっても、二〇一〇年には、裁判所・裁判官改革の最も大きな指標である「裁判官意識」は確実に変わり始めており、その変化を必要なものとして自覚する裁判官も今以上に増えつつあると思われる。その後の二〇二〇年にはかなりの変容が生じているのではないかと推測している。教授は、改革のキーワードとして、裁判官の独立性や市民性を挙げられるが、評価を抜きにした「裁判官意識」そのものを問題にしたほうが平易であろう。

では、変容していく私達裁判官の意識とは何か。私も含めて、現在の裁判官の多くは、「同期の中では比較的早期に司法試験に合格した」「修習生時代は、比較的よく勉強し、自主的な研究会、特に社会的な問題を扱う研究会には距離を置いてきた」「裁判官になってから、部長をはじめとした先輩裁判官や実務論文等から裁判実務を学ぶことは一生懸命やってきた」「最高裁判例解説は毎年購入している」「修習生・裁判官以外の仕事についたことは、アルバイトしかない」「司法は、不幸を扱う仕事であるから、控えめ、消極性を旨とするのもやむを得ない」「裁判官会議等の公式の場で、指名された時以外に発言したことはない」「常任委員等の選挙では、期の順や天の声に従って投票してきた」「毎年の転勤希望地の調査の際には、転勤希望地を書くが、希望地以外は不可、の欄に印を付けたことはなく、転勤を拒否をしたこともない」「一月の転勤内示時には、他の裁判官の分もとても気になり、同僚間で、また電話でつい話をしてしまう」「裁判官は一生やるもので、一〇年だけという意識はない」「所属裁判所に転任してくる裁判官があれば、司法大観で経歴を見ることが多い」「合議で決を採るまで揉めたことはない」「会同・協議会では、最高裁係官の説明はメモをしてしまう」「同期の裁判官が、留学や事務総局入りしたり、研修所教官や総括に指名されるとちょっぴり気になる」などといった意識や経験を、あからさまには言わないけれど概ね共有しているのではなかろうか。

これは現在の裁判官制度およびその運用を前提に形作られてきた面を否定できない。日本のキャリアシステム特有の意識、経験であろう。こうした意識や経験は、弁護士任官者は当然として、新任判事補や特例判事補（他の法律専門職の経験を積む可能性が大きい）を中心として静かにではあるが徐々に変化していくと思われる。とくに、若者は大学や法科大学院（ロースクール）で、審議会が提起した裁判官制度改革の価値観や内容を、憲法、裁判法、法社会学等の講義やゼミで繰り返し学ぶであろう（審議会意見書は、教官によってはテキストや副読本、資料として用いられるであろう）。司法教育の浸透で中高校から触れている若者も少なくないであろう。そうした教育のなかで育ち、判事補になってからも三年程度の当事者経験を必ず経、弁護士任官の裁判官とも合議を組み、さまざまな裁判員と何十件となく評議をした経験を持つ裁判官が、二〇年経てば裁判官のなかでそこそこの割合になる。同期から弁護士任官者も出、一〇年で弁護士に戻る任官者も身の回りに増えてくる。教育や経験の差は意識を確実に変えていく。一〇年では、裁判官全体から見ると、まだ少数であるが、二〇年経過すれば決して無視できない。それは、審議会の価値観が人的に浸透していくのに必要な年数なのである。

私たち「旧来」の裁判官も、二の裁判官制度改革（部分的に不十分なものではあっても）で、再任の際、最高裁以外の方々の審査を受けるし、勤務評定で当事者等外部の評価にもさらされる可能性がある。周囲で弁護士任官者や中途退官者も増えていく。会同・協議会や研修の内容、運営方法も変わってこよう。こうした経験の積み重ねで、新任判事補ほどではないにしても、裁判官という地位についての意識、実感というものは、少しずつ変化していくのではなかろうか。この間、裁判官意識の変化に応じて、判決の内容、訴訟指揮のあり方、和解の仕方、立証責任の考え方等に徐々に変化が生じる。憲法、裁判所法の精神の裁判所内への浸透も、同様の経過をたどったのではなかろうか。

二　制度改革の行方は？

こうした「裁判官意識」を変容させる主たる要因は、各種裁判官制度改革であるが、ほかにも裁判員制度、ロースクールへの裁判官派遣、司法への新しい権限付与（DV法等）等さまざまなものがある。以下、教授の各種制度改革予想について、若干の個別コメントである（以下、審議会意見書の順による。括弧内は教授レポートの符号）。

(1)　裁判官増員（木佐論文3）

教授は、七〇〇人の増員すら実現していないと予想される。最高裁の審議会への回答[1]は、一〇年程度の期間を想定して現状の事件数で五〇〇人程度の増員、事件数が増加すれば対応する増員を指向している。組織として自縛力が働くであろうが、財政状況の厳しい折七〇〇人近くの増員なら上出来との評価もありうる。これ以上の増員を可能とするために、私達現職裁判官にはつらいが、裁判官の報酬削減の提案もされているであろう。

(2) 弁護士任官(木佐論文3)

教授は、期待した数ではないが増加しているとされる。導入以来、一〇年余で五〇人前後であるから、大それた予想はしにくいが、最高裁と日弁連が弁護士任官等に関する協議会を設置しており、教授の予想どおり従来よりは期待できる。(1)の増加予定五〇〇人中四五〇人(審理の専門化、迅速化のための増員分)と、本庁、支部で単独事件を担当している特例判事補の数三〇〇人の合計七五〇人が一応の目標となろう。とくに、(3)の関係では、この七五〇人が達成できれば、計算上特例判事補制度は廃止されることになるが、実現はかなり困難である。その半分、いや三分の一でも実現していてほしい。当初は、「司法のために」という理念的な任官が多いであろうが、教授も指摘される弁護士事務所の共同化、特定分野への専門任官(破産・家事・少年等)および短期任官等の制度の各実現、人材の流動化の風潮等が弁護士任官の増える期待要素である。

本格的な増加は、一五〇〇名に増員された司法試験合格者(二〇〇四年度。司法修習を経て、二〇〇六年に弁護士に)、またはロースクール卒業一期生(二〇〇六年卒業、司法修習を経て二〇〇七年に弁護士に)が弁護士歴一〇年を迎える二〇一六年、一七年以後であろうか。

(3) 判事補制度(木佐論文4)

教授は、新ルールで判事補から弁護士事務所で研鑽を行った者はそう多くはないと予想されているが、この点はもっと期待をもってよいであろう。三年間の司法改革関連法案の提出の中における判事の任命資格の見直しや、(4)の判事の選考基準の明示の中で、この研鑽制度が実施されていることが前提になるからである。

特例判事補制度については、廃止まで実現されてはいないであろう。この点は、(明言はされていないが)教授と同意見である。二〇一〇年には、特例判事補は、研鑽の関係で、九年目以後に単独事件を受け持っていると予想する。特例判事補制度が廃止されるには、前述のように、弁護士任官七五〇人程度増が達成されないと無理であろう。二〇一〇年には、弁護士任官二〇〇人増程度が達成され、残り五五〇人程度の任官増が予想される二〇二三年頃に(二〇一七年以後は弁護士任官者が三倍程度に増えると試算)、弁護士任官増の条件付きで特例判事補制度廃止が最高裁と日弁連が合意したという程度であろうか。

(4) **裁判官任命手続の見直し、裁判官人事制度の見直し(木佐論文5)**

この点は二〇一〇年までに確実に実現していよう。いずれも、弁護士任官数の推移に影響されないし、社会の透明性、客観性、説明責任という大きな流れの中に位置づけられるからである。最高裁当局も、最終的な権限を奪われてしまうわけではないし、裁判官人事への信頼感を高める意味でプラスであると考える方もおられようから協力せざるをえない。四〇点ぐらいにしかならないのでないかとの教授の予想ももっともな面があるが、むしろ二〇一〇年までに少数ながら新制度に基づく「任命拒否」「再任拒否」「評価に基づく不服申立て」の事例が出ることが予想されることのほうが重要である。その是非をめぐってマスコミを賑わし、形は別にして訴訟になる可能性もないとはいえない。こうした可能性は、私達裁判官にとっては不安要因ではあるが、裁判官制度にとっては決してマイナスではない。具体例に則して、任命・評価各基準の当否、拒否や評価事由の開示のあり方等が議論されるからである。事例の積み上げによって、裁判官に求められる能力は何かの議論が深まっていくものと思われる。裁判官の身分保障の議論も、一九七〇年代とは違った形で提起されるであろう。

(5) **裁判所運営への国民参加他(木佐論文7)**

裁判所運営への国民参加、最高裁裁判官の選任等の在り方についても教授はあまり楽観的な予想はされていない。前者については、地裁委員会等ができるであろうが、実質化がどこまで進むであろうか。後者は、(4)とあわせて実現される可能性がある。この制度は、キャリア裁判官からの最高裁判事選任に威力を発揮する。おそらく、事務総局、法務省経験者で独占されている現在の最高裁判事の選任は変容するであろう。現行シェア六人のうち、二、三人は、そうした経験のない裁判官から選任されているのではなかろうか。これにあわせて、高裁長官の選任も一部変容が生じているであろう。

(6) 最高裁事務総局の改革（木佐論文6、7）

教授は、裁判官人事制度の改革が進むにつれ、最高裁事務総局の実質的な地位低下は避けられないが、司法行政のあり方についての改革エネルギーは生じそうにないと予想されている。もっともではあるが、この点は劇的に変わる要素もないではない。それは、本（二〇〇一）年四月から発足した司法情報公開制度である。まだ、利用は十分ではないが、この制度の発足は、二〇一〇年には「司法のパンドラの箱が開けられた」と評価されているかもしれない。マスコミ、学者、弁護士等で、司法改革に関心を持つ人たちが、戦後司法の分析をするためにこの制度を使っている可能性が高い。戦後一回のみの裁判官任命諮問委員会、その際の謀略電報事件、一九五五年の下級裁判所事務処理規則の改正（部総括判事の実質的指名権を各裁判所裁判官会議から長官所長に変更）・裁判官考課表の導入、一九六二年から六四年の臨時司法制度調査会に対する最高裁事務総局のかかわり、一九七〇年代の青年法律家協会問題の際の最高裁内部での議論・措置、これに続く再任・新任拒否、水害訴訟等の会同・協議会、長年の最高裁裁判官会議・長官所長会同、判事補研修等の裁判官研修、一九九六年の大阪地裁部総括判事選挙制廃止、一九九八年の寺西分限裁判請求等に関する裁判官会議や常任委員会の議事録およびその添付資料等の関連資料が一部でも公開されれば、司法行政のあり方に関するに大きな議論が巻き起こる可能性がある。[2] 接待費や職員の懲戒の比ではない。文書の保存期間、公開の要件、不十分な不服申立制度等で壁もあるが、法社会学、憲法、裁判法、法哲学、行政法等を専攻する三〇代、四〇代の学者のなかに、司法情報公開制度を利用して実証的な研究を進める学者が必ず出るはずである。そうした研究がなされれば、司法行政の分岐点となった上記の事態に関与した裁判官ＯＢのなかに、証言をする人が必ず出てこよう。二〇一〇年までにそうした事態がどこまで進むかわからないが、きっかけがあれば、事態は急速に展開する。

三　不安要因は何か

「裁判官意識」は深く静かに変容していく。しかし、制度改革の内容、速度は、法曹三者の主体的取組姿勢や力関係が結果に大きな影響を与えるであろうというのは教授の指摘どおりである。その意味で、二の私の予想も外れるかもしれない。改革を遅らせる不安要因は次のようなところにある。

(1) 弁護士会が支えきれるのか

今回の裁判官制度改革は、弁護士会が質の高い任官者を安定的に多数送り出すことが根本的な条件である。これなくして、給源の多様化も特例判事補制度の廃止もありえない。裁判官の大幅増員もないかもしれない。しかしながら、その前提たる法曹人口増で将来に対する不安の強い弁護士のなかで、現在の路線が息切れしないであろうか。対立路線への回帰、慎重路線（たとえば条件整備優先）等の採用は、易きにつく点で流れやすいと思われる。

(2) 最高裁当局は制度改革に前向きに取り組めるのか

今回の審議会への対応で、司法の制度的基盤の整備についてはともかく、人的基盤の拡充、国民的基盤の確立については、最高裁当局は消極的な対応が目立ったように思われる。問題はそうした対応を指導された方々が、残念ながらどなたも責任をとっておられないことであろう。審議会の意見書は、最高裁当局の方針とは明らかに異なったものとなったが、過去の路線を推進した方々はすべてそのままである。一般の組織の基本として、「責任問題」というのが浮上してもよさそうであるが（第三者的に見てごく自然なことではないだろうか。）、そのような声は聞こえてこない。そうした方々が、今後裁判制度改革についてどれだけ本気で協力できるのか、身を切る改革をサボタージュするのではないかとの不安が持たれるというのは言いすぎであろうか。(3)

(3) 国民的関心は続くのか

今回の司法改革を進めた原動力には、自民党、経済界のほか、マスコミ、国民世論といった存在があった。法曹界では、予想もされなかった程度にまで審議会の意見書が踏み込んだのは、こうした存在抜きでは語れない。しかし、司法の制度的基盤の整備、国民的基盤の確立や法曹人口等の問題と異なり、裁判官制度の改革は、利用者や主権者からは間接的な改革という性格があり、どの程度理解が進むのか、熱意が続くのか疑問がないではない。

四　さあ、「大道」をゆかん！

不安要因があることは確かであるが、制度改革の中身だけに一喜一憂しているわけにはいかない。意見書の内容は、裁判官意識を通して、ボディーブローのようにじんわり効いてくる。制度改革の中身についても、そう悲観することはない。昭和三九年の臨時司法制度調査会意見書がそうであったように、政府の正式な審議会が意見書として提出したものは、作成時の熱狂が冷めても長く影響力をもつ。制度設計に携わる人たちは、常に原点として意見書を参考にする。不十分な点があれば、意見書やそれが作られたときの議論を楯に常に批判がされる。そして、今回は、内閣に準備室、さらに司法改革推進本部が作られ、三年間で関連法案が作られていく。意見書の趣旨達成が常に注目されることになる。しかも、意見書は、断定は避けながらも、裁判官制度について随所で踏み込んだ提案をしており、不安要因があっても実現していくものが存在するのである。

今、法曹一元まで到達しうるかを予想する意味はあまり大きくない。要は将来を見越して、些細な後退があっても落胆することなく、改革の努力を続けることである。そのため、裁判所、弁護士会、司法研修所、ロースクール、大学などのほか、政治の世界でもどこでも、改革を支持する人すべてが意見書の裁判官制度改革の内容を何回も繰り返し取り上げることである。さあ、「大道」をゆかん。

（1） 最高裁判所事務総局平成一三年四月一六日「裁判所の人的体制の充実について」。

（2） 平成一三年八月一一日付日経新聞（夕刊）には、最高裁で行われた協議会概要が記された司法行政文書が公開されたことが報じられている。

（3） 月刊司法改革二三号六一頁の最高裁事務総局課長の発言趣旨参照。

付録——木佐茂男論文（月刊司法改革二〇〇一年九月号より転載）

二〇一〇年の裁判所・裁判官

これは、裁判所・裁判官についての二〇一〇年の予測レポートである。しかし、難しいテーマであった。この裁判所・裁判官関係のテーマは変動要素が大きい。すなわち、とりわけ法曹三者の主体的取組み方の姿勢やその力関係が結果に大きな影響を与えるので、筆者の予想が大きくはずれて、私が本来描きたい理想に近づいているのかもしれない。筆者は司法の機能に大きな期待を寄せている者の一人であって、それゆえに二〇一〇年の現状を不十分であるとしてやや悲観的に描くことになるかもしれない。

以下では、筆者がこうあってほしいという夢や期待を交えつつ、しかし、司法改革の尻を叩く意味で消極的展望も含めて、やや挑発的な二〇一〇年を描いてみたい。

一　裁判所・裁判官改革のキーワード

二〇一〇年の裁判所に必要な改革イメージは、どのようなものであろうか。国民・市民の法的権利保護を究極の目的とし、その手段としての司法改革に伴う最も重要なキーワードとしては、裁判官の独立性、裁判所と裁判官の市民性、裁判の迅速性と簡易性、少数者・弱者保護（権利保護機関としての裁判所）といった項目が想定される。これらのほかにも重要なキーワードはあるし、また独立性と市民性は密接に結びついているなど、相互の関連にも密なものがある。ここでは、これらのうち、独立性と人事を中心に取り上げるにとどめたい。

外国のことから話を始めると「またか」と嫌がられる向きもあろうが、ここでは隣国である台湾の司法改革を手がかりに考えてみよう。

一九八七年に戒厳令が解除されるまでの台湾には、端的に言って、司法の独立はなかった。しかし、その後、裁判官自身による改革運動が進み、とりわけ一九九三年から台中地裁の八名の裁判官が「裁判官自治権の返還」運動を始め、裁判官中心の司法改革運動の幕が開いた。以後、改革派裁判官が選挙で裁判官人事関係の委員会に相次いで選出され、一九九四年には早くも一部の裁判所で、第一審裁判所所長の評価などを行ったのである。その評価は、所長の司法権独立の原則の尊重、行政能力、学識などの項目に及び、過去と現時点でその所長とともに働いたことのある裁判官にアンケートを行い、その結果は司法院（日本の最高裁に相当）に送付され、所長の人事評価の参考資料とされた。裁判官たちは、不適任な所長、事務長、裁判長、裁判官の批判に力を尽くした。一九九四年以来の二代の司法院院長（最高裁長官）は、「Mr. 司法改革」と称されるなど、司法改革の先頭を進んでいる。最初の裁判官による改革行動に参加し、改革派裁判官の中心人物であった呂太郎氏が、一九九九年に、司法院人事處長（日本の最高裁事務総局人事局長に相当）に就任するという日本では考えられない人事が行われている。(1) こうした、裁判所自体が中心となって、裁判官の独立性確保を軸にしながら積極的に司法改革を推進しているところでは、先に挙げた市民性、迅速性、簡易性といった他の項目についても自ずと改革が進んでいくことであろう。

日本では、一九九〇年の少し前から、つまり台湾とほぼ同時期から今次の司法改革が話題になり始めた。しかし、その後、優に一〇年も経ってから司法制度改革審議会が設けられており、日本の「ゆでガエル」状態を象徴している。

二〇世紀末の司法改革論議で話題になった項目の中から本稿のテーマに即したものをランダムに取り上げると、裁判所風土・体質改善、弁護士任官、判事補研修、裁判官人事制度、事務総局体制、司法行政や人事の分権化と国民参加といったものがある。これらについてよく考えてみると、そのすべてが、裁判官の独立論の派生物であるとも言える。すなわち、裁判官独立が実質的に確保されていたならば司法改革論議にほとんど出てくる必要のなかった論点であることに気づくであろう。しかし、こうなったからには、派生物という外堀から埋めていくしかない。

二　裁判所の雰囲気は

審議会を中心とする「シホーカイカク」が話題になり始めた頃、大多数の裁判官はこれを対岸の火事と受け止めていた。とりわけ、サイコーサイの関係者は、海外派遣されていた裁判官を動員して、外国での司法改革のマイナス面を一所懸命法律専門誌にばらまいたりして、何とか現体制を死守しようと目論んだ。しかし、司法制度改革審議会とそれを支える世論は、サイコーサイやホームショー路線通りには進ませなかった。

また、大多数の裁判官は、裁判実務に関わるテーマは別として、「司法改革」、「裁判所改革」などを職場で話題にすることはなかった。ところが、実際には、二〇〇一年当時も、各裁判所のトップたち、そして個々の裁判官も、次々と「上」から降ってくる「司法改革」の嵐の中で、対応に追われていた。たとえば判決書のスタイルの変革とか、裁判所の統廃合などまで司法改革にひっくるめられていたから、多くの裁判官も八〇年代に始まった司法改革は裁判所内部で粛々と進行していると本気で思っていたふしがある。しかし、本当の司法改革の核心は、上からだけの改革では終わらなかった。

二〇一〇年の今、裁判官の人数が少し増え、また今後は相当増えることがわかってきたので、これまで発言を避けてきた裁判官たちが、少しずつ声を出すようになってきた。一九六〇年代半ば頃までののどかな時代の雰囲気には達していないが、それでも、弁護士任官者や若い裁判官が増えて、少しは裁判官も内部で、社会的問題について議論したりする環境ができつつあるのかなぁ、といった感じである。日本裁判官ネットワークに若手の裁判官も少しずつ入りだし、活気が出てきた。他方で、「第二組合」設立のような動きも出てきた。少数で高給取りの裁判官像、官僚気質の裁判官像を維持しようとする一部の裁判官は、どこからかの肝いりで日本裁判官協議会という団体を作り、かつて国際裁判官連盟に加入していた日本裁判官連盟の正当な嫡出子であるとして、ローマに本部のある同連盟に登録しようとしている。目下、それぞれの応援団の力で、両者ともに、国際裁判官連盟に登録できないという膠着状態が続いている。

三　裁判官増員と弁護士任官

今年、いよいよ話題の司法試験合格者三〇〇〇名時代となった。審議会は意見書においては、どの程度の裁判官数が必要かを述べなかった。しかし、裁判所の定員も、最高裁事務総局の意に反して、相当数の増加を迫られることになった。事件数の増加という現状にも後押しされ、いくつかのシミュレーションに基づき、法曹界にはそれなりに増員数について合意が形成されつつある。裁判官数が約三〇〇〇名であった二〇〇一年当時、ある計算では、この二〇一〇年頃には五〇〇〇名が必要との意見もあった。(2) しかし、一〇年経った現在、期待増員数二〇〇〇人どころか、その三分の一の七〇〇人の増員すら実現していない。ただ、大量合格者が出て、法人化された弁護士事務所も増え、弁護士任官自体は、期待した数ではないが増加している。

弁護士や裁判官の間で、「法律家の数が増えてレベルが落ちた」という声が聞かれる。しかし、こうした物言いはいつの時代にもあったのだ。たとえば、帝大だけが大学であった時代を経て、第二次大戦後、俗に駅弁大学と言われるほど新制国立大学が増えた。大学教師の質は下がったと言われた。医師の数も医科大学が増えて膨大になり、医師の質も下がったと言われた。しかし、数には関係なく、どこにも優秀な人と、そうでない人はいる。いずれ競争原理が働くだろう。今ひとつ、別の要素もある。難しすぎる司法試験のために、今までこれの受験を避けていた人が多い。家庭の事情から、司法試験という冒険を諦めた人も稀ではない。今や、リスクが少なくなって、司法界に人材が戻り始めているとか、人材の質は下がっていないという見解も少なくない。

四　判事補制度

司法制度改革審議会意見書は、日弁連や国民各層から強く要求された、いわゆる法曹一元制度に代わる仕組みとして判事補制度の改革を提言した。判事補制度を正面から全面的に廃止することはしないが、妥協的に、判事補が「弁護士、検察官等他の法律専門職の職務経験を積むことが基本」とされ、それが「相当程度長期の期間」に及ぶものとされていた。そして、特例判事補制度の解消や弁護士任官の推進などが強調されていた。弁護士会などでは、法曹一元が正面から採用されなかったことに批判はあったが、今のように強固な判事補制度が確立し、加えて自主的に裁判官になろうとする弁護士も少ない状況にあっては、一挙に法曹一元が実現する基盤はなく、法曹一元はさながら砂上の楼閣のようなものであった。

この点、意見書が述べていた判事像を実現するための装置、すなわち、「判事となる者一人ひとりが、それぞれ法律家として多様で豊かな知識、経験等を備えることを制度的に担保する仕組み」の提言は、相当現実的であった。しかし、制度や仕組みは生き物である。運用の力関係でどうにでも変化する。

最高裁事務総局にとって、判事補制度が残ったことは大いに助かった。「優秀な」人材を判事補にしたあと、裁判官以外のいずれかの法律専門職に就かせることになった。意見書では、行き先が弁護士事務所だけとはなっていなかったので、弁護士事務所以外のコースも結構多用されている。検察庁、他の関係省庁への派遣も他の有益な職務経験とみなされている。年金などでの不都合がないように、公務員としての勤務年数の通算規定などは官僚的手法でさっさと整備された。さて、二〇一〇年の今の時点では、まだ、新ルールに基づいて判事補から弁護士事務所で研さんを行った総数はそう多くはない。

新制度は、事実上、いわゆる法曹一元制度に、相当に近づくはずであった。実際にそうなるかどうかは、裁判所（事務総局）と弁護士会の力関係、そして弁護士会の熱意次第である。現時点では、実際に弁護士経験をした裁判官が量的に増えている、という意味において事実上の法曹一元化的方向に少しは進みつつある。

五　裁判官人事の透明度は

審議会の意見書の中で最も新鮮であった項目のひとつに「裁判官の人事制度の見直し（透明性・客観性の確保）」があった。これまでの裁判官人事評価には透明性・客観性が欠けていたことを認め、「裁判官の独立（外部的独立及び内部的独立の双方を含む。）」への配慮をしたうえで、「評価のための判断資料を充実・明確化し、評価内容の本人開示と本人に不服がある場合の適切な手続を設けるための仕組み」を整備することが要求された。第一次評価権者を明確にし、評価基準として「事件処理能力、法律知識、指導能力、倫理性、柔軟性など、具体的かつ客観的な評価項目」の明確化と公表義務なども定められた。これは、国と自治体を問わず、一般職の公務員についても実質的にはほとんど行われていないことなのでまさしく画期的であった。先進国ならこれらの措置は至極当然のことであり、大企業などでも普通のことになっていたので、審議会が出した指針に基づく具体化が注目されていたのである。自己評価書の作成は、大学では二〇〇一年当時でも常識のことになりかけていたが、裁判官社会にとっては衝撃的であった。評価の内容および理由などを本人開示することは当然の成り行きであり、今まで不遇をかこっていた裁判官にとっては好評であった。

だが、この新しい構想は、事務総局の抵抗で、相当にしぼんだかたちで実行に移されようとした。少なくとも、ドイツの裁判官人事評価書などに学べば一定の基準を作ることが可能であろうが、日本人にはなじまないと言った理由にならない理由を並べてなかなか明確な制度化が図られず、全員が同順位になりかねない評価フォーマットが作成されてしまった。これに対しては、弁護士会や一部裁判官からも強い異論が出されている。実施に移された人事制度の全体を見て、かつて透明度がゼロだったのが、四〇点くらいになったという裁判官らの声がある。

ただ、こうした「中央」レベルでの一種の攻防を横目で見ながら、一部の勇気ある地裁所長たちは、所属裁判官たちの話合いのうえで、人事考課項目を決定し、独自の勤務評定を試行的に始めた。それらの裁判所では、管理職と目される所長や裁判長を、それ以外の裁判官が逆評価をする試みなども台湾など他国をモデルにして始まっている。

六　最高裁事務総局と司法人事行政

わが国の司法の萎縮は、「裁判官の独立」の喪失と軌を一にするものであった。この点で、審議会の意見書が、裁判官の独立を、外部的独立と内部的独立に分けて明確に言及したことは高い評価に値した。しかし、その重要なことが、意見書の冒頭においてではなく、下位の項目にすぎない「裁判官制度の改革」のところで出てくるのは極めて残念であった(3)。

その裁判官の独立を実質的に保障する観点からは、意見書が取り上げた数々の重要な項目のほかに、なお解決しなければならない最高裁事務総局の扱いという大きな問題が残っていた。明治憲法時代の反省から、最高裁事務総局に重要な権限が与えられたが、結果的には裁判官支配の装置となり、「小さな司法」をもたらした元凶である。本来の司法改革の目的から言えば、創設時の理念に基づいて事務総局の解体に近い荒療治が必要だったはずである。しかし、審議会は、この大論点には触れなかった。それ故に、二一世紀に入って以降の司法改革も、裁判所内部に関する限り、事務総局主導で行われることになった。第二次司法改革の主要な課題は、この司法行政のあり方になるべきであるが、当分の間、それに向けたエネルギーは生じそうにない。

もっとも、裁判官人事制度の改革が進むにつれ、事務総局の実質的な地位低下は避けられなくなるであろう。

七　司法行政の分権化と国民参加

ところで、司法行政の問題を地方分権という観点から見ると、意見書は、最高裁の諮問機関に対して任官希望者に関する人事情報の収集、提供等を行う下部組織を地域ブロックごとに設ける旨の提言をしていた。また、裁判官の人事評価にあたっても、審議会は、裁判所内部のみではなく、「裁判所外部の見方に配慮しうるような適切な方法」を検討するように求めていた。この裁判所外部の機関として、上記の地域ブロック機関がどのような関係に立つのかが問われていた。この間、こうした新制度の設計については事務総局は乗り気ではなく、なかなか具体的構想が公表されなかったので、地域ごとに少しずつ異なったかたちでスタートした。

なお、意見書は、「裁判所運営への国民参加」という見出しのもとで、地方裁判所での新委員会の設置などを求めていた。すなわち、以前からあった家庭裁判所委員会をモデルとしたものであるが、地元有力者などを委員にするのでは、真の国民の目線に立ったことにはならないので、裁判ウォッチングの会のような団体の意見を反映できるシステムづくりが話題になっている。

八　まとめ

以上が二〇一〇年のレポートである。全体としては、裁判所内部は、なお騒動の渦中にある。二一世紀冒頭の一〇年間は激しい社会の変化に伴い、裁判所が体質的に変化を迫られてきた。だが、外国の歴史に学ぶならば、体制変革を伴わない改革は極めて困難である。もはや完全な官僚司法に戻ることは不可能ではあるが、冒頭に示した種々のキーワードを忘れると元の司法にすぐに戻ってしまいかねない。マスコミも含めた国民的な監視や弁護士会による強い監視がいる。

（1）　呂太郎「台湾における司法権の独立と司法行政」月刊司法改革一〇号（二〇〇〇年）五一頁以下参照。ヨーロッパでの改革については、ハインツ・シュテッツェル「ヨーロッパ諸国の司法システムにおける自治――イタリアにおける裁判官独立のプロセス」月刊司法改革一〇号（二〇〇〇年）四五頁以下、ハインツ・シュテッツェル「ヨーロッパ諸国における裁判官独立の新展開」月刊司法改革二一号（二〇〇一年）九〇頁以下参照。

（2）　安原浩「裁判官の大幅増員と給源の多様化・多元化のために　報告1」判例時報一七四二号（二〇〇一年）五頁。

（3）　本誌編集委員会もその点を繰り返し指摘してきた。「徹底検証　審議会『中間報告』」月刊司法改革一五号（二〇〇〇年）四頁、「徹底検証　審議会『最終意見書』」月刊司法改革二二号（二〇〇一年）四頁。

終章　平成司法改革の到達点

平成司法改革の成果

多くの司法改革を目指す人達の知恵やエネルギーを吸収して、平成司法改革は、二〇〇四（平成一六）年、立法化の作業の多くを終えました。この平成司法改革の柱は三本であり、①国民の期待に応える司法制度の構築、②司法制度を支える体制の充実、強化、③司法制度の国民的基盤の確立です。耳にされた方は、なにやら難しい柱に思えるかもしれません。もっとくだけた言葉でいうと、①は、司法の手続が難しく、わかりにくいので、それを改善し国民が利用しやすくするとともに、公正で迅速な手続や判断が実際に保障される司法の制度をつくること、②は、高度の専門性、幅広い教養、豊かな人間性及び及び職業倫理を備えた多数の法律家を養成すること、③は、国民から縁遠かった司法に、国民が参加して司法の基盤づくりを進めることといったところでしょうか。

三つの柱を基にした立法は実に多岐にわたります。どれだけ多岐かを知っていただくために、煩を厭わず、成立した法律を並べてみると以下のようになります（複数の趣旨があるものもありますので、主たる趣旨を中心に分類してみました）。

①の視点で

・裁判の迅速化に関する法律（裁判の迅速化）

・司法制度改革のための裁判所法等の一部を改正する法律（裁判所の管轄の拡大及び民事訴訟等の費用に関する制度の整備）

・民事訴訟法等の一部を改正する法律（計画審理の推進、証拠収集手続の拡充、専門委員制度の創設、特許権等関係訴訟事件の専属管轄化など）

・知的財産高等裁判所設置法（知的財産分野だけの高等裁判所支部を東京高裁内に設置）

・裁判所法等の一部を改正する法律（知的財産権事件における裁判所調査官の権限の拡大及び明確化、営業秘密の保護の強化及び侵害行為の立証の容易化）

・行政事件訴訟法の一部を改正する法律（当事者適格に関する規定の整備、義務づけ訴訟及び差止訴訟の法定等）

・人事訴訟法（人事訴訟の地方裁判所から家庭裁判所への移管）

・担保物権及び民事執行制度の改善のための民法等の一部を改正する法律（民事執行制度の強化）

・仲裁法（仲裁法制の整備）

・刑事訴訟法等の一部を改正する法律（刑事裁判の充実・迅速化、被疑者・被告人の公的弁護制度の整備、公訴提起の在り方）

・総合法律支援法（民事・刑事一体型のリーガルサービスを提供する制度の創設）

②の視点で

・判事補及び検事の弁護士職務経験に関する法律（判事補及び検事が一定期間その官を離れ、弁護士となってその職務を経験するために必要な措置の導入）
・司法制度改革のための裁判所法等の一部を改正する法律（民事調停官及び家事調停官の制度の創設、弁護士及び外国法事務弁護士の制度の整備）
・弁護士法の一部を改正する法律（弁護士となる資格の特例の見直し）
・法科大学院の教育と司法試験との連携等に関する法律・司法試験法及び裁判所法の一部を改正する法律・学校教育法の一部を改正する法律（法科大学院制度の整備）
・法科大学院への裁判官及び検察官その他の一般職の国家公務員の派遣に関する法律（裁判官、検察官その他の一般職の国家公務員の法科大学院への教員派遣）
・司法書士法及び土地家屋調査士法の一部を改正する法律（司法書士に簡裁訴訟代理業務を認めるなどの制度整備）
・弁理士法の一部を改正する法律（弁理士に特定侵害訴訟の訴訟代理権を認めるなどの制度整備）

③の視点で
・労働審判法（労働審判制度の導入）
・裁判員の参加する刑事裁判に関する法律（裁判員制度の導入）

上記のほかに、②、③には、最高裁判所規則で実現した司法改革もあります。例えば、下級裁判所裁判官指名諮問委員会規則（下級裁判所裁判官の指名に、国民の声を反映する制度の創設）、地方裁判所委員会規則・家庭裁判所委員会規則（裁判所の運営に国民の声を生かす制度の創設及び整備）、司法研修所規則（司法修習と法科大学院の教育との連携の確保及び法曹相互の協力の強化）などです。

論文の内容はどの程度実現したのか

成立した法律を目で追うだけでも、頭が痛くなりそうですが、これほどの法律・規則が、わずか三年の間（二〇〇二〔平成一四〕年から二〇〇四〔平成一六〕年）に成立したことは驚きです。

私の論文の関係でいうと、私の当初の五つの論文（第一章から第五章）のうち、第一章は上記の①、③にかかわります。第二章は、②にかかわります。第四章、第五章は、上記の①にかかわります。第三章は、分類しにくく、むしろ①ないし③には欠けている視点とでもいえましょうか。

そして、第一章における私の提案は、私の論文の発表直後から、裁判所においてそれなりに取り入れていただいたと思うのですが、上記の平成司法改革の中で、さらに実現したものが多いと思います。二〇〇三（平成一五）年一二月に札幌で開催された裁判所委員会を祝う市民公聴会に招かれて講演した際、主催者側の弁護士が、「浅見さんが最初に書いた論文（本書第一章）の提案は、札幌の裁判所ではほとんど実現している。」とおっしゃっていました。詳細まで確かめることはできませんが、おそらくそう間違いがない評価だと思います。裁判所の市民への敷居は低くなり、裁判所が「お上」だからではなく、「身近で頼りになる」機関として信頼される道がより広くなったのであり、とても喜ばしいことだと思います。

第二章における私の提案の内容も、それなりに実現しています。特に、判事補及び検事の弁護士職務経験に関する法律（判事補及び検事が一定期間その官を離れ、弁護士となってその職務を経験するために必要な措置の導入）が画期的です。私は、若者論・新人類論、法曹一元論、積極的裁判官像の三つの視点から判事補研修の改善を提案しましたが、上記の法律は、このうち、若者論・新人類論、法曹一元論からの改善と一致します。私は、国内での実体験研修（両当事者的な立場の諸機関、諸団体等への派遣）、弁護士・検事を講師に招いての研修等を提案していましたが、上記の法案は、それらの提案の趣旨と一致するものです。この法律により、判事補等が、原則として二年を越えない期間、判事補等の身分を離れて、弁護士として仕事をすることになります。もちろん、外部経験として留学、官庁への出向等も残りますが、多くの判事補は、弁護士経験をすることになりますので、市民生活の様々な局面での紛争に接し、また、当事者との難しい関係の構築や、相手方又は裁判所との折衝など判事補としては決してできない経験をすることになると思います。

第三章における私の提案は、まだ十分受け入れられていないものです。序章でも触れましたように、組織や組織文化の問題を取り上げることはやはり難しいものです。平成司法改革の中でも直接には取り上げられませんでした。しかしながら、二〇〇一（平成一三）年に、当時の最高裁長官も参加した研究会による「裁判所のありかたを考える」という文書の配布のほか、上記の②の視点による改革、特に裁判官制度の改革が進むにつれ、新たな局面が出てきた印象もあります。裁判所内の公の場で、裁判所が管理社会化するのは誤りで、裁判官の主体性と自己責任をキーワードに、新たな文化を創ろうという声も聞かれるようになりました。今後の展開が期待されるところです。

第四章、第五章における私の提案は、刑事事件関係ですが、正直言って、刑事事件関係では、私が提案したよりもはるかに本質的、根本的改革が実現しています。裁判員の参加する刑事裁判に関する法律（裁判員制度の導入）、刑事訴訟法等の一部を改正する法律（刑事裁判の充実・迅速化、被疑者・被告人の公的弁護制度の整備、公訴提起の在り方）、総合法律支援法（民事・刑事一体型のリーガルサービスを提供する制度の創設）などです。ただ、私の提案した宿日直制度の改善については、序章でも触れましたように、裁判官が裁判所に宿泊しての夜間令状執務体制が始まっており、ＩＴ化はまだ無理のようですが、刑事訴訟法の理念を生かす動きとして大変評価できるものといえるでしょう。

今後の裁判所はどうなるのか

現実の多くは、私の提案を越えましたが、様々な改革の内容を含む平成司法改革の中で、今後最も影響力が大きくなる制度は、上記③を具体化した制度、すなわち国民の司法参加の制度であると思われます。それは、明治の近代的司法の導入以来一〇〇年以上の間、専門家であり、官吏・公務員として裁判官だけがほぼ担ってきた裁判をする権限や、司法省（戦前）、裁判所（戦後）が担ってきた裁判所を運営する権限に、国民の声が直接入るようになる制度なのです。特に、裁判員制度の導入を図る法律は、死刑又は無期の懲役・禁固に当たる罪に係る事件等について、裁判官三名、裁判員が六名（被告人が公訴事実を認めている場合は、一定の要件を満たせば、裁判官一名、裁判員三名とすることも可能です）で裁判をすることを制度化する法律です。有罪・無罪の決定及び量刑の判断（どの程度の刑を言い渡すかの判断です）は、裁判官及び裁判員の合議体の過半数で決せられますから、衆議院議員の選挙権を有する者の中から、無作為抽出された裁判員候補者名簿によって選任された裁判員は、裁判官と同等に、当該事件について、九分の一の評決権を有することになります。つまり、司法権を、裁判官と協力して、国民も直接行使することになるのです。これは、直接民主主義の制度といえるでしょう。国レベルでは、直接民主主義の制度は、立法や行政にもほとんどない制度です。この制度が導入されると（法律の施行は、二〇〇九〔平成二一〕年ころと考えられています）、裁判所に毎日のように国民の皆さんが出入りをすることになります。しかも、裁判を受ける当事者や傍聴人としてではなく、裁判をする主体としてです。今までは、国民の皆さんは、裁判は自分には関係がなくニュースで見るものであるか、又は不幸にも事件に巻き込まれたら、裁判を受ける当事者として接するものであると考えておられたのがほとんどではないでしょうか。それが、自分が裁判をする側に回る可能性があるのです。そこには、権限と共に重い責任を伴います。裁判所側から見ると、今までは、他職経験がなく、職業裁判官だけを続け、裁判所の中で同様の教育を受けた者同士が合議をして結論を出していたのですが、経歴も職業も異なる人達と合議をして結論を出さなくてはならなくなります。着眼点や疑問点などは、従前とは当然異なるところがあるでしょうが、裁判官及び裁判所の真摯さも、市民の皆さんに感じていただけるものと思います。そして、裁判官と合議をした裁判員の皆さんは、訴訟が終われば市民生活に戻り、秘密は保持しながら、おそらく裁判官や裁判所の印象を多くの人に伝えていくことになると思われます。これが日本全国で見れば、毎日のように行われるのですから、五年、一〇年たてば、裁判所と市民の関係は今とは比べものにならないものになると思います。そして、裁判官指名諮問委員会や地方裁判所・家庭裁判所委員会などにおいても、紆余曲折はありつつも、国民の司法参加が進む可能性があります。

このほかに、司法試験合格者の増加、法科大学院（地方にも生まれています）による法曹養成等によって、東京、大阪などの大都市以外で開業する弁護士が増えていくことも指摘できます（各都道府県に必ず医学部、医科大学を置く政策によって、地方の医師が劇的に増えたことは記憶に新しいところです）。その中から、裁判官や検事に弁護士任官をする人も増えていくでしょう。

上記のような改革が定着することにより、日本中津々浦々に、弁護士をはじめとした法律家が数多く存在し、規模や性質にかかわりなく、社会の紛争を法律家が解決する場面が多くなっていくでしょう。紛争を解決し、ルールづくりをする裁判所の役割も大きくなっていきます。そして、その裁判所には、地域の弁護士のうち尊敬を受ける人が裁判官として任官していくことになります。また、地域の住民の多くが裁判員制度をはじめとして、裁判所の審理や運営に参加し、貴重な体験を経ていくと共に、司法を支える意識が根付いていくことが期待されます。

こうした平成司法改革の先にあるのは、「地域に根ざし、住民や地域法曹が実質的に支える司法」ではないでしょうか。日本の司法は、従前は、官吏・公務員だけで支えてきた一〇〇有余年といえるでしょう。もちろん、従来も司法委員や調停委員など、司法を支えてきた民間人の方々はおられます。しかし、裁判員制度をはじめ、平成司法改革における国民の司法参加等の制度とは、規模も性格も異なるいわざるを得ないでしょう。司法が「地域に根ざし、住民や地域法曹が実質的に支える司法」に生まれ変わったとき、平成司法改革は完成するのかもしれません。そのときには、司法の分権論が必ず出てくるものと思われます。

司法が日本の社会の中で、地域に根ざし、住民や地域法曹が支える司法になっていくことは、司法が日本の中でより大きな力を発揮していくことになると思います。市民生活のインフラというべきものとなっていくでしょう。そして、立法や行政に対して、相対的にその影響力は増していくことは確実です。こうした姿は、個人の自立や自己責任、社会参加をキーワードとするこれからの社会に極めて合致するものと思います。長い年月がかかるかもしれませんが、そうした司法の姿にしていくために、平成司法改革の精神を育てていかなければならないと思います。司法改革は、政治改革や行政改革のように華やかではなく、地味な改革の面もありますが、それだけに持続的な力が是非とも必要なのです。本書を手に取っていただいた方が、司法改革に末永い関心を持っていただけることを願ってやみません。

最後になりましたが、本書の関係で最近とてもうれしく思っていることを紹介しましょう。

今回の司法改革の成果で、裁判所委員会が創設（地裁）・整備（家裁）されたことに伴い、私は、各地の裁判所委員の人たちと何回か懇談する機会がありました。裁判所委員会が本来目的とする国民の声を反映した裁判所の運営というものは、わかりづらいところもあり、かつ現実には難しい問題もあるのですが、それでも裁判所ないし法曹関係者以外の人たちが関心を持ち始めたことにとてもうれしく思っています。その人たちに、本書の第一章の話をすると、目を輝かせて聞いていただけたことが何回もありました。そうした人たちが、将来裁判所を支えていただけるものと思います。本書が、裁判所委員、さらには、裁判所委員以上に将来裁判所を支えていただけるであろう裁判員候補者である国民の皆さんに、できるだけ手にとっていただけることを願っています。そして、国民の皆さんが、司法改革に末永い関心を持っていただければ幸いです。

◎刊行に寄せて

過激な裁判官論を秘めた裁判官

毛利甚八

浅見宣義という裁判官の名前を知ったのは、約十年前だ。『判例時報』に「家裁の人」のことが書いてあるよ、そう知り合いの弁護士さんに教えられ、浅見さんの論文『「静かな正義」の克服を目指して――私の司法改革案』を読んだのが一九九三（平成五）年のことである。

この論文が載った時期は夏だから、読んだのは少し遅れて秋のことである。私はさっそく、同じ年の暮れに論文の一部を「家栽の人」に引用した。

ストーリーの流れから言えば、主人公・桑田義雄が舞台である岩崎地家裁春河支部を転任によって去った直後のことで、後に残された若い石嶺判事補は桑田に反発を感じてきたが、どこか寂しさを感じている。

そういう状況で、石嶺は官舎で『判例時報』を読みふけっている。

そのシーンをシナリオ風に書き起こすと、こんな具合だ。

石嶺、官舎のリビングに寝転んで、頬杖をつき、なにかを読みふけっている。
横顔のアップ。
石嶺独白『桑田判事が岩崎地家裁春河支部を去って一週間がたった……』
本を読む石嶺の背後から、妻のセーラ（フランス人）が和服をガウンのように羽織り、むいた柿を持ってあらわれる。
雑誌を読む石嶺のバストアップ。引用入る。
引用
『これからの時代は、司法の利用者に最も近い下級裁判所、特にその裁判官が、旧来の殻を破り、裁判所のあり方や役割を積極的に議論し、言わば「動的な正義」を目指して発言する必要があるのではなかろうか』（判例時報 1459号より抜粋）
セーラ「何を読んでいるの？」
石嶺 「浅見宣義っていう裁判官の論文だよ」
セーラ「ふーん、何が書いてあるの？」
石嶺 「要するに裁判所は古臭くって、すましているから普通の人に見捨てられかけてる。だからいろんなところを変えていかなきゃならないって書いてあるんだ」
セーラ「もっともですね。裁判所の人たち、元気ないですからね」
石嶺 「そう思う？」
セーラ「だって、お仕事の時は元気のないふりしてるんでしょう？」
石嶺 「そうかな？」
セーラ「違う？」

石嶺「でも、物を売るみたいにはしゃいだり、ニコニコはできないよ」
セーラ「不思議だな……」
石嶺「いろんな揉め事に裁判官のような他人が決着をつけるわけだから、やっぱりそれらしい権威も必要だし」
セーラ「いくら立派に見えても、本当に立派じゃないと周りの人にはわかってしまうんじゃないの？」
石嶺「それじゃあ裁判官は裸の王様か……」
セーラ「いったいワタル（石嶺の名）は何を悩んでいるの？」

当時、私は「家栽の人」の原作に行き詰まっていて、精神状態は最悪であった。仕事場で一人で座っていると心が挫けてしまうから、毎晩バーのはしごをしながらストーリーを考えた。気晴らしではない、締め切りの緊張から逃れるために酒を飲みながら本を読んだり、考え事をしたりする。そして明け方に布団に倒れ込んでは夢の中で主人公がしゃべり出すのをひたすら待つ。異常な生活だった。

行き詰まりの要因はひとつではなく、初体験だった連載の疲れ、良い作品を書かなければという脅迫観念、ネタ詰まりの恐怖、ヒットに伴う生活の激変に対する倦怠感などさまざまであった。

なかでも厄介だったのは、「家栽の人」の知名度が上がるにつれて法曹界との接触が増え、さすがの呑気な漫画原作者にも裁判所の閉塞感がひしひしと伝わってくるようになったことだ。

実際の裁判官たちが「元気がなさそう」であること、裁判所制度について貝のように口を閉ざして語らないものらしいという状況はボディブローのように効いた。

もともと何のモデルもなく、法曹界のことなど知らずに書いてきたキャラクターではあったけれど、作品の社会的影響が大きくなるにつれて、理想として描かれた桑田義雄と現実のズレが原作者である私を苦しめるようになっていたのだ。

だからこそ、浅見さんの論文を読んだ時、私は心底ほっとした。まともな裁判官が実在すること、それが論文という形で自己主張していることに（不遜この上もないと承知でいうのだけれど）肩の荷が降りた、と感じた。その時は自覚がなかったが、「これで家裁の人を終わることができる」と考えたのは間違いない。この引用が載った作品の一月後に第一部の連載が終了しており、その時点では作品を再開するつもりがなかったからだ。

実際の浅見さんと会ったのは、その七年後、二〇〇〇（平成一二）年三月のことだ。すでに日本裁判官ネットワークが発足していて、東京でのシンポジウムで浅見さんと「初対面」した。なんだか古い友人のような気がして笑いながら挨拶をすると、浅見さんも笑っていた。

シンポジウム自体は緊張感が抜けきらない恨みはあったし、言葉も堅苦しかったけれど、現役の裁判官数人が所属と名前を明らかにして一般の人々に語りかけるという斬新なものであった。「とうとう裁判官が語り始めた。時代が変わったなぁ」という感慨は私一人のものではなかったと思う。

そうした裁判官による蠢動の、浅見さんは中心人物であった。

浅見さんはいわゆる「青法協の人」ではない。青法協を超えたところでの左翼でもない。裁判官の中に突然現れる「変人」、奇矯な個性の持ち主でもない。

浅見さんの変わっているところは、「東大を出て、若くして司法試験に受かった」という自己の境遇に頼らずに、またそこから自己正当化を行うことなく、自分を含めた裁判所と裁判官を外からの視点で静かにまっとうに見ることができることだ。

そして何の政治的野心もないままに、本書の論文で語られているように、判事補はドヤ街やサラ金で研修するべし、などと凄いことを言ってしまう。びっくりして書いた本人の顔を見ると、銀縁メガネに灰色の背広を着た、目立たない篤実な風貌でにこにこしている。

その笑顔にだまされてはならない。一九九〇年代前半に、本書に収められた主要な論文が書かれ、公にされたこと。それが彼一人の決断で行なわれたことは、どれほど賞賛しても過ぎることはない。その第一回目の論文を出版社に送ろうと郵便ポストに投函する時、彼の手が震えたのは当然のことだったろう。浅見宣義をひと言で要約するならば「勇気の人」なのである。

しかも彼は成熟した生活者でもある。九州に転任した際、二人の子どもを連れて行き子育てをしたと聞いた時はとても驚いた。大阪で弁護士として働く奥さんと子育てを分担するためであった。週末には必ず奥さんが大阪より宮崎に帰ってきて家庭生活を維持したという。

男尊女卑の古風に甘えなければ仕事ひとつこなせない私からすれば、浅見さんは裁判官という職業にも、男という性にも頼らずに生きる「自立した近代人」であって、日本にいるはずのない人である。

ちょっと誉めすぎましたか？　でも本当のことだから仕方がない。

心配がひとつあるとすれば、裁判官の激務によって健康を損なうことだ。日本裁判官ネットワークの中心メンバーとして弱みを見せてはならないと、浅見さんが必要以上に頑張ることを私は望まない。

いつまでも、温厚な風貌の下にまっとうで過激な裁判官論を秘めた裁判官として健康であり続けて欲しい。

毛利甚八（もうり・じんぱち）
一九五八年長崎県佐世保市生まれ。旅と日本をこよなく愛するライターおよびマンガ原作者。主著に、『家栽の人』（原作、小学館）、『宮本常一を歩く上・下』（小学館）、『裁判官のかたち』（現代人文社）などがある。

浅見宣義（あさみ・のぶよし）

一九五九（昭三四）年六月生まれ
一九八八（昭六三）年四月、司法研修所四〇期修了
一九八八（昭六三）年四月、京都地裁判事補
一九九〇（平二）年四月、津地家裁判事補
一九九三（平五）年四月、大阪地家裁堺支部判事補
一九九六（平八）年四月、宮崎地家裁判事補
一九九八（平一〇）年四月、宮崎地家裁判事
一九九九（平一一）年四月、預金保険機構出向
二〇〇一（平一三）年四月、大阪高裁判事職務代行（大阪地裁判事）
二〇〇四（平一六）年四月、大分地方・家庭裁判所判事（部総括）
一九九九年九月から、日本裁判官ネットワークコーディネーター

◇裁判官としての担当職務

民事事件／一一年（訴訟事件のほか、破産、執行、保全等も）
刑事事件／三年（うち二年は少年事件と兼務）
少年事件／二年（刑事事件と兼務）

◇主な著書

『静かな正義の克服をめざして　その1からその5まで』判例時報一四五九、一四六〇、一四六二、一四六三、一四六五、一四六六、一五〇一、一五〇二、一五四六号（一九九三年～一九九五年）、『司法における規制緩和とは』日本裁判官ネットワーク編『裁判官は訴える』（講談社、一九九九年）、『爆笑　夫婦漫才』日本裁判官ネットワーク編『裁判官だってしゃべりたい』（日本評論社、二〇〇一年）ほか。

裁判所改革のこころ

2004年9月30日　第1版第1刷

著　者　浅見宣義
発行人　成澤壽信
発行所　(株)現代人文社
〒160-0016 東京都新宿区信濃町20番地 佐藤ビル201
電話 03-5379-0307(代表)　FAX 03-5379-5388
E-Mail　daihyo@genjin.jp(代表)
hanbai@genjin.jp(販売)
Web　http://www.genjin.jp
郵便振替　00130-3-52366
発売所　(株)大学図書
印刷所　(株)ミツワ
装　丁　Push-up

ISBN4-87798-224-8　C3032
検印省略　Printed in JAPAN